히브리서 강해
은혜와 책임

히브리서 강해 : 은혜와 책임

발행 2016년 10월 1일
3쇄 2025년 3월 7일

지은이 이풍인
발행인 윤상문
편집부장 권지현
코디네이터 박현수
디자인실장 여수정
디자인 표소영, 박진경
발행처 킹덤북스
등록 제2009-29호(2009년 10월 19일)
주소 경기도 용인시 기흥구 동백동 622-2
문의 전화 031-275-0196 팩스 031-275-0296

ISBN 979-11-5886-070-7 (03230)

Copyright ⓒ 2016 이풍인
이 책은 저작권법에 따라 보호받는 저작물이므로 무단전재와 복제를 금지하며,
이 책의 내용의 전부 또는 일부를 이용하려면 반드시 저작권자와 킹덤북스의
서면 동의를 받아야 합니다.

※ 잘못된 책은 구입하신 곳에서 교환하여 드립니다.
※ 책 가격은 표지 뒷면에 있습니다.

킹덤북스(Kingdom Books)는 문서사역을 통해 하나님의 나라를 확장하고,
한국 교회와 세계 교회를 섬기고자 설립된 출판사입니다.

히브리서 강해
은혜와 책임

이풍인
지음

The Message of Hebrews: Grace & Responsibility

킹덤북스
Kingdom Books

추천의 글

전문가의 안내는 즐겁다. 어려운 등산로일수록 전문가의 진가는 더 빛나는 법이다. 이 책이 그렇다. 탁월한 히브리서 전문가인 저자는 말씀을 사랑하지만 히브리서의 준봉이 부담스러운 독자들을 위해 최상의 등반로를 열어 보인다. 전체의 맥락을 고려하며 각 본문의 의미를 명료하게 설명하고, 어려운 구절이나 주제들에 대해서는 여러 가능성에 대한 친절한 설명을 제공하며, 본문의 메시지가 가질 수 있는 목회적, 실천적 의미를 생각하게 돕는다. 개역개정과 헬라어 본문의 비교 역시 이 책이 가진 독특한 장점의 하나다. 자연스럽게 읽히는 설명을 따라가며 독자들은 직접 히브리서라는 "태산"을 넘으며 그 속의 놀라운 풍광에 놀라고 감격하는 자신의 모습을 발견하게 될 것이다. 히브리서 이해를 위한 최적의 입문서 중 하나다.

권연경 (런던 킹스칼리지 신학박사, 숭실대학교 신약학 교수)

히브리서는 신약에 있으면서도 구약 같아서 참 어려운 책이고, 히브리서 기자 스스로도 자신의 이야기가 어려울 수 있음을 알고 있다. 이풍인 목사님의 히브리서 풀이는 히브리서 전공 학자의 깊이와 일상의 묵상과 적용을 위한 부드러움을 모두 갖추고 있다. 차근차근 책을 읽어간다면, 그리스도의 신비 안에 깊이 들어가고 다시 성문 밖의 그리스도에게로 나아가 일상을 살게 하는 히브리서의 메시지를 풍성히 맛볼 수 있을 것이다.

김근주 (옥스퍼드대학교 신학박사, 기독연구원 느헤미야 학술부원장)

본서는 히브리서 전문 연구 학자가 쓴 히브리서 강해서다. 바울 신학자와 공관복음 신학자는 넘쳐 나지만 히브리서 전문 연구자는 매우 드물다. 이러한 전문 연구 학자의 진가는 본서에서 유감없이 발휘되어 있다. 무엇보다도 본서는 어려운 내용을 참 쉽게 설명한다. 이러한 일은 그 분야의 최고 전문가만이 할 수 있는 것이다. 거기에다, 본서는 본문의 원의(original meaning)에 기반하고, 최근의 학문과 교류하면서 오늘의 세계로 본문을 이끌어오고 있다. 이것은 학문과 목회 두 분야를 깊이 경험하지 않고는 나올 수 없는 것이다. 히브리서를 보다 잘 이해하려는 사람들에게, 또 히브리서 본문을 깊이 강해설교하려는 목회자들에게 필독서로 권한다.

김동수 (캠브리지대학교 신학박사, 평택대학교 신약학 교수, 한국신약학회 부회장)

전문가의 한 권의 책이 우리 손에 들려질 때 찾아오는 기쁨과 환희는 그 어느 것하고도 비교할 수 없는 창조의 기쁨이다. 더욱이 그것이 영감이 있는 하나님의 말씀과 연관이 되어 있을 때는 그야말로 한줄기 소망의 빛과 같은 은혜와 감동이 있다. 나는 저자를 잘 알고 있다. 그는 학자로서, 그리고 목회자로서 누구보다 하나님과 성도를 사랑하는 사역자이다. 그 사랑에서부터 비롯된 이 책은 하나님의 마음을 시원케 해드리고 우리 모든 이들에게는 큰 은혜의 감동을 줄 것이다. 한 교회를 담임하는 나 또한 이 책에 대한 기대가 무척이나 크다. 앞으로 이 책이 가져다줄 선한 영향력을 기대하며 한 장 한 장, 페이지를 넘겨본다. 다가오는 성령의 큰 감동이 모든 독자와 한국 교회에 새로운 희망이 되기를 기대하며 하나님께, 그리고 저자에게 감사를 드린다.

김신근 (해성교회 담임목사)

목회전선에서 늘 설교와 씨름하는 목회자의 입장에서 가장 도전되는 성경책 중에 하나가 히브리서일 것입니다. 이곳저곳 가려서 설교해 본 적은 있지만, 이번에 이풍인 목사의 『히브리서 강해: 은혜와 책임』을 읽고, 히브리서를 강해해 보고 싶은 마음이 생길 정도로, 새로운 깊이와 깨달음을 얻었습니다. 눈에서 비늘이 벗겨지듯 난해한 히브리서를 아카데믹한 전문성과 목회적 차원의 적용점이 맞물려 누구나 쉽게, 그리고 분명하게 은혜를 맛보게 저술되었습니다. 하버드와 옥스퍼드에서 공부할 때부터 이 목사님을 알아오던 지인의 입장에서, 이 책이 나오기까지 어머니가 바느질을 땀땀이 하듯, 얼마나 정성과 최선을 다해 연구하며 써내려 갔을까 짐작이 갑니다. 풍부한 유대인의 구약적 배경을 공부한 이 목사님의 전문성에서만 나올 수 있는 히브리서의 신약적 복음 제시가 히브리서 강해의 새로운 지평을 열 것을 기대하며, 본서를 강력 추천합니다.

김한요 (남가주 얼바인 베델교회 담임목사)

히브리서는 요한계시록과 함께 신약성경 중에서 가장 어려운 책들 가운데 하나로 여겨진다. 아마도 그것은 히브리서 본문과 그것을 읽어내는 독자 사이의 간극이 너무 크기 때문일 것이다. 이풍인 교수는 그 간극을 메우기 위해 본문을 차근차근 풀어가면서 좁히고 있다. 이 책의 가장 큰 특징이라면 간결성과 명료성이다. 저자는 칼빈의 해석학적 원리를 따라 길고 장황하고 거대한 해석을 피하고 가능하면 짧고 간략하게 설명하고자 하였다. 그리고 본문을 해석할 때 학자들 사이의 논의를 최대한으로 줄이고 본문의 의미를 독자들이 알기 쉽게 설명하였다. 아마도 그것은 신학자로서 동시에 목회자인 저자가 현장에서 목회자들의 고민을 보았기 때문일 것이다. 이 책은 목회자들과 신학생들이 본문의 의미들을 쉽게 이해할 수 있도록 본문의 무게와 독자들의 이해 사이의 균형을 잘 유지하고 있다.

이풍인 교수의 글은 본문의 의미들을 충분히 드러내면서도 전체의 흐름을 놓치지 않는다. 숲 속으로 들어가면 골짜기가 보이고 나무가 보이지만 산은 보이지 않는다. 멀리 서서 보아야 산 전체가 보이듯이, 히브리서는 세세한 부분이 아닌 큰 그림으로 보아야 한다. 저자는 그 큰 그림을 은혜와 책임으로 보고, 그 틀 안에서 각 구절의 의미들을 보여주고 있다. 저자가 보여주는 부분과 전체를 유지하는 팽팽한 긴장감은 이 책을 읽는 또 다른 즐거움이다. 해석이란 모든 지평의 만남이다. 이풍인 교수는 본문에 충실하면서도 동시에 그 본문이 들려져야 하는 현장에도 관심이 많다. 저자는 복음의 말씀이 선포되어야 할 교회를 염두에 두면서 본문을 주해해 나갔다. 〈묵상을 위한 도움〉과 〈해석 포인트〉는 본문과 현장 사이를 연결시키고자 하는 저자의 의도가 잘 드러난다.

라영환 (캠브리지대학교 신학박사, 총신대학교 조직신학 교수)

적지 않은 히브리서 주해서와 강해서들이 이미 출판 되었지만 이풍인 박사의 책이 두드러질 수밖에 없는 이유가 있다. 예수 그리스도의 삶과 사역, 그리고 죽음의 의미를 구약적 배경 특히 구약제사의 배경에서 설명하는 히브리서의 중심 주제를 정확히 짚어 한편으로는 그간의 학계에서 진행된 학문적 성과와 저자 자신의 원문 주해를 토대로 히브리서의 원의(original meaning)를 밝히고 있으며, 다른 한편으로는 그러한 원의가 오늘날 성도들의 삶에 어떤 적용적 의미를 가지는지를 쉬운 언어로 잘 풀어주고 있다. 무엇보다 추천자가 보기에 이 책이 가진 최고의 장점은 바로 학문적 치열함과 목회적 적용점을 동시에 가지고 있다는데 있다. 이런 양면성은 아마도 저자 자신이 학자이자 목회자로서 오랫동안 감당해온 목회 현장 경험에서 나왔을 것인데 이런 점에서 그의 책은 학자적 연구와 현장 목회가 동시에 빚어낸 값진 보배이다. 많은 사람들이 책 안에 담긴 이 보배를 맛보기를 적극 추천한다.

박윤만 (토론토대학교 신학박사, 대신대학교 신약학 교수)

이 책의 저자는 세계에서 몇 명 안 되는 탁월한 히브리서 전문가들 중에 하나이다. 이 책은 히브리서 본문에 관한 세계적 수준의 깊이 있는 연구를 아주 쉬운 언어로 성도들과 목회자들에게 전달해 준다. 앞으로 히브리서를 읽는 성도들과 히브리서 본문을 설교하는 목회자들은 이 책으로 인해 행복한 시간을 두고두고 누리게 될 것이다. 미리 험난한 미로를 탐험한 훌륭한 모험가와 함께 히브리서의 세계를 여행하다보면, 깨닫는 기쁨은 날마다 증폭될 것이다.

신현우 (화란 자유대학교 신학박사, 총신대학교 신학대학원 신약학 교수)

이풍인 목사님이 쓰신 히브리서 강해는 그가 박사과정 학생으로서 행한 해석학적 연구와 목사로서 행한 설교적 묵상이 훌륭하게 잘 어우러져 있다. 그는 매 챕터의 시작에서 헬라어 본문과 한국어 번역본을 비교하면서, 좀 더 정확한 번역을 성도들에게 제시하려 한다. 이어지는 본문의 분석에서는 학자적이고 비평적인 관점으로 히브리서의 본문들을 세밀하게 잘 나누어 분석한다. 그러나 동시에 그는 목사로서 성도들이 깨달아야 할 본문이 주는 중요한 의미들을 제시하는데 실패하지 않는다. 그는 이 책에서 히브리서에 대한 좋은 해석학적 분석과 설교적 적용을 훌륭하게 함께 잘 버무리고 있다.

이승현 (하바드대학교 신학박사, 호서대학교 신학전문대학원 신약학 교수)

원래 히브리서는 초대교회 교부들이나 중세 종교개혁자들에 의해 많은 사랑을 받았던 책이다. 오늘날에도 히브리서는 현대를 사는 목회자들과 성도들의 삶에 많은 도움을 주는 책이라 생각되는데, 히브리서에 대한 귀한 해설서가 나와서 반갑고 기쁘다. 은혜와 책임을 강조하는 히브리서의 내용을 체계적으로 공부함으로써 노블레스 오블리주의 삶이 한국 교회에 회복되길 바란다. 원문에 근거한 알찬 본문해설과 구체적인 삶의 묵상이 있는 이 책을 통해 많은 독자들이 하나님의 말씀의 깊이와 삶의 변화를 경험하게 되길 바라는 마음으로 이 책을 적극적으로 추천한다.

이찬수 (분당우리교회 담임목사)

이 책은 이풍인 교수님의 강의 스타일을 보는 것 같다. 그 내용과 방향이, 그리고 논리가 독자들에게 분명하고 명료하며 또 쉽게 이해된다. 양만 많고 복잡하고 어렵게 쓰인 책이 아니다. 배경은 물론 헬라어 본문과의 비교를 통해 그 의미를 환하게 밝혀주며 또 각 챕터별 묵상을 위한 안내의 글은 우리 신앙생활의 현주소가 어디에 있느냐고 묻는다. 신학도나 목회자에 유용하여 히브리서 공부가 미약했던 내게는 천군만마를 얻은 기분이다.

장기호 (전 캐나다 대사, 강남엘림교회 담임목사)

최근에 본서의 저자와 히브리서 세미나를 진행했던 기억이 난다. 강의가 아주 명쾌하였다. 십 수년간 히브리서를 연구하고 강의해온 학자다운 박식함과 신학적 명료함이 있었다. 이 책은 동일 선상에서 히브리서를 주해한 강해서이다. 본서의 강점은 먼저 히브리서의 언어적 특성을 잘 설명하고 있다고 할 수 있다. 또한 신약과 구약의 신학적 논쟁점들을 깊이 있게 주해하여 히브리서를 이해하기 쉽게 풀어내고 있다. 이 가을 저자의 가이드를 따라 히브리서 산책길을 함께 떠나보시기를 적극 추천하는 바이다.

장성길 (로햄튼대학교 철학박사, 웨스트민스터신학대학원대학교 구약학 교수)

유진 피터슨은 주해를 "사랑의 행위"라 말한다. 이 책을 읽을 때 우리는 하나님의 말씀을 마음과 뜻과 정성을 다해 사랑한다는 것이 어떤 것인지 맛볼 수 있다. 말씀의 뜻을 정확히 이해하기 위한 한글 성경과 헬라어 본문의 비교에서부터 말씀을 몸으로 정성껏 살아내기 위한 묵상을 위한 도움까지 저자는 하나님의 말씀이 우리의 삶과 분명하고 생생하게 공명할 수 있도록 자신이 가지고 있는 것을 아낌없이 나눈다. "은혜와 책임"이야말로 히브리서에 담긴 복음을 간결하고 강력하게 요약한 제목이다. 또한 이것은 기독교 세계관을 가지고 살아가려는 모든 하나님의 백성이 그 마음과 삶에 소중히 담아내야 할 가치요 덕목이다. 이 책의 모든 독자들이 믿음의 선구자이신 예수님을 따라가는 책임 있는 은혜를 누리는 복이 있기를 바란다.

전성민 (옥스퍼드대학교 신학박사, 밴쿠버기독교세계관대학원 교수)

히브리서는 구약에 대한 깊은 이해를 전제로 하고 있다는 점에서, 복음서와는 다른 관점에서 그리스도를 설명하고 있다는 점에서, 이 두 가지 전제 위에 선포되는 경고 본문의 이해와 적용의 난해함으로 인해 다른 신약성경들보다 다가가기 힘든 서신서이다. 필요한 성경 표현만을 이용하여 자기 메시지를 전하려는 사람이 아니라 있는 그대로의 성경을 온전히 전달하려는 설교자라면 누구나 히브리서 앞에서 멈칫하게 된다. 늘 마음에 담고 있었지만 엄두가 나지 않던 멋진 여행지에 대한 아쉬움을 떨쳐내고 이제 용기 있게 나설 수 있는 지도를 손에 쥐게 되었다. 히브리서에 대한 저자의 깊은 신학적 해석, 통찰력 있는 목양적 해석에 힘입어 이제 설교자로서 성도들을 이끌고 히브리서를 여행하기 위해 짐을 싸야겠다.

정명호 (혜성교회 담임목사)

신약성경을 구성하는 27권의 책들 중에서도 히브리서만큼 복음의 본질과 영광에 집중하는 책은 드물다. 그것은 히브리서가 예수 그리스도의 신적 탁월성과 영원한 속죄의 복음을 심오하면서도 장엄한 필치로 그려주고 있기 때문이다. 하지만 히브리서는 그동안 목회자와 일반성도 모두 접근하기 어려운 난해한 책으로 남아 있었다. 저자는 하버드와 옥스퍼드를 거친 학자로서의 깊은 전문성과 현직 목회자로서의 따뜻한 애정을 가지고 히브리서를 이해하고 적용하기 쉬운 책으로 우리 모두에게 돌려주었다. 오랫동안 고대했던 책이 마침내 출간되어서 너무나 기쁘다. 히브리서를 통해 예수님과 더 깊은 교제를 누리기 원하는 모든 사람들에게 적극적으로 추천한다.

정성욱 (옥스퍼드대학교 신학박사, 미국 덴버신학교 조직신학 교수)

예수 그리스도의 죽음에 대해 히브리서는 신약성경의 어떤 책보다 더 분명하고 체계적으로 설명하고 있다. 우리는 히브리서를 통해 하나님의 은혜와 하나님 백성의 책임에 대해 깊은 깨달음을 가질 수 있다. 그러나 문제는 이 깊은 신학적인 통찰력을 가지고 있는 히브리서를 목회자들과 성도들이 이해하기가 쉽지 않다는 것이다. 히브리서는 마치 큰 낭떠러지 위로 지나가는 외줄과 같다. 그 위를 아슬아슬하게 걸어서 통과해야 한다. 한 번 상상해 보라. 얼마나 두렵고 가슴 졸이게 하는가? 두려운 마음으로 뒤뚱거리며 균형을 잡으며 한 발 두 발 내딛는 초보 어름사니(외줄타기 하는 사람)와 같은 우리에게 이 책의 저자는 멋진 부채를 선물하며 함께 건너자고 제안한다. 이 반가운 제안에 많은 사람들이 동참함으로 하나님의 생명력 넘치는 말씀을 만끽하게 되길 바란다.

조성민 (상도제일교회 담임목사)

학업(學業)에는 '교과서'와 '해설서(참고서)'가 있어야 한다. 교과서만 가지고 효과적인 공부를 하기 어렵다. 어려운 분야일수록 더욱 그러하다. 교과서의 어려운 부분을 그 분야의 탁월한 전문가가 풀어 준 해설서를 통해 쉽게 이해하고 터득할 수 있게 된다. 성경이 교과서라면 이 책은 해설서이다. 탁월한 신학자이자 신실한 목회자이신 저자는 특별히 심오함과 신비의 영적 비경(秘境)으로 가득한 히브리서의 세계를 탁월한 전문가로서 우리를 안내하고 쉽게 설명해 준다. 이 책의 제목인 『히브리서 강해: 은혜와 책임』만으로도 우리는 히브리서의 양대 산맥을 한 눈에 조망하게 된다. 이 한 권의 책에는 저자가 그동안 쏟아 부은 모든 학문적 땀과, 영적 눈물과, 목회적 헌신이 깊게 배어있는 아름답고 풍성한 열매로 가득하다. 한국 교회의 목회자들과 성도들이 이 열매를 먹고 더욱 풍성한 복음의 생명을 누리기를 기도하는 마음으로 즐거이 추천한다.

최은성 (서울은현교회 담임목사)

구약과 신약을 이어주는 가교역할을 하는 히브리서는 성경의 어떤 책보다 전문가의 안내가 절실한 책이다. 이풍인 교수는 학자의 혀와 목회자의 심장으로 독자들을 하나님의 뜻으로 조심스럽게 안내해 나간다. 수준 높은 내용을 쉬운 언어로 풀어 성경을 알고자 하는 성도는 누구나 소화가 가능하리라 생각한다. 21세기 교회가 다시 복음의 능력으로 무장하고 삶을 회복하는데 이 책이 귀한 모퉁이돌 역할을 하리라 믿으며 마음껏 추천한다.

최중화 (옥스퍼드대학교 철학박사, 부산장신대학교 구약학 교수)

글을 시작하며

은혜와 책임

외국생활을 마치고 한국으로 돌아오면서 언젠가는 히브리서 관련 책을 써야겠다는 생각을 했다. 박사과정에서 히브리서를 전공했으니 당연한 생각이라 할 수 있다. 하지만 또 다른 이유도 있다. 한국 학자들 중 학위논문에서 히브리서를 다룬 경우가 많지 않다. 그러다 보니 한국 학자가 쓴 히브리서 관련 서적이 많지 않다. 그래서 전공자로서 가지는 부담이 있었다. 그러나 여러 여건 상 여러 해 차일피일 미루게 되었다. 그동안 필자는 신학교에서 히브리서를 십 여 차례 강의했다. 또한 섬기는 교회에서 주일오전예배 때 사십 여 차례에 걸쳐 히브리서 본문을 처음부터 끝까지 강해하기도 했다. 강의와 설교를 통해 더 명료해지는 부분들도 있었다. 필자의 강의를 듣고 귀한 피드백을 주었던 학생들과 주일 예배 시간에 설교를 주의 깊게 들어준 개포동교회 성도님들께 지면을 빌어 감사드린다.

히브리서는 한 마디로 매력적인 책이다. 처음엔 다소 어려운 감이 없지 않으나 관심을 가지고 공부하면 깊은 우물에서 퍼 올린 생수를 마시는 시원함을 맛볼 수 있다. 히브리서는 예수 그리스도의 구원사건에 대해 신약성경의 어떤 책보다 더 분명하게 설명하고 있다. 왜 구약 제사가 아닌 그리스도의 십자가가 우리에게 필요한지를 속 시원하게 풀이하고 있다. 예수 그리스도를 믿으면서도 여전히 옛 언약에 매여 형식적인 신앙생활을 하는 우리의 어리석음을 깨닫게 한다. 히브리서 11장의 믿음의 사람들만 생각하면 항상 기가 죽는 우리에게 새 언약 백성으로 사는 특권을 말해준다. '우리가 아니면 그들이 온전하게 될 수 없다'는 엄청난 선언을 통해 구약성도들이 멀리서 바라보았던 새 언약의 실체를 오늘날 우리가 누리고 있음을 말해준다. 천사들과 구약의 성도들이 흠모할만한 은혜가 우리에게 주어졌다. 구약시대 어느 누구와 비교해도 우리는 더 큰 은혜를 입은 자로 살고 있다. 그러나 그것만이 아니다. 더 큰 은혜를 입은 우리에게 더 큰 책임도 있음을 히브리서는 강조한다. 젖먹이 아이에게는 중책을 요구할 수 없지만, 역할을 감당할 수 있는 자에게 요구하는 것은 당연한 일이다. 노블레스 오블리주(Noblesse oblige)라는 말을 종종 한다. '귀족성은 의무를 가진다'는 말이다. 부, 권력과 명성을 가진 자는 그만큼 사회적인 책임도 크다는 말이다. 히브리서는 신약시대를 사는 우리에게 '노블레스 오블리주'의 삶을 살기를 요구한다. 히브리서는 신약성도의 정체성을 '은혜'와 '책임'이라는 두 단어로 잘 설명하고 있다. 은혜만 강조하고 책임을 다하지 못하는 우리가 반드시 새겨들어야 하는 하나님의 음성이 히브리서에 있다. 이 책을 통해 균형 잡힌 신앙생활을 유지하길 바란다.

본서는 말씀을 진지하게 공부하려는 성도들과 목회자들을 위한 책이다. 이 책은 구성상 몇 가지 특징이 있다. 첫째, 우리말 개역개정성경과 헬라어 본문을 비교하는 단락이 있다. 헬라어 본문을 참고했을 때 의미가 더 명확해지거나, 우리말 번역이 헬라어와 다른 경우를 주로 다루었다. 둘째, 책 내용은 최대한 단순하고 명료하게 하려고 노력했다. 학자들 사이의 논의는 최대한 줄이고 히브리서 본문이 무엇을 의미하는지를 밝히는데 주안점을 두었다. 일반 성도들의 경우에는 미주에는 신경 쓰지 말고 읽을 것을 권한다. 셋째, 학자들의 다양한 입장들에 대해 더 상세히 알고자 하는 독자는 미주를 참고하면 도움을 얻을 수 있을 것이다. 넷째, 설교나 성경공부를 위해 본문 내용과 관련이 있는 묵상을 위한 도움 글을 각 챕터별로 수록했다. 다섯째, 각 챕터 마지막에 있는 핵심 포인트를 통해 각 단락의 중심내용을 다시 확인할 수 있게 했다.

이 책이 히브리서를 진지하게 읽고자 하는 많은 분들에게 큰 도움이 되길 바란다. 무엇보다 본서가 출간될 수 있도록 격려와 수고를 아끼지 않은 킹덤북스(Kingdom Books) 대표 윤상문 목사님과 수고하신 출판사 직원들께 감사드린다.

2016년 9월
저자 이풍인

차 례

추천의 글   4
글을 시작하며: 은혜와 책임   12

1부 히브리서의 일반적인 배경
1. 히브리서의 저자, 기록연대, 독자와 장르   20

2부 히브리서의 서론(1:1-4)
2. 말씀하시는 하나님(1:1-4)   40

3부 아들이신 예수 그리스도와 천사의 비교(1:5-3:6)
3. 천사보다 뛰어나신 그리스도(1:5-14)   52
4. 더 중한 말씀(2:1-4)   64
5. 영광에서 비천으로, 비천에서 다시 영광으로(2:5-13)   73
6. 승리자 그리스도(2:14-18)   82
7. 모세 vs 예수(3:1-6)   89

4부 모세보다 뛰어난 인도자이신 그리스도(3:7-4:16)
8. 불순종의 본을 따르지 말라(3:7-19)   100
9. 안식으로의 초대(4:1-13)   110
10. 은혜의 보좌 앞으로 담대히(4:14-16)   121

5부 레위보다 우월한 대제사장이신 그리스도(5:1-7:28)
11. 큰 대제사장(5:1-10)   130
12. 어린아이 vs 장성한 자(5:11-6:3)   138
13. 두 번째 회개가 가능한가?(6:4-12)   146
14. 변하지 않는 두 가지 사실, 약속과 맹세(6:13-20)   153
15. 수수께끼 같은 인물, 멜기세덱(7:1-10)   160
16. 예수님, 멜기세덱과 같은 별다른 제사장(7:11-19)   169
17. 예수는 더 좋은 언약의 보증(7:20-28)   176

6부 더 나은 제사장이 드린 더 나은 제사(8:1-10:25)

- 18 더 좋은 언약(8:1-13) — 184
- 19 옛 제사 제도의 한계: Members Only(9:1-10) — 192
- 20 새 언약의 제사(9:11-22) — 201
- 21 새 언약의 천상의 제사(9:23-28) — 208
- 22 그리스도의 순종의 제사(10:1-10) — 214
- 23 그리스도의 제사의 결과(10:11-18) — 225
- 24 하나님께 나아가자(10:19-25) — 232

7부 믿음과 인내에 대한 격려(10:26-12:29)

- 25 경고와 소망(10:26-39) — 242
- 26 믿음이란?(11:1-7) — 251
- 27 아브라함과 족장들의 믿음(11:8-22) — 259
- 28 모세 시대의 믿음(11:23-31) — 270
- 29 고난 중의 믿음(11:32-38) — 277
- 30 새 언약 성도의 특권과 그리스도(11:39-12:3) — 285
- 31 징계로서의 고난(12:4-17) — 291
- 32 경고와 새 언약 백성의 자세(12:18-29) — 300

8부 사랑에 대한 격려와 인사(13:1-25)

- 33 화평과 거룩의 삶(13:1-6) — 310
- 34 진정한 예배(13:7-17) — 317
- 35 축복과 인사(13:18-25) — 324

글을 마치며: 감사 또 감사 — 330

미주 — 339

참고문헌 — 389

1부

히브리서의
일반적인 배경

1
히브리서의 저자, 기록연대, 독자와 장르

히브리서는 요한계시록과 함께 신약성경 중에서 가장 어려운 책들 중 하나로 간주된다. 그 이유가 무엇일까? 여러 이유들이 있겠지만, 성도들이 히브리서를 어렵게 생각하는 외적인 이유와 내적인 이유 하나씩만 이야기해 보고자 한다. 먼저 외적인 이유는 히브리서의 저자, 독자, 기록연대, 장르가 명확하지 않은데 있다. 우리가 바울의 편지들을 읽는다고 가정해 보자. 학자들에 따라 의견차는 있을 수 있지만, 대략적으로 바울이 언제쯤 어떤 상황에서 성도들에게 편지를 썼는지를 알 수 있다. 안타깝게도 히브리서의 경우는 다르다. 일례로 킹 제임스 성경(King James Version)은 히브리서에 "The Letter of Paul to the Hebrews"라는 제목을 붙였다. 이 제목에서 Letter(편지)는 장르, Paul(바울)은 저자, the Hebrews(히브리인들)은 독자에 대한 정보를 전달하고 있다. 그런데 아쉽게도 이 제목은 히브리서에 대한 올바른 정보를 제공하고 있지 않다고 보는 것이 일반적이다. 오랜 기간 동안 히브리서의 저자, 독자, 기록연대, 장르에 대한 연구가 꾸준히 있었다. 그러나 그 결과들은 매우 다양했고 여전히 일치된 결론에 도달하지 못하고 있다. 이런 이유 때문에 학자들은 히브리서를 '멜기세덱과 같은 책'이라고 부르기도 한다. 히브리서 7장 3절에서 멜기세덱은 수수께끼 같은 인물로 그려진다. "(멜기세덱은) 아버지도 없고 어머니도 없고 족보도 없고 시작한 날도 없고 생명의 끝도 없어"라고 적고 있다. 일반적인 배경을 놓고 보면, 히브리서가 멜기세덱처럼 수수께끼 같은 책이라는 말이다.

히브리서가 어려운 내적인 이유도 있다. 히브리서의 내용이 현대의 성도들의 삶과 상당히 동떨어져 있다. 오늘날 한국의 성도들 중 어느 누구도 성전이나 성막에서 제사를 드려본 경험이 없을 것이다. 그런데 히브리서에서는 구약의 제사 제도, 제사장, 그리고 성막 등에 대해서 많은 부분을 할애하고 있다. 이것을 해석학적인 측면에서 설명하면, 히브리서 본문과 오늘날 독자 사이에 건너야 할 강폭이 너무 크다는 것이다. 문화, 언어, 시간과 상황 등의 차이가 너무 커서 독자들이 본문을 이해하는데 오랜 시간이 걸리거나 어려움을 겪기 쉽다. 강폭과 관련해서 조금 더 설명하면, 어떤 본문은 오늘날의 독자들이 이해하는데 별로 어려움을 느끼지 않는다. 예를 들면, "네 부모를 공경하라"는 말씀을 읽을 때, 독자들은 이 말 속에서 '네 부모'가 누구인지, '공경하라'는 말이 무엇을 의미하는지 고민할 필요가 없다. 실천하는 것이 어렵지 이해하는 것이 어려운 것은 아니다. 목회 현장에서 매주 설교를 하는 목회자들이나 목회를 준비하는 신학생들에게 강의할 때 필자는 설교 본문 선택 시 강폭을 꼭 고려하라고 당부한다. 만약 매주 설교에서 강폭이 넓은 본문만 고르면 설교시간 대부분을 본문의 일차적인 의미를 설명하는데 할애해야 한다. 그렇게 되면 설교를 듣는 청중들의 가슴에 깊이 와닿는 적실성 있는 선포와 적용을 하기 어렵다. 설교계획을 짤 때 강폭이 넓은 본문과 좁은 본문을 적절하게 안배하는 것은 매우 중요하다. 성경의 한 책을 선택해서 강해설교를 하는 경우에도 강폭이 넓은 본문으로 구성된 책과 강폭이 좁은 본문으로 구성된 책을 적절히 섞어가며 하는 것이 좋다. 히브리서에는 강폭이 넓은 본문들이 많다. 그래서 한 책을 선택해서 강해설교를 하는 설교자라면 히브리서를 강해하기 전에 복음서나 역사서와 같이 이야기식으로 된 책을 강해한 후에 하는 것이 좋을 것 같다. 필자의 경우도 5-6년째 책을 택해 강해설교를 하고 있지만 여러 책들을 먼저 살핀 후 청중이 준비가 되었을 때 히브리서 전체를 주일오전에 41회에 걸쳐 강해한 적이 있다.

현대의 독자들이 히브리서를 읽는데 여러 어려움들이 있음에도 불구하고 우리가 히브리서를 공부하고 묵상해야 할 분명한 이유가 있다. 그 이유를 몇 가지로 정리해 보면 다음과 같다. 첫째, 히브리서는 예수 그리스도의 구원사건이 가지는 의미에 대해 매우 체계적으로 다루고 있는 책이다. 신약의 모든 책들이 그리스도의 죽음을 설명하지만, 구약제사의 배경에서 예수 그리스도의 죽음을 집중적으로 설명하는 유일한 책이 히브리서라 할 수 있다. 둘째, 구약성경과 신약성경의 상관관계를 히브리서만큼 잘 보여주는 책도 드물 것이다. 예수 그리스도 사건은 분명 구약계시와 연속성이 있다. 히브리서 저자는 구약성경과 그리스도를 '비교(comparison)'함을 통해서 연속적인 측면을 다룬다. 그러나 둘 사이에는 연속적인 부분만 있는 것이 아니다. 불연속적인 부분도 있는데, 이런 내용은 '대조(contrast)'를 통해 설명한다. 히브리서에서는 구약계시와 그리스도를 통한 새로운 계시를 비교 대조하는 방식을 통해서 그리스도의 우월성(superiority)을 설명한다. 히브리서를 이해할 때 비교(comparison) - 대조(contrast) - 우월(superiority)의 도식은 매우 유용하다. 셋째, 히브리서에는 많은 경고들이 나온다. 경고의 내용을 보면, 그 당시 성도들이 처했던 위기를 짐작케 한다. 새 언약의 우월성과 은혜만을 강조하는데 그치지 않고, 새 언약 백성의 삶에서의 더 중한 책임에 대해서도 다룬다. "더 큰 은혜"와 동시에 "더 큰 책임"이 따른다. 그때나 지금이나 오해하기 쉬운 것 중의 하나가 '더 큰 은혜만 있으면 족하다'고 생각하는 것이다. 그러나 그런 우리를 향해 히브리서는 '더 큰 책임도 감당하라'고 권면한다. 현세적인 복과 값싼 은혜가 아니라 하나님의 구원의 큰 선물(Gabe)과 책임(Aufgabe)이 따르는 삶을 촉구한다. 결론적으로 히브리서는 어렵지만 곱씹어서 이해할 때 성도들에게 주는 유익이 매우 큰, 매력적인 책이다.

이 장에서는 히브리서의 저자, 독자, 기록연대와 장르에 대해 간략하게 살펴보고자 한다.[2] 많은 학자들이 오랜 기간 연구해도 일치를 보지 못했던 이 주제들에 대해 모든 사람이 다 동의할 만한 새로운 입장을 필자가 제시하고자 하는 것은 아니다. 이제까지의 연구들을 정리하며 필자가 생각하기에 적절해 보이는 입장을 조심스럽게 밝히고자 한다. 그렇게 하는 이유는 독자들이 히브리서 본문을 대할 때 진공상태에 두고 읽기보다는 개연성 있는 상황 속에서 읽도록 도움을 주고자 하는 마음이 있기 때문이다.

저자 혹은 설교자[3]

히브리서의 설교자가 누구인지 궁금해 하는 목회자들과 성도들이 많다. 필자가 히브리서에 관해 박사학위 논문을 썼다고 하면 대부분 처음 묻는 질문이 "히브리서를 누가 썼다고 생각합니까?"이다. 많은 분들이 궁금해 하는 부분이어서 조금 자세하게 다루려고 한다.

바울

먼저 살펴볼 인물은 바울이다. 바울이 히브리서를 썼다는 주장은 초대교회 내에서 꽤 이른 시기부터 제기되었다. 일례로 기록연대를 2세기 후반이나 3세기 초반으로 추정하는 파피루스 문서인 P⁴⁶(바울서신 모음집; Chester Beatty Papyrus의 일부임)에서 히브리서는 로마서 다음에 위치하고 있다.⁴ 이것은 그 파피루스 문서가 필사된 지역의 교회들에서는 히브리서를 바울이 쓴 편지라고 생각하고 있었다는 증거가 된다.⁵ 다른 증거로는 유세비우스(Eusebius)의 『교회사』에 보존되어 있는 알렉산드리아의 클레멘트(Clement of Alexandria)와 오리겐(Origen)의 단편들(fragments)을 들 수 있다. 초대교회에 잘 알려진 두 명의 클레멘트가 있었다. 하나는 알렉산드리아의 클레멘트고, 다른 하나는 로마의 클레멘트다. 알렉산드리아의 클레멘트의 경우는 바울이 히브리서를 히브리어로 썼고 누가가 그것을 헬라어로 번역했다고 주장했다.⁶ 그러나 오리겐의 경우는 바울의 저작설에 대해 클레멘트보다는 유보적인 입장을 가졌다. 그 이유는 누가가 썼을 수도 있고 로마의 클레멘트(Clement of Rome)가 썼을 수도 있다고 생각했던 것 같다. 히브리서의 저자와 관련해서 오리겐은 유명한 말을 남겼다. "누가 그 서신을 썼는지는 오직 하나님만 아신다(But who wrote the epistle, in truth God knows)."⁷ 오늘날도 히브리서 저자 이야기가 나오면 약방의 감초처럼 등장하는 말이다. 그런데 이 말을 오해하는 경우가 많다. 오리겐의 이 말은 히브리서의 저자로서 수없이 많은 사람을 생각하고 있어서 본인이 모르겠다고 하는 것이 아니다. 누가와 로마의 클레멘트, 이 둘 중에서 누가 썼는지 자신은 정확히 모르겠다는 의미다.⁸

바울이 히브리서를 기록했다는 주장은 점차 힘을 잃었고, 오늘날 대부분의 학자들은 바울 저작설을 받아들이지 않는다. 그 이유가 무엇일까? 첫째는 바울서신의 문체와 히브리서의 문체가 많이 다르다. 이러한 차이는 바울이 히브리어로 히브리서를 썼고 누군가가 헬라어로 번역했다는 생각을 하게 만든 이유였다. 우리말로 읽을 때보다 헬라어로 읽으면 그 차이가 더 분명하게 느껴진다. 둘째는 히브리서 저자와 바울 사이에 계시전달 과정에 대한 이해 차이가 있다.[9] 바울은 자기가 전하는 복음은 부활하신 주님으로부터 자신이 직접 받은 것이라고 주장했다.[10] 반면에 히브리서 2:3절에서는 주님으로부터 복음을 들은 자들이 히브리서 저자인 자기에게 복음을 전해주었다고 적고 있다.

그 외 사람들

교회 역사 속에서 많은 사람들이 히브리서의 저자로 지목되었다. 주후 2-3세기의 터툴리안(Tertullian)은 바나바가 히브리서의 저자라고 주장했다.[11] 16세기의 종교개혁자 루터는 아볼로 저작설을 주장했는데, 아볼로가 성경지식이 해박했고 논리와 수사학에 능했다는 사실에서 착안했던 것 같다(행 18:24).[12] 그러나 바나바나 아볼로가 히브리서의 저자라는 주장을 뒷받침할 만한 더 이상의 증거는 없다. 한 가지 특이한 주장은 하르낙(Adolf von Harnack)의 경우인데, 그는 바울의 동역자 중 브리스길라를 저자로 생각했다. 브리스길라가 남편 아굴라의 도움을 받아 히브리서를 기록했다는 것이다. 그런데 하르낙의 주장은 적절해 보이지 않는다. 그 근거가 되는 구절이 히브리서 11:32절이다: "내가 무슨 말을 더하리요 기드온, 바락, 삼손, 입다, 다윗 및 사무엘과 선지자들의 일을 말하려면 내게 시간이 부족하리로다." 우리말로 읽어서는 왜 이 구절이 증거가 되는지 알 수 없다. 그러나 헬라어로 읽으면 금방 알 수 있다. 이 문장에서 주어는 일인칭 '나'이고 '말하려면(디에구메논 διηγούμενον)'은 분사형태로 사용되었다. 히브리서에서 유일하게 일인칭 주어 '나'와 더불어 사용된 분사인데, 성이 '남성'이다.[13] 이것으로 미루어 보아 히브리서의 저자는 남자였을 것이다. 아마도 하르낙이 히브리서를 헬라어로 읽을 때 주의를 기울이지 않은 것처럼 보인다. 몇 년 전 미국인 교수와 함께 식사한 적이 있다. 그는 미국에서 신약을 가르치고 있었다. 식사 중 히브리서 저자 이야기가 나왔고, 필자는 누가 히브리서를 썼는지 잘 모르겠으나 여자는 아닐 것이라고 했다. 그러면서 11:32절의 남성분사 이야기를 했다. 그러자 그는 그 남성분사가 남녀포괄언어(inclusive language)일 수도 있지 않느냐고 말했다. 편안하게 밥 먹으려고 하다가 열띤 논쟁을 한 적이 있다. 20세기 중후반에 여성신학자들에 의해서 주장된 남녀포괄언어 개념을 1세기 히브리서의 저자가 사용했다고 보는 것은 받아들이기 어렵다고 필자가 반박했던 기억이 난다. 그 외 바울의 동역자였던 실라와 에바브로, 디모데, 빌립 집사 등이 저자로 제기되었지만, 누가 히브리서를 기록했는지 정확히 알 수 없다.

독자 혹은 청중[14]

히브리서의 독자와 관련해서 크게 2가지 입장이 있다. 히브리서의 청중은 유대인 기독교인들이라는 주장이 전통적으로 받아들여졌다. 그러던 중 1836년에 한 독일 학자에 의해 이방인 기독교인 독자설이 제기되었다.¹⁵ 두 입장 중에서 전자는 대체적으로 영국 학자들의 지지를, 그리고 후자는 독일 학자들의 지지를 받았다. 필자는 유대인 기독교인 독자설을 따른다. 그 이유로는 히브리서에 구약 인용이 많기 때문이다. 이런 논거에 대해 이방인 기독교인 독자설을 지지하는 학자들은 다음과 같은 반박을 하는 경우가 많다. 귀 기울여 볼만한 내용이다. 명백하게 이방인 기독교인들이 독자로서 다수를 차지했던 로마서나 갈라디아서와 같은 바울의 편지에도 구약인용이 많다는 것이다. 이러한 반박은 유대인 기독교인 청중설을 주장하는 학자들이 궁지에 몰릴 수 있는 주장이다. 권투를 예를 들어 설명하면 편치를 한 대 맞은 셈이다. 한 방 맞고 가만히 있을 수는 없을 것이다. 카운터펀치가 필요하다. 그래서 날린 것이 인용의 내용을 살피는 것이다. 로마서와 갈라디아서에서의 구약인용과 히브리서에서의 구약인용을 살펴보자는 것이다. 신약에서의 구약사용에 많은 관심을 가졌던 학자들인 미헬(O. Michel), 엘리스(E. E. Ellis), 그리고 코흐(D. A. Koch)의 입장에 근거해서 작성한 모세 실바(M. Silva)의 바울서신에서의 구약인용 차트를 보면, 로마서와 갈라디아서에서 구약제사에 대한 인용은 하나도 없다. 비록 바울이 모세오경의 내용을 인용하고 있다고 하더라도 그것은 주로 도덕적인 가르침과 관련이 있는 경우가 많다.¹⁶ 반면에 히브리서에는 구약제사와 관련된 인용과 암시가 많다. 이것은 청중들이 그러한 내용에 대해 그만큼 친숙했다는 증거가 될 수 있다. 청중설을 다루며 권투를 들어 설명한 이유가 있다. 신학을 공부하고 성경말씀을 살피는데 있어서 다양한 견해에 대해 공부할 필요가 있다. 그렇지 않으면 시간이 지날수록 점점 더 편협해지는 경우가 많다. 다양한 입장들을 살피고 그 중에서 가장 적절한 견해를 취하는 훈련이 필요하다.

기록 목적

청중의 문제는 자연스럽게 기록 목적과도 연관이 된다. 유대인 기독교인 청중설을 주장하는 학자들의 대다수는 당시 청중들이 유대교로 돌아가려고 하는 상황에서 히브리서가 쓰였다고 생각한다.[17] 이와 관련된 몇 가지 주장들을 살펴보자. 바나바스 린다스(Barnabas Lindars)는 유대인이었다가 그리스도를 믿어 개종하고 세례를 받았던 당시 청중들이 세례 받은 이후에 범한 죄에 대한 해결책을 찾지 못해 고심하다가 다시 유대교로 돌아가려는 상황에서 히브리서가 기록되었다고 생각한다. 그들을 향해 히브리서 설교자는 과거뿐만 아니라, 현재와 미래에까지 영향을 미치는 그리스도 제사의 영구한 효과에 대해 설명한다고 주장한다.[18] 한스 코스말라(Hans Kosmala)와 같은 학자는 쿰란공동체 사람들을 개종시키기 위해 히브리서가 쓰였다고 주장한다.[19] 마리 아이작스(Marie Isaacs)는 히브리서의 저자가 예루살렘 성전파괴 이후 하나님께 나아가는 중요한 수단 중에 하나를 상실한 사람들을 향해 이제는 예수 그리스도를 통해 더 나은 길이 열려 있음을 설명함으로 그들을 위로하려고 히브리서를 썼다고 주장한다.[20] 이방인 기독교인 청중설을 지지하는 학자들은 히브리서의 분문에서 청중들이 유대교로 돌아가려는 유혹에 놓여 있었다는 뚜렷한 증거를 발견할 수 없다고 주장한다. 오히려 히브리서의 독자 혹은 청중의 문제는 1 세대가 아닌 2 세대 기독교인들의 특징인 나태와 태만이었다고 피력한다.[21] 필자는 이 두 입장 중에서는 청중들이 유대교로 돌아가려고 하는 상황에서 히브리서가 기록되었다는 전통적인 입장을 지지한다.

기록 연대

대체적으로 히브리서는 주후 60-100년 사이에 기록되었다고 본다.[22] 아주 드물게 주후 50년대에 히브리서가 기록되었다고 주장하는 학자도 있으나[23] 그 입장을 받기는 어렵다. 기록연대를 좁히려고 할 때 관건이 되는 시기가 예루살렘 성전이 파괴된 주후 70년이다. 어떤 이들은 히브리서에서 제사 제도를 설명하면서 현재시제를 사용(5:1-4; 7:28; 8:3-5; 9:6-7, 9, 13, 25; 10:1, 8; 13:10-11)하는 것이 성전이 파괴되기 전의 상황을 반영하는 것이라고 주장한다.[24] 이와 같은 주장은 설득력을 갖기 어렵다. 왜냐하면 명백히 성전이 파괴된 이후에 쓰인 글에도 제사 제도와 관련해서 현재형이 사용되고 있기 때문이다. 일례로 성전파괴 후 20년 뒤에 쓰인 요세푸스(Josephus)의 『유대고대사』나,[25] 1세기 말이나 2세기 초에 로마의 클레멘트에 의해 쓰인 것으로 생각되는 『클레멘트 1서』도 제사에 대해서 언급하면서 현재시제를 쓰고 있다.[26]

스탠리 포터(Stanley Porter)는 헬라어 동사의 현재시제가 현재의 상황을 반영하고 있다는 입장에 동의하지 않는다. 그의 논지는 헬라어 동사의 시제는 과거 현재 미래와 같은 시간개념보다는 동작의 양상(verbal aspect)과 관련된다는 것이다. 그에 따르면, 현재시제의 사용은 동사의 동작을 생생하고 생동감 있게 전달하는 효과를 지니고 있다고 설명한다. 그래서 히브리서에 등장하는 제사와 관련된 현재시제 동사의 사용은 히브리서의 연대를 가늠하는 중요한 단서가 될 수 없다고 본다.[27] 포터에 따르면, 히브리서 저자가 동사의 현재시제를 사용함으로써 구약 제사와 예수 그리스도 제사의 극명한 차이와 그리스도 사역의 정당성을 더 잘 설명하고 있는 것으로 보아야 한다고 주장한다.[28] 주후 70년 이전설과 70년 이후설 중 어느 한쪽으로 학자들의 입장이 기울지 않고 팽팽하게 맞서지만 여기서 그 내용을 다 다룰 수는 없다. 기록연대를 넓게 잡아 주후 60-100년 사이로 생각하면 좋을 것 같다.

장르

학자들이 히브리서의 장르를 규정하기 위해 많은 노력을 기울였지만, 의견의 일치를 보지는 못했다. 전통적으로 히브리서는 서두에 인사말이 생략된 편지로 간주되었다. 그러나 베르거(J. Berger)가 1797년에 히브리서는 설교라는 주장을 처음 한 후로,[29] 학자들은 히브리서를 편지라고 부르는 것에 의문을 제기하기 시작했다. 그 후 히브리서를 설교로 분석하려는 여러 시도들이 있었다.

고대 수사학과 히브리서

히브리서를 고대 수사학의 범주 안에서 이해하고자 하는 노력들이 있었다. 지난 수 십 년 동안 학자들은 히브리서가 고대 수사학의 세 범주 중 무엇과 더 잘 어울리는지를 살피는 연구를 하였다. 수사학적 범주와 히브리서를 연결하고자 한 시도는, 데이비드 드실바(David deSilva)가 잘 지적한대로, 단순히 본문에 꼬리표를 붙이는 차원을 넘어서는 것이었다. 오히려 본문 속에 드러난 상황 속에서 근본적인 문제가 무엇이었으며 그 상황에서 저자가 독자들에게 던져주고자 했던 주된 목표가 무엇이었는지를 파악하는데 도움이 되었다.[30] 히브리서가 수사학적인 관점에서 볼 때 설득적인 글(deliberative)인지 아니면 찬양하고 기리는 글(epideictic)인지에 대한 논의는 아직 매듭이 지어지지 못한 상태로 남아 있다. 고대 사회의 수사학적 범주는 epideictic(과시적), deliberative(설득적), 그리고 judicial(법정적) 수사학과 같이 세 유형으로 나눌 수 있다.[31] 과시적(epideictic) 수사학은 어떤 특정한 인물에 대해서 찬양하거나 비판을 가하는 것이고, 설득적(deliberative) 수사학은 찬성이나 반대와 같은 설득적인 요소가 강한 것으로 정책에 대한 토론 등을 예로 들 수 있다. 마지막으로 법정적(judicial) 수사학은 법정에서 죄인을 변호하고 심문할 때 사용되는 법정토론과 관련이 깊다.[32] 히브리서의 경우는 법정적인 수사학과는 당연히 거리가 멀다. 데이비드 아운(David Aune)이나 헤롤드 에트리지(Harold Attridge)는 히브리서는 그리스도의 중요성을 독자들에게 상기시키고 그것이 그들이 따라야 할 가치라고 가르치고 있기에 과시적인 수사학과 잘 어울린다고 주장한다.[33] 이에 반해 바나바스 린다스(Barnabas Lindars)를 포함한 여러 학자들은 히브리서는 적절한 행동을 촉구하는 권면의 성격이 강하므로 설득적 수사학과 더 가깝다고 생각한다.[34] 드실바(David deSilva)와 같은 학자는 히브리서 안에 과시적이고 설득적인 수사학적 요소가 공존하고 있으므로 둘 중 어느 하나에 히브리서를 국한시키기는 쉽지 않다고 주장한다.[35] 필자도 드실바와 같은 입장을 견지한다. 그 이유는 히브리서에는 교리와 권면이 균형과 조화를 이루어 나타나고 있기 때문이다.

'권면의 말'의 삼중구조 패턴

많은 학자들은 히브리서가 편지글 형식의 결어가 붙어 있는 설교라고 이해한다.36 그러나 정작 히브리서를 설교라는 관점에서 주석을 한 학자는 많지 않다. 직접적으로 히브리서를 설교라는 관점에서 연구를 해온 학자들은 소수에 불과하다.37 히브리서를 읽는 오늘날의 독자에게 매우 당혹스러우면서도 흥미로운 발견이 하나 있다. 그것은 바울서신을 읽을 때와는 아주 다른 구조적인 독특성을 히브리서에서 만나게 된다는 것이다. 예를 들면, 로마서를 읽는 독자는 꽤 분명하게 구조를 인식할 수 있다. 1-11장은 신학적 내용 혹은 교리, 12-16장은 권면이다. 갈라디아서의 경우도 1-4장에서는 교리적인 내용을, 5-6장에서는 권면을 다룬다는 것을 알 수 있다. 그러나 히브리서를 읽을 때는 이런 패턴을 발견하기 어렵다. 히브리서에서는 교리와 권면이 큰 단락별로 묶이는 형태가 아니라 반복적으로 여러 번에 걸쳐 등장한다. 교리-권면-교리-권면-교리-권면과 같은 식이다. 이러한 현상을 어떻게 이해해야 할까? 이런 물음에 대해 로렌스 윌즈(Lawrence Wills)는 설득력 있는 해답을 제시한다.

히브리서 설교자는 13:22절에서 히브리서를 가리켜 '권면의 말(호 로고스 테스 파라칼레세오스; ὁ λόγος τῆς παρακλήσεως)'이라고 부른다: "형제들아 내가 너희를 권하노니 권면의 말을 용납하라 내가 간단히 너희에게 썼느니라." '권면의 말'이라는 것이 무엇을 의미할까? 궁금증이 생길 수 있다. 로렌스 윌즈는 '권면의 말'이라는 단어가 사용된 유대문헌과 기독교문헌을 연구했고, 그 글들 속에서 하나의 공통된 패턴을 발견했다. '권할 말(로고스 파라칼레세오스; λόγος παρακλήσεως; 행 13:15)'이 사도행전 13:14-41에도 나온다. 윌즈는 그 단어가 사용된 비시디아 안디옥에서의 바울의 설교를 연구한 후에 '권면의 말'은 당시 회당에서의 설교를 지칭하는 것이라고 주장했다. 윌즈는 '권면의 말'은 크게 세 부분으로 뚜렷이 구분되는 패턴(tripartite pattern)을 지니고 있음을 발견했다. 신학적인 요소에 대한 합리적인 설명, 과거나 현재의 예증, 성경 인용 등이 등장하는 본론 부분, '그러므로'와 같은 인과 관계를 나타내는 접속사를 종종 동반하는 결론 부분, 그리고 앞의 내용에 근거해서 '그러므로'라는 접속사로 시작되는 권면 부분이다.[38]

히브리서의 삼중구조 패턴

윌즈도 인정하는 것과 같이, 히브리서의 모든 장이 삼중구조 패턴에 의해서 분석될 수는 없다. 그러나 권면의 말의 삼중구조 패턴이 히브리서 여러 곳에서 등장한다: 1:1(5)-2:4, 2:5(6)-3:6, 3:7-4:1, 4:3-11, 4:12-16, 8:1-10:25, 10:26-35, 11:1-12:3, 12:4-16, 12:18-25a, 12:25b-12:28b, and 13:10-13.[39] 삼중구조 패턴으로 히브리서 본문을 읽는 구체적인 시도는 본문 주해에서 살피기로 하고, 이러한 관점으로 히브리서를 읽는 것과 그렇지 않았을 때 둘 사이에 어떤 차이가 있는지를 짧게 설명하고자 한다. 삼중구조 패턴에 입각하여 히브리서를 읽으면 교리와 권면이 더 긴밀하게 연결되어 있음을 알게 된다. 세 부분만 예를 들어 설명해 보자. 히브리서의 구조를 살필 때 많은 경우에 3:1-4:13절을 교리적인 부분으로, 4:14부터 새로운 단락이 시작되는 것으로 보는 경우가 많다. 히브리서의 핵심 단락인 8-10장의 경우도 마찬가지다. 8:1-10:18절은 교리, 10:19절부터 새로운 권면 단락이 시작하는 것으로 분류한다. 11장은 믿음장이고 12

장은 인내를 다루는 장으로 구분하기도 한다. 그러나 '권면의 말'이라는 삼중구조 패턴으로 보면 교리와 권면은 더 긴밀하게 연결된다. 3:1-4:16절은 하나의 설교를 이룬다. 3:1-4:13절은 본론, 4:14절 상반절은 결론, 4:14절 하반절에서 16절까지는 권면에 해당한다. 히브리서 8-10장의 경우에도 8:1-10:18절은 본론, 10:19-21절은 결론, 10:22-25절은 권면이다. 11장의 경우도 11:1-38절은 본론, 11:39-40절은 결론, 12:1-3절은 권면이다. 이런 삼중구조 패턴을 통해 히브리서를 읽으면 권면 단락이 또 다른 시작이 아니라 앞에서 말한 교리와 밀접한 관련이 있다는 것을 알 수 있다.

히브리서의 구조

히브리서의 전체적인 구조는 학자들에 따라 다양한 입장들이 있다. 삼중구조 패턴은 히브리서 모든 장에 나타나지는 않는다. 특히 5-7장에서는 발견되지 않는다. 히브리서의 전체적인 구조를 주제어와 중심개념에 따라 정리하면 다음과 같다.

I. 히브리서 서론(1:1-4)

II. 아들이신 예수 그리스도와 천사의 비교(1:5-3:6)

  1. 천사보다 뛰어나신 그리스도(1:5-2:4)
    (첫 번째 삼중구조 패턴 설교)
    1) 본론: 아들의 초월적 신성(1:5-13)
    2) 결론: 천사는 섬기는 영(1:14)

3) 권면: 아들의 말을 무시하지 말라(2:1-4; 첫 번째 경고)

　2. 아들이신 그리스도의 고난과 영광(2:5-3:6)
　　 (두 번째 삼중구조 패턴 설교)

　　　1) 본론: 그리스도의 낮아짐과 높아짐(2:5-13)

　　　2) 결론: 그리스도의 순종의 결과(2:14-18)

　　　3) 권면: 예수를 깊이 생각하라(3:1-6)

Ⅲ. 모세보다 뛰어난 인도자이신 그리스도(3:7-4:16)
　 (세 번째 삼중구조 패턴 설교)

　1. 본론: 불신앙에 대한 경고와 하나님 백성의 안식(3:7-4:13; 두 번째 경고)

　2. 결론: 우리에게 있는 대제사장(4:14a)

　3. 권면: 은혜의 보좌 앞에 담대히(4:14b-16)

Ⅳ. 레위보다 우월한 대제사장이신 그리스도(5:1-7:28)

　1. 아론보다 뛰어나신 그리스도(5:1-10)

　2. 타락에 대한 경고와 격려(5:11-6:12; 세 번째 경고)

　3. 하나님의 확실한 약속(6:13-20)

　4. 멜기세덱의 반차를 따르는 대제사장이신 그리스도(7:1-28)

Ⅴ. 더 나은 제사장이 드린 더 나은 제사(8:1-10:25)
　 (네 번째 삼중구조 패턴 설교)

　1. 본론1: 새 언약의 중보자(8:1-13)

　2. 본론2: 옛 제사 제도의 한계(9:1-10)

　3. 본론3: 그리스도의 제사(9:11-28)

　4. 본론4: 새 언약이 주는 유익(10:1-18)

5. 결론: 예수로 말미암은 새로운 살 길(10:19-21)

6. 권면: 하나님께 나아가자(10:22-25)

VI. 믿음과 인내에 대한 격려(10:26-12:29)

  1. 엄중한 경고(10:26-35; 네 번째 경고)
    (다섯 번째 삼중구조 패턴 설교)

    1) 본론: 짐짓 범하는 죄의 심각성(10:26-33)

    2) 결론: 과거의 신앙의 싸움 상기시킴(10:34)

    3) 권면: 너희 담대함을 버리지 말라(10:35)

  2. 인내의 필요성(10:36-39)

  3. 믿음의 사람들과 그리스도를 본받음(11:1-12:3)
    (여섯 번째 삼중구조 패턴 설교)

    1) 본론: 믿음의 사람들(11:1-38)

      (1) 노아홍수 이전 시대(11:1-7)

      (2) 족장시대(11:8-22)

      (3) 모세시대(11:23-31)

      (4) 모세 이후 시대(11:32-38)

    2) 결론: 새 언약 백성의 특권(11:39-40)

    3) 권면: 예수를 바라보자(12:1-3)

  4. 하나님의 아들로 받는 징계(12:4-17)
    (일곱 번째 삼중구조 패턴 설교)

    1) 본론: 징계는 하나님의 사랑의 표시(12:4-10)

    2) 결론: 징계의 유익(12:11)

    3) 권면: 화평함과 거룩함을 따르라(12:12-17)

  5. 시내 산과 시온 산의 대조(12:18-25a)
    (여덟 번째 삼중구조 패턴 설교)

1) 본론: 시내 산으로 나아감(12:18-21)

2) 결론: 시온 산으로 나아감(12:22-24)

3) 권면: 말씀하신 이를 거역하지 말라(12:25a)

6. 흔들리지 않는 나라(12:25b-29; 마지막 경고)
(아홉 번째 삼중구조 패턴 설교)

1) 본론: 땅과 하늘의 진동(12:25b-27)

2) 결론: 흔들리지 않는 나라를 받음(12:28a)

3) 권면: 감사로 하나님을 예배하자(12:28b-29)

Ⅶ. 사랑에 대한 격려와 인사(13:1-25)

1. 화평과 거룩의 삶(13:1-6)

2. 진정한 예배(13:7-17)

3. 축복과 인사(13:18-25)

히브리서의 전체적인 구조와 삼중구조 패턴의 설교가 나타나는 부분을 정리해 보았다. 그러나 앞으로 이어지는 강해에서는 이 구조를 엄격하게 지키지 못할 수도 있다. 왜냐하면 이 책은 목회자와 신학생들의 설교준비에 유익을 주고자 하는 목적이 있다. 물론 히브리서를 깊게 알고자 하는 성도들에게도 도움이 될 것이다. 너무 단락이 길면 설교 본문으로 전체를 채택하는 것이 어렵다. 예를 들면, 히브리서 중심 단락인 8:1-10:25절은 하나의 삼중구조 패턴 설교가 등장하는 단락이다. 그러나 강단에서 이렇게 긴 단락을 한 번의 설교로 다루는 것은 불가능하다. 그러기에 삼중구조 패턴을 이루는 하나의 설교라 할지라도 본문이 길 때는 여러 번 나누어 강해해야 할 것이다. 이 책에서

한 챕터는 일반적으로 설교자들이 성경본문을 선택하는 정도의 분량인 10절 내외의 구절들을 주해하는 것이 될 것이다. 물론 분명한 이유가 있을 때는 더 짧거나 길수도 있다.

2부

히브리서의
서론

2
말씀하시는 하나님

히브리서 1:1-4

¹옛적에 선지자들을 통하여 여러 부분과 여러 모양으로 우리 조상들에게 말씀하신 하나님이 ²이 모든 날 마지막에는 아들을 통하여 우리에게 말씀하셨으니 이 아들을 만유의 상속자로 세우시고 또 그로 말미암아 모든 세계를 지으셨느니라 ³이는 하나님의 영광의 광채시요 그 본체의 형상이시라 그의 능력의 말씀으로 만물을 붙드시며 죄를 정결하게 하는 일을 하시고 높은 곳에 계신 지극히 크신 이의 우편에 앉으셨느니라 ⁴그가 천사보다 훨씬 뛰어남은 그들보다 더욱 아름다운 이름을 기업으로 얻으심이니

우리말 개역개정성경과 헬라어 본문 비교

* 우리말 개역개정성경에서는 1:1-5절이 전체적인 서론인 것처럼 번역했다. 1:4절에서 끝나지 않고 1:5절 끝에 마침표가 있다. 그러나 헬라어 원문은 1:1-4절까지가 한 문장으로 이루어져 있다.

* 1:1-4절을 헬라어로 읽으면 두운법이 두드러진다. 이전의 계시를 설명할 때 피(π)로 시작하는 단어들이 많이 등장한다. '옛적에(팔라이 πάλαι),' '선지자들(프로페타이스 προφήταις),' '조상들(파트라신 πατράσιν),' '여러 부분(폴뤼메로스 πολυμερῶς),' 그리고 '여러 모양(폴

뤼트로포스 πολυτρόπως)'과 같은 단어들이다.¹ 벵겔(Johannes Bengel)과 같은 학자는 히브리서에서 선지자들의 역할이 크지 않기 때문에 "선지자들을 통하여" 대신에 "천사들을 통해서(앙겔로이스 ἀγγέλοις)"로 보는 것이 더 적절하다고 주장하지만,² 네슬-알란트(Nestle-Aland) 헬라어성경 28판 각주에서 여러 사본에 등장하는 다른 표현을 소개하는 각주 부분에는 '천사들을 통해서'라고 표기되어 있는 사본에 대한 언급은 없다. 그런 것으로 보아 고대 필사자들은 이 부분을 별로 고민하지 않았던 것 같다. 만약 벵겔의 주장대로 '천사들을 통하여'가 된다면, 두운법이 깨진다.

* 그리스도를 통한 계시는 최종적이고 완전하다. 이것을 강조하기 위해 특별히 헬라어 알파벳 '엡실론(ἐ)'의 사용이 두드러진다. '마지막에(엡 에스카투 ἐπ' ἐσχάτου)' '말씀하셨으니(엘랄레센 ἐλάλησεν))' '세우셨고(에데켄 ἔθηκεν)' '지으셨느니라(에포이에센 ἐποίησεν)'와 같은 단어들을 사용한다. 물론 2절에서는 부정과거(aorist) 형태로 되어 있어서 엡실론(ἐ)의 사용이 많다고 생각할 수 있다. 그러나 1절에서 옛 계시를 설명할 때에도 말씀하시는 하나님이 등장하지만, 그때는 분사형태인 랄레사스(λαλήσας)를 사용함으로 엡실론(ἐ)을 사용하지 않았다.

본문으로 들어가기

히브리서는 신약성경 중에서 헬라어 문체가 가장 정교하고 세련된 글이다. 그래서 헬라어 문법을 막 공부한 사람이 히브리서를 읽는 것은 버거울 것이다. 외국에서 신약학 박사학위 과정에서 성경헬라어 시험을 쳐야 하는 경우에 히브리서에서 본문을 취하면 학생들이 어려워한다. 특히 10-12장은 신약성경에서 유일하게 나오는 단어들도 많아 쉽지 않다. 히브리서의 전체적인 구조를 놓고 볼 때 특이한 것은, 13장 끝부분에는 편지 형식을 띤 축복과 인사가 있다는 점이다. 그러나 1장 시작 부분에서는 일반적인 편지에서 발견할 수 있는 인사말이 없다. 1:1-4절은 히브리서의 서론으로, 앞으로 저자가 다룰 주제에 대해서 압축적인 설명을 하고 있다. 서론 부분을 읽으면서 히브리서의 윤곽을 잡아보는 것도 유익할 것이다.

말씀하시는 하나님(1:1-2)

1:1-2절은 옛 계시와 새 계시 사이의 대조 혹은 비교가 사용되고 있다.[3] 그런데 흥미로운 것은 옛 계시와 현재 계시의 주체는 하나님이다. 그래서 어떤 이는 이 구절을 '하나님의 말씀의 역사'라고 부른다.[4] 1:1-2절 문장의 주어가 하나님이다. 하나님이 어떤 분이신지를 가르쳐주는 것이 성경의 목적이고 성경에는 다양한 하나님의 모습이 소개되고 있다. 히브리서 서론에서 두드러지게 드러나는 하나님의 모습은 '말씀하시는 하나님'이다. 하나님께서는 "옛적에 선지자들을 통하여 여러 부분과 여러 모양으로" 말씀하셨다. 여러 번에 걸쳐 다양한 방법으로 우리 조상들에게 말씀하셨다. '여러 번'과 '여러 모양'이라고 하면 어떤 생각이 드는가? 좋을 것 같은가? 아니다. 정반대다. 옛 계시와 관련해서 '여러 혹은 많은(폴뤼스 πολύς)'이라는 복수개념이 지배적이다. 많다고 결코 좋지 않다. 앞으로도 살펴보겠지만 히브리

서에서 복수 개념은 불완전성을 내포하고 있다. 많은 제사장, 많은 제사, 여러 번에 걸친 계시는 목적하는 것이 완전히 이루어지지 않았음을 의미한다. 한 번의 계시로 완전히 뜻이 전달되었다면 여러 번 말씀하실 필요가 없었을 것이다. 물론 우리가 구약성경을 통해 알고 있는 것처럼, 하나님이 불분명하게 말씀하셨기에 여러 번의 계시가 필요했던 것은 결코 아니다. 그 계시를 받는 사람들, 즉 '조상들'에게 문제가 있었다. 이 부분은 히브리서 3-4장에서 광야의 이스라엘 백성들을 다룰 때 잘 드러난다.

그러면 하나님께서 '선지자들을 통해 말씀하셨다'고 할 때, 선지자들은 누구를 가리키는 것일까? 쉽게 생각하면, 이사야, 예레미야, 에스겔과 같이 예언서를 기록한 선지자들이라고 생각하기 쉽다. 만약 그렇다면 하나님께서는 선지자들이 활동하던 시기에만 계시를 주신 것일까? 그렇게 생각하면 하나님의 말씀하신 기간이 너무 제한적이고 침묵하신 기간도 길수밖에 없다. 그렇다면 여기서 말하는 선지자들은 누구로 보는 것이 좋을까? 이 구절에서 말하는 선지자는 넓은 의미로 이해하는 것이 좋을 것 같다. 하나님의 뜻을 전하기 위해 부름 받은 구약의 인물들을 지칭하는 것으로 보는 것이 좋겠다. 그러면 아담, 에녹, 노아, 아브라함, 모세, 여호수아, 다윗 왕 등등이 포함된다. 공식적으로 선지자직을 수행하지 않았어도 하나님의 뜻을 드러낸 사람이면 다 해당된다고 보는 것이 좋다.[5] 하나님께서는 구약시대에 여러 사람들을 통해 여러 번에 걸쳐 다양한 방법으로 자신의 뜻을 말씀하셨다. 그러나 그렇게 말씀하셨던 하나님께서 그 방식을 그대로 고수하지 않으시고 변화를 선택하셨다.

하나님께서는 '이 모든 날 마지막에' 아들을 통해 새롭게 우리에게 말씀하셨다. 히브리서에서는 예수님에게 아들이라는 칭호를 자주 사용한다. 반복적이고 빈번한 사용은 예수님과 하나님 사이의 친밀성을 드러낸다.[6] 아들을 통해 주신 계시는 완전하고 최종적이어서 더 이상 다른 계시를 필요로 하지 않는다. 그 이유가 무엇일까? 아들은 선지자들과는 근본적으로 다르기 때문이다. 계시 전달자인 아들의 지위는 우리의 상상을 초월한다. 그는 만물의 상속자다. 우리는 상속이라는 말을 좋아한다. 부모로부터 약간의 상속만 있어서 좋아하는데, 아들은 '만물의 상속자'다. 달리 말하면, 만물이 다 그의 것이다.[7] 뿐만 아니라 하나님께서는 아들을 통해 세상을 창조하셨다. 신약성경 여러 곳에서 그리스도를 창조시의 말씀과 동일시하고 있다(요 1:3; 히 11:3; 골 1:16). 아들이신 그리스도는 어느 순간 만물을 얻으신 것이 아니라, 태초에 성부 하나님과 함께 만물을 만드셨다. 그러기에 아들을 통한 계시는 이전의 계시들보다 훨씬 더 우월하다.

말씀하시는 하나님의 모습은 단지 서론에서만이 아니라 히브리서 전체에서 중요하다(1:1-2, 5-8; 2:2-3, 6, 12-13; 3:7; 4:2-4, 7, 12-13; 5:5-6, 11; 6:1; 8:8, 13; 10:5, 15; 13:7). 이 주제를 간략하게 정리해보면, 히브리서 1-2장에는 하나님과 아들이신 예수 그리스도의 대화가 있다. 히브리서 1장 전반에 걸쳐서 하나님이 말씀하신다. 히브리서 2장에는 이 하나님의 말씀에 대해 아들이신 그리스도께서 화답하신다. 히브리서 3-4장에서는 하나님께서 자기 백성에게 말씀하시고,[8] 그 말씀을 들은 자들은 하나님의 말씀에 합당하게 대답해야 한다(4:12-13절 참고). 뿐만 아니라 히브리서에서 저자가 구약의 여러 구절들을 인용할 때 하나님께서 현재 그것을 말씀하시는 분으로 종종 그린다. 그런 측면에서 구약성경은 증거본문의 역할을 하는 것으로 끝나지 않는다. 하나님이나 성령께서 직접 말씀하심으로 구약성경의 구절이 지금 효력을 지니게 된다. 이 주제에 대해서는 해당 구절에서 자세히 살필 것이다.

아들의 정체와 사역(1:3)

아들은 "하나님의 영광의 광채요 그 본체의 형상"이라고 한다. 이 표현은 형태나 내용에 있어서 신약성경에 나오는 그리스도에 대한 다른 찬송시(Carmen Christi)와 유사하다(빌 2:6-11; 골 1:15-18; 요일 1:1-18; 딤전 3:16; 벧전 3:18-19, 22).[9] '하나님의 영광의 광채(아파우가스마 테스 독세스 ἀπαύγασμα τῆς δόξης).' 얼마나 놀라운 말인가? 빛을 비추는 것과 관련이 있는 것 같은데, 그 의미가 확 와닿지는 않는다. 광채에 해당하는 헬라어 단어인 '아파우가스마'는 자주 사용되지 않았다.[10] 그러면 '아파우가스마'는 무엇을 의미할까? 어떤 이들은 적극적인 의미로 이해하여 어떤 근원으로부터 뿜어져 나오는 '발산하는 것'으로서 이해한다. 반면에 어떤 이들은 소극적으로 '반영하는 것'으로 이해하기도 한다.[11] 필자는 이 단어가 1:3절에서는 적극적인 의미로 사용되었다고 본다. 이렇게 이해하면 그 대상 자체와 광채는 구분이 없다. 달리 말하면 아들이신 그리스도와 하나님은 동등하시다. 그러기에 그리스도는 하나님의 영광을 드러내기에 온전하고 부족함이 없다. 그리스도는 태양으로부터 빛이 뿜어져 나오는 것처럼 하나님의 능력과 존재를 가감 없이 드러내신다. 또한 아들이신 그리스도는 하나님의 '본체의 형상(카라크테르 테스 휘포스타세오스 아우투 χαρακτὴρ τῆς ὑποστάσεως αὐτοῦ)'이시다. '형상'으로 번역된 카라크테르(χαρακτὴρ)는 신약성경 전체에서 이 구절에서만 사용되었다. 그만큼 번역하는 것이 쉽지 않다는 뜻이다. 여러 곳에서 사용되었으면 그 문맥을 살피면서 더 정확한 의미를 도출해 낼 수 있지만, '카라크테르'의 경우는 그렇게는 할 수 없다. 성경 밖에서 사용된 용례들을 참고하여 의미를 찾아야 한다. 여러 영어성경들에서는 이 단어를 'imprint(각인)'로 번역한다. 각인은 동전이나 인장에 찍힌 자국을 가리킨다. 각인은 원래의 주형에 정확하게 일치하는 것이 중요하다.[12] 이런 점에서 볼 때 그리스도는 하나님의 존재와 본질과 정확하게 일치함으로 하나님을 가장 완전하게 나타내신다. '카라크테르'를 통해 연상되는 구절이 하나 있다. 그것은 고린도전서 13:12절이다. 바울은 "우리가 지금은 거울로 보는 것 같이 희미하나 그 때에는 얼굴과 얼굴을 대하여 볼 것이요 지금은 내가 부분적으로 아나 그 때에는 주께서 나를 아신 것 같이 내가 온전히 알리라"고 말한다. 이 땅에서 우리가 하나님을 아는 것이 불완전하다는 말이다. 바울이 사용하는 이미지는 거울로 보는 것이다. 바울 당시 거울은 오늘날 거울처럼 사물을 선명하게 보여주지 못하고 희미하게만 비춰주었다. 욕실에서 샤워를 하면 거울이 김이 서려 뿌옇게 된다. 남자들이 면도를 하려고 할 때 애를 먹는다. 적절한 비유일지는 모르겠지만, 이전의 선지자들을 통한 계시는 샤워 후 거울에 비쳐지는 우리 모습처럼 희미하고 불분명했다. 그러나 하나님의 영광의 광채이시요, 본체의 형상이신 그리스도를 통한 계시는 선명하고 또렷하여 하나님과 그분의 구원계획과 뜻을 명확히 드러낸다. 성도는 그리스도를 통해 하나님을 분명히 알 수 있다. 이 얼마나 큰 은혜인가?

만물의 상속자요 그를 통하여 만물이 생겨나게 했던 그리스도는 능력의 말씀으로 만물을 붙들고 계신다. 이 구절을 읽으며 우리에게 의문이 하나 들 수 있다. 그렇게 고귀하고 엄청난 그리스도를 통해 하나님은 어떻게 자신과 자신의 뜻을 우리에게 드러내셨을까? 계시의 전달자이신 그리스도와 계시를 받는 우리는 너무도 다르다. 우리 머리로는 도무지 방법이 떠오르지 않는다. 복음서를 통해 알게 된 그리스도의 성육신 사건은 우리의 고민에서는 결코 나올 수 없는 하나님의 방법이었다. 우리가 가진 경우의 수와는 비교할 수 없이 깊으신 전능하신 하나님의 방법이었다. 히브리서 설교자는 그리스도께서 하나님의 아들로서 죄를 정결케 하는 사역을 감당했다고 적고 있다. 이 속죄사역은 성육신을 전제로 하고 있다. '죄를 정결하게 하는 일을 하셨다'는 말은 옛 계시가 자주 필요했던 이유였다는 것을 암시하고 있다. 우리의 생각은 자연스럽게 '그럼 히브리서에서 말하는 죄는 무엇일까?' 하는 쪽으로 흐르게 된다. 앞으로 히브리서를 읽을 때 관심을 가져야 하는 핵심내용이다. 그러나 서론에서는 자세히 다루지 않고 호기심을 자극하고 넘어간다. 그리스도는 자신에게 주어진 구원의 과업을 다 마친 후에 하나님 보좌 우편에 앉으셨다. 이것은 시편 110:1절을 암시한다. '그리스도의 앉으심'은 그리스도의 사역이 완결되었음을 의미한다.

그리스도는 천사보다 뛰어나신 분(1:4)

1:4절에서는 존귀하게 된 아들과 천사를 대조적으로 그리고 있다. 이 구절은 히브리서에 나오는 첫 번째 삼중구조 패턴의 설교단락(1:5-2:4)에서 천사와 그리스도를 비교하는 부분과 잘 연결될 뿐만 아니

라, 두 번째 삼중구조 패턴 설교가 등장하는 그리스도의 성육신과 구원사역을 다루는 2:5-18절과도 잘 어울린다.[13] 그리스도는 천사보다 훨씬 뛰어난데, 그 이유는 그분은 천사들보다 더 아름다운 이름을 가지고 있기 때문이라고 한다. '뛰어난(크레이톤 κρείττων)'은 히브리서에서 많이 사용된다. '뛰어난'이라는 단어가 등장할 때마다 우리는 주의를 집중해야 한다. 그러면 그리스도가 얻은 이름은 무엇일까? 그것은 2절에서 언급된 것처럼 '하나님의 아들'이라는 이름이다. 앞에서 아들이라는 표현을 이미 저자가 사용했기 때문에 여기서 말하는 '더 나은 이름'은 다른 어떤 것, 예를 들면, 대제사장과 같은 것이어야 한다고 생각하는 학자들도 있다. 그러나 그렇게 하기에는 본문이 대제사장 칭호에 대한 아무런 힌트도 주지 않는다. 그래서 더 나은 이름은 '아들'로 보는 것이 적절해 보인다. 그리스도는 세례를 받을 때(막 1:11 참고), 부활을 통해(롬 1:4), 승천을 통해 아들로 선포되었다. 그러면 예수께서 하나님의 아들이 되신 것은 그의 삶의 어떤 시점부터인가? 저자는 이 물음에 대해 명확한 답을 준다. 그리스도는 영원 전부터 선재하는 아들이셨다.[14] 그리스도가 이 땅에서 하나님의 구원계획을 성실히 이루실 때 사역의 중요한 순간마다 다시 아들이심이 확증되었다. 그리고 자신의 사명을 완수한 후에 그의 영광스러운 자리로 복귀하셨다. 정리하면, 이 단락에서 그리스도의 세 가지 모습을 발견할 수 있다. 먼저는 아들이신 그리스도는 영원 전부터 성부 하나님과 함께 계셨고 성부와 함께 만물을 창조하신 영원히 존재하시는 분이시다. 둘째로 그리스도는 이 땅에서 죄를 정결케 하시는 사역을 감당하셨다. 마지막으로 그리스도는 그의 모든 사역을 마치시고 하나님 보좌 우편에 앉으셨다.

묵상을 위한 도움

"2012 한국인의 종교생활과 의식조사" 결과가 2013년에 발표되었다. 한국목회자협의회가 글로벌 리서치에 의뢰해 만들어진 자료다. 만 18세 이상의 기독교인과 비기독교인 각각 1000명에게 물어 얻은 결과다. "종교생활의 이유가 무엇입니까?"라는 질문에 불교인들의 경우는 건강, 재물, 성공을 위해서 종교생활을 한다는 답이 44.4%로 가장 높았고, 다음이 42.5%로 마음의 평안을 위해서였다. 기독교인들 중 31.6%만 구원과 영생을 위해서 믿는다고 답했다. 나머지 68.4%는 축복을 받기 위해, 가족의 권유로, 성도들과의 친교를 위해서라고 답을 했다. 이런 결과를 통해서 알 수 있는 사실은 기독교 신앙이 현세적인 성격이 강하다는 것이다. 물론 성경말씀에 보면 신앙생활은 현세적인 유익도 있다. 마음의 평안, 건강이나 물질의 축복도 누릴 수 있다. 그리고 좋은 친구를 만날 수도 있다. 그러나 가장 중요한 본질적인 것은 구원과 영생이다. 하나님을 만나는 것이 매우 중요하다. 여러분이 종교생활을 하는 이유는 무엇인가? 하나님의 아들이신 그리스도를 통해 구원을 얻는 것인가? 그렇다면 그리스도를 통해 말씀하시는 하나님께 우리 모두 귀를 기울여야 할 것이다.

핵심 포인트

1. 과거와 현재에 말씀하시는 하나님
2. 예수님은 어떤 분이신가?

3부

아들이신
예수 그리스도와
천사의 비교

3
천사보다 뛰어나신 그리스도

히브리서 1:5-14

⁵하나님께서 어느 때에 천사 중 누구에게 너는 내 아들이라 오늘 내가 너를 낳았다 하셨으며 또 다시 나는 그에게 아버지가 되고 그는 내게 아들이 되리라 하셨느냐 ⁶또 그가 맏아들을 이끌어 세상에 다시 들어오게 하실 때에 하나님의 모든 천사들은 그에게 경배할지어다 말씀하시며 ⁷또 천사들에 관하여는 그는 그의 천사들을 바람으로, 그의 사역자들을 불꽃으로 삼으시느니라 하셨으되 ⁸아들에 관하여는 하나님이여 주의 보좌는 영영하며 주의 나라의 규는 공평한 규이니이다 ⁹주께서 의를 사랑하시고 불법을 미워하셨으니 그러므로 하나님 곧 주의 하나님이 즐거움의 기름을 주께 부어 주를 동류들보다 뛰어나게 하셨도다 하였고 ¹⁰또 주여 태초에 주께서 땅의 기초를 두셨으며 하늘도 주의 손으로 지으신 바라 ¹¹그것들은 멸망할 것이나 오직 주는 영존할 것이요 그것들은 다 옷과 같이 낡아지리니 ¹²의복처럼 갈아입을 것이요 그것들은 옷과 같이 변할 것이나 주는 여전하여 연대가 다함이 없으리라 하였으나 ¹³어느 때에 천사 중 누구에게 내가 네 원수로 네 발등상이 되게 하기까지 너는 내 우편에 앉아 있으라 하셨느냐 ¹⁴모든 천사들은 섬기는 영으로서 구원 받을 상속자들을 위하여 섬기라고 보내심이 아니냐

우리말 개역개정성경과 헬라어 본문 비교

* 이 단락을 번역하면서 개역개정성경에서는 접속사의 의미를 잘 살리지 못했다. 6, 7, 10절에서 '또'라고 번역을 했고 13절에서는 아예 접속사를 생략하고 있다. 접속사를 살려 번역하면 그리스도와 천사의 대조를 더 분명하게 알 수 있다. 6절의 '또'는 '데(δέ)'인데 '그러나'로 번역하면 더 나을 것 같다. 7절에서도 '또'가 등장하지만, 헬라어 구문에서는 7-8절에서 '멘 … 데(μὲν … δέ)'가 사용되고 있다. 이 구문은 대조할 때 자주 사용되는데, 영어로는 'on the one hand … on the other hand', 즉 '한편으로는 … 다른 한편으로는'이다. 이 의미를 살려 우리말로 번역하면, 7절은 '한편으로 천사들에 관하여는', 8절은 '다른 한편으로 아들에 관하여는'이 된다. 이런 장치들을 통해 히브리서 설교자가 천사와 그리스도를 분명히 '대조하고 있음을 알 수 있다. 13절에서 생략된 접속사는 '데(δέ)'로, '그러나'로 번역하면 더 나을 것 같다.

* 우리말과 헬라어 본문 사이의 비교는 아니지만, 이 단락의 두드러진 특징 중의 하나는 히브리서 저자는 자신이 인용한 구절의 출처를 정확하게 밝히기보다는 하나님께서 지금 말씀하시는 것으로 묘사한다 (4:2-4; 5:5-6; 8:8 참고). 히브리서에서 출처를 밝히는 유일한 구절은 4:7절밖에 없고, 2:6, 3:7, 15, 4:3, 7:17절에서는 출처에 대한 언급이 아예 없다.[1]

* 헬라어 본문에서 6절의 '다시'를 '들어오게 하실 때에'와 연결시켜 번역할 때 그것이 가지는 의미가 분명치 않다고 생각하는 학자들이

종종 있다. 그래서 '다시'를 '말씀하시며'와 연결시켜 이해하는 것이 더 적절하다고 보기도 한다. 그러나 '다시'와 '들어오게 하실 때'를 연결시켜 번역한 우리말 개역개정의 번역은 잘한 것이다. 이 부분은 1:6절을 살필 때 다시 다룰 것이다.

* 이 단락에서는 일곱 개의 인용문을 하나님이 말씀하시는 형태를 취함으로 인용문 하나하나를 읽어갈 때마다 독자들이 "예" 혹은 "아니오"라고 스스로 답하게끔 유도하는 형식을 취하고 있다. 이런 관점에서 이 단락을 읽어보면 재미있을 것이다.

본문으로 들어가기

1:5-14절은 히브리서에 나타난 첫 번째 삼중구조 패턴 설교의 본론(5-13절)과 결론(14절)이다. 그리스도와 천사들을 비교함으로써 그리스도의 우월성을 입증하고 있다. 그리스도의 우월성의 근거로 취해지는 것이 구약성경이다. 다른 말로 하면, 저자는 구약성경을 들어 그리스도의 우월성을 입증하고 있다. 입증방식은 하나님이 구약의 말씀을 직접 말씀하시는 방식을 통해서다. 이 단락을 읽는 독자는 '왜 하필 그리스도와 천사들을 비교하는가?' 하는 의문을 가질 수 있다. 어떤 학자들은 초대교회 안에 천사숭배 사상이 있어서 그리스도의 독보적인 위치를 설명함으로 잘못된 생각을 시정하고자 하는 목적이 있었다고 주장한다. 또 어떤 이들은 천사들이 예배 때 중보의 역할을 감당했다고 생각하는 사람들이 있었고, 그런 자들을 향해 천사

와는 비교할 수 없는 유일한 중보자이신 예수의 고귀한 위치와 사역에 대해 설명하고 있다고 보기도 한다. 어떤 경우는 초대교회들 중에서 천사기독론을 받아들이는 교회들이 있어서 그리스도와 천사는 같지 않다는 것을 보여주기 위해 이 단락을 기록했다고 생각하기도 한다.[2] 그러나 필자의 생각은 다르다. 히브리서에서 그리스도와 천사를 비교하는 이유는 필자가 생각하기에는 율법과 관련이 있는 것 같다. 아마도 저자는 천사를 통해 율법이 주어졌다는 사상에 대해 알고 있었던 것 같다. 히브리서 2:2절에서는 '천사들을 통하여 하신 말씀'이라고 언급하고 있다. 이렇게 보면 천사에 대한 언급은 옛 언약과 관련이 있는 것으로 보인다. 히브리서에서 저자는 옛 언약과 관련된 여러 요소들과 그리스도를 비교하거나 대조한다. 천사, 모세, 아론, 제사장직, 제물 등은 옛 언약 하에서의 율법의 전달자, 지도자, 그리고 제사 제도와 관련이 있다. 옛 언약과 새 언약의 대조의 첫 케이스가 천사와 그리스도의 비교다. 그럼 그 내용을 살펴보자.

하나님이 아들을 존귀케 하심(1:5, 6, 8-9, 10-12, 13)

이 단락에는 일곱 개의 인용이 연속해서 등장한다. 하나님께서 말씀하시는 형식을 취한다. 인용이 끝남과 동시에 독자들이 자연스럽게 속으로 '예' '아니오'로 답을 하게 하는 인용들도 있다. 1:5절에서는 두 개의 인용을 물음의 내용으로 표현한다. 하나님께서는 "천사 중 어느 누구에게 '너는 내 아들이라 오늘 내가 너를 낳았다'(시 2:7)고 하셨느냐?"는 물음에 독자들은 당연히 "아니오"라고 답할 것이다. 또 "천사 중 어느 누구에게 '나는 그에게 아버지가 되고 그는 내게 아들이 되리라'(삼하 7:14)고 말씀하신 적이 있느냐?"는 물음에 당연히 "아니오"라고 답할 것이다. 천사들에게 하나님께서 그렇게 말씀하신 적이 없지만, 하나님께서 아들에게는 말씀하셨다. 하나님께서는 예수께서 세례를 받을 때(마 3:16-16; 막 1:10-11; 눅 3:21-22)와 부활 때(행 13:33-34)에 "너는 나의 사랑하는 아들"이라고 말씀하셨다. 저자는 아들에게 하신 말씀을 천사들에게 하신 적이 있는지를 물음으로 아들과 천사의 차이를 분명히 드러내려는 의도가 있다. 1:6절은 하나님께서 천사들에게 아들에게 경배하라는 명령을 내리는 인용문이 등장한다. "하나님의 모든 천사들은 그에게 경배할지어다"고 하나님께서 말씀하신다. 학자들은 이 구절이 시편 97:7이나 칠십인경 신명기 32:43의 인용이라고 생각한다. 1:6절의 도입구는 "그가 맏아들을 이끌어 세상에 다시 들어오게 하실 때에"라고 되어 있다. 도입구는 분명 인용구와 관련이 있을 텐데 시편 97:7절이나 신명기 32:43절 모두 도입구에서 말하는 정황과는 어울리지 않는다. 그럼 저자가 어떤 상황을 염두에 두고 말하는 것일까? "하나님이 맏아들을 이끌어 다시 세상에 들어오게 하실 때"에서 '다시'에 관심이 쏠린다. "맏아들이 다시 세상에 들어온다?"면 염두에 두고 있는 그림이 있을 텐데 그것이 무엇일까? 어떤 학자들은 '다시(파린 πάλιν)'을 1:6절의 문장에서 좀 떨어져 있는 '말씀하시며(레게이 λέγει)'와 연결시켜 "다시 말씀하시며"라고 이해한다.³ 그러나 그렇게 보는 것은 적절하지 않아 보인다. 필자는 이 본문에서 그리스도를 맏아들로 그리고 있고, '다시'라는 말은 이전에도 맏아들을 세상에 들어오게 한 적이 있는 것으로 이해한다. 그럼 첫 번째 맏아들은 누구일까? 아담과 연관이 있는 것으로 본다. 필자가 미국에서 유대교와 기독교 문헌에 등장하는 천사들을 살피는 과목을 들은 적이 있다. 그때 읽었던 책 중의 하나가 『아담과 하와의 생애(Life of Adam and Eve)』라는 책이다. 그 책의 12-16장을 읽으며 히브리서 1:6절의 배경이 될 수도 있겠다는 생각을 했다. 그러던 중에 몇몇 책에서 필자와 비슷한 생각을 하고 있음을 발견할 수 있었다.[4] 『아담과 하와의 생애』 12-16장의 내용은 이렇다. 하나님께서 맏아들인 아담을 만드시고 천사들에게 아담에게 경배할 것을 명하신다. 미가엘을 비롯하여 많은 천사들이 하나님의 말씀에 순종하여 아담에게 절을 했다. 그러나 천사 중 하나는 아담에게 절할 것을 거부한다. 이유는 두 가지인데, 하나는 그가 아담보다 먼저 지어졌다는 것이고, 다른 하나는 자기가 더 나은 물질로 만들어졌다는 것이다. 하나님의 명령에 불순종한 그 천사는 자기를 따르는 일단의 무리를 이끌고 그곳을 떠난다. 이 책에서 하나님의 말씀에 불순종한 교만(superbia)을 악의 기원으로 본다. 이런 배경에서 보면 하나님께서는 그의 진정한 '맏아들'이신 예수님을 세상에 소개할 때 천사들을 명하여 아들이신 그리스도께 경배하라고 말씀하시는 것으로 볼 수 있다. 학자들 사이에 '맏아들을 세상에 다시 들어오게 한다'는 것이 어느 때를 의미하는지 많은 논쟁들이 있었다. 성육신, 십자가, 승천, 재림 등등 여러 의견들이 있지만, 필자는 성육신으로 이해한다.[5] 하나님은 예수 그리스도를 천사들의 경배를 받아야 하는 자로 세우신다. 우리의 육신적인 눈에는 예수님이 천사보다 조금 못하게 되신 것처럼 보이지만, 그것은 우리의 한계일 뿐이다. 하나님은 천사들에게 예수님을 경배하라고 명하신다. 반면에 하나님께서는 천사들의 역할에 대해 분명하게 규정하신다. "그는 천사들을 바람으로, 그의 사역자들을 불꽃으로 삼으시느니라"(시 104:4). 영원하고 불변하시는 하나님 앞에서 천사들은 바람과 불꽃과 같은 일시적이고 가변적인 존재다. 그러나 아들이신 그리스도에게는 "보좌는 영영하며 나라의 규는 공평하며 의를 사랑하고 불법을 미워하므로 즐거움의 기름을 그에게 부어 동류들보다 뛰어나게 한다"(시 45:6-7)고 하신다. "하나님이 지으신 땅과 하늘도 멸망하지만 그리스도는 영존하게 하시고 만물은 옷과 같이 낡지만 그리스도는 여전하여 그의 연대가 다함이 없으리라"(시 102:25-27)고 하신다.[6] 뿐만 아니라 히브리서 저자는 마지막으로 어느 때에 하나님이 천사 중 누구에게 "내가 네 원수로 네 발등상이 되게 하기까지 너는 내 우편에 앉아 있으라"(시 110:1)고 하셨느냐고 묻는다. 독자들의 답은 당연히 "아니오"다. 왜냐하면 그것은 아들에게 하신 말씀이기 때문이다.

성경말씀의 역할(1:5, 6, 7, 8-9, 10-12, 13)

천사와 비교할 때 그리스도는 그들보다 우월한 이름(1:4-5), 우월한 지위(1:6), 우월한 본성(1:7), 우월한 역할(1:8a), 우월한 본보기(1:8b-9), 우월한 사역(1:10-12), 우월한 성취(1:13a), 그리고 우월한 운명(1:13b)을 가지신다.[7] 이 단락에서 인용된 구약성경의 말씀들은 예수님이 존귀한 주님이심을 입증하고 있다. 신약성경에서 가장 많이 사용된 구약성경 구절이 무엇일까? 여러 구절들이 떠오르겠지만, 가장 빈번하게 사용된 구절은 히브리서 1:13절에서 인용된 시편 110:1절이다. 이 시편은 그리스도의 승귀를 설명하기에 적합한 구절이다. 맞다. 그러나 이 구절이 신약성경 기자들에 의해 많이 인용된 다른 이유가 있다. 예수님은 공생애 기간 중에 이미 그의 제자들에게 자신이 누구신지를 드러내셨다. 우리가 잘 아는 베드로는 예수님을 향해 "주는 그리스도시요 살아계신 하나님의 아들이시니다"(마 16:16)라고 고백한다. 물론 이 고백을 들으시고 하늘에 계신 하나님께서 이것을 너에게 알게 해주셨다고 하셨다. 도마는 부활하신 주님을 만나고 나서 "나의 주님이시요 나의 하나님이시니이다"(요 20:28)라고 고백한다. 함께 시간을 보내며 지냈던 예수님을 향해 도마는 주님이라고 고백할 뿐만 아니라, 하나님이라고 고백한다. 자유주의 학자들은 이러한 고백은 도마가 실제로는 그런 고백을 한 적이 없지만, 후대에 요한복음을 기록하면서 마치 도마가 말한 것처럼 적고 있다고 주장한다. 그러나 이런 주장은 받을 수 없다. 성령님께서 베드로와 도마에게 깨닫게 하셔서 주님에 대해 고백하게 했다고 보는 것이 맞다.

개인적인 고백과 예수 그리스도의 주님이심과 하나님이심을 입증하는 것은 또 다른 문제일 수 있다. 히브리서 1:5-14절에서도 구약성경을 인용함으로 저자는 그리스도의 우월성을 입증하고 있다. 그런 것처럼 초대교회 성경 기자들은 성령의 영감을 받아 그리스도가 누구신지를 설명해야 했다. 그런데 그것을 입증하는 것도 구약성경을 통해서였다. 신약성경의 근간을 이루는 것이 두 가지인데, 그것은 하나는 그리스도 사건이고, 다른 하나는 구약성경이다. 인류를 향한 하나님의 구원사건인 그리스도의 십자가와 부활사건을 성경기자들은 구약성경을 통해 설명하려고 했다. 유대인들이었던 성경기자들은 원래는 유일신 사상을 가지고 살았다. 그런데 예수님의 부활을 보며 성령의 감동으로 그리스도가 하나님이시며 존귀하신 주님이심을 알게 되었다. 그 고백의 내용을 구약성경을 통해 설명해야 했다. 이런 상황에서 문제를 풀 수 있는 실마리가 시편 110:1절에 담겨 있었다. 그들은 70인경을 읽었을 텐데, 70인경 시편 110:1절에는 주님이 두 분이 나온다. 이 시편은 그리스도의 승귀 뿐만 아니라, 그리스도의 존귀한 주님 즉 그분의 신성을 입증해 주는 중요한 근거구절이 되었다. 이런 측면에서 이 구절은 초대교회에서 가장 널리 사용되게 되었다.

다른 신약의 성경 기자들처럼 히브리서 기자도 구약성경을 인용할 때 비중을 많이 두고 인용하는 구절들(a canon within the canon)이 있다. 시편 110:1절과 4절은 히브리서에서 자주 인용된다. 그래서 어떤 이는 히브리서는 '시편 110편에 대한 한 편의 교훈적인 미드라쉬'라고 부르기도 한다.[8] 약간 과장된 감도 있지만, 히브리서에서 시편 110편의 중요성은 부인할 수 없다. 케어드(G. B. Caird)는 구약성경의 네 구절이 히브리서 저자의 논증에 매우 중요하다고 말한다. 그것은 시편 110:1-4, 시편 8:4-6, 시편 95:7-11, 그리고 예레미야 31:31-34절이다.[9] 시편 110편을 통해서는 존귀해진 그리스도의 모습과 대제사장직을, 시편 8편을 통해서는 그리스도의 낮아지심과 높아지심을, 시편 95편을 통해서는 하나님의 음성에 귀를 기울이며 약속을 이루길, 그리고 예레미야 31장을 통해서는 새 언약의 성격에 대해서 다루고 있다. 구약성경은 그리스도 사건을 설명하는데 유용하다. 다른 말로 하면 그리스도의 빛 아래에서 구약성경을 보면 하나님의 더 큰 계시가 드러난다. 구약성경은 그리스도를 통해 재해석된 권위를 가진다.[10] 하나님의 큰 구원의 사건은 다른 어떤 것이 아니라 말씀으로 설명해야 했다. 그러기에 목회자는 말씀 중심의 설교와 목회를 해야 한다. 성도 또한 말씀이 이끄는 삶을 살아야 한다. 오직 성경과 오직 그리스도가 삶의 모토가 되어야 한다.

묵상을 위한 도움

언젠가 둘째 딸에게 "천사를 믿느냐?"고 물어보았다. 참고로 딸은 당시 중학교 1학년이었다. 답은 "안 믿는다"였다. 그래서 내심 놀라며 다시 물었다. "성경에 천사들이 나오는데 안 믿냐고? 가브리엘도 나오고, 미가엘도 나오고 …." 그랬더니 "천사가 있는 것은 믿지만, 그래도 천사들은 안믿는다"고 말했다. 신기한 답이라 그 이유를 물었다. 돌아온 대답은 "사탄도 천사였는데 변해서 사탄이 되었기에 언제 변할지 모르기 때문에 천사는 믿지 않는다"였다. 아군이 적군이 될 수 있어서. 천사가 이 말 들으면 웃을 것이다. 구약성경과 비교하면 신약성경에는 천사들에 대한 언급이 상대적으로 적다. 뿐만 아니라 오늘날 우리의 신앙생활에도 천사들이 차지하는 역할은 현저하게 낮다. '왜 그런 변화가 생겼을까?' 우리가 천사들에 대해 무관심해서 그렇게 된 것일까? 꼭 그런 것 같지는 않다. 이러한 변화는 시대의 변화와 관계가 있는 것 같다. 구약시대에는 하나님의 뜻을 전하는데 천사들이 중요한 역할을 감당했다. 그러나 신약시대에는 그 역할을 성령 하나님이 하신다. 하나님의 영이신 성령께서 그리스도에 대해 깨닫게 하시고 사람들의 심령에 하나님의 뜻을 전하신다. 따라서 우리는 모두 성령의 음성에 귀를 기울여야 할 것이다.

핵심 포인트

1. 하나님이 그리스도를 높이신다.
2. 구약성경이 그리스도에 대해 설명한다.

부록: 히브리서 1장과 『클레멘트 1서』의 상관성

로마의 클레멘트에 의해서 기록된 것으로 생각되는 『클레멘트 1서』 36장에 보면 히브리서 1장에 등장하는 일곱 개의 구약인용 중에서 세 개(히 1:7, 5, 13)가 등장한다. 그 내용은 다음과 같다.

> 주님은 그에 의해서 우리가 영원불멸의 지식을 맛보길 원하셨다. 그는 그의 영광의 광채로서, 그가 천사들보다 훨씬 더 뛰어남은 그들보다 더 뛰어난 이름을 기업으로 얻으셨기 때문이다. 기록되었으되, "그는 그의 천사들을 바람으로(혹은 영들로), 그의 수종자들을 불꽃으로 삼으신다" 하였다. 그의 아들에 관하여는 주께서 이렇게 말씀하셨다: "너는 내 아들이라 오늘 내가 너를 낳았도다. 나에게 구하라. 그러면 나는 너에게 이방인들을 너의 기업으로, 세상의 가장 끝도 너의 소유로 줄 것이다." 그리고 다시 그에게 말씀하시기를, "내가 네 원수로 네 발등상이 되게 하기까지 너는 내 우편에 앉아 있으라" 하셨다. "그러면 그의 원수들은 누구인가? 모든 사악한 자들, 그리고 하나님의 뜻에 대항하여 그들 스스로를 세우는 자들이다. (『클레멘트 1서』 36:2-6절)

『클레멘트 1서』 36장과 히브리서 1장의 유사성이 현저하게 드러난다. 이와 같은 결과에 대해 어떤 학자들은 히브리서와 『클레멘트 1서』가 같은 전통에 서 있다고 말하기도 한다. 그 말은 곧 『클레멘트 1서』가 히브리서를 토대로 해서 쓰이지 않았을 수도 있다는 말이다. 그러나 헬라어를 꼼꼼히 살펴보면 세 개의 인용이 단어 하나 틀리지 않고 같다. 뿐만 아니라 『클레멘트 1서』 36장은 히브리서의 다른 구절들도 암시하는 내용들이 많이 등장한다. 36:1절에서 우리의 연약함을 돕는 분이요 변호하는 분으로서 우리의 대제사장이신 그리스도 안에서 우리의 구원이 발견된다는 표현은 히브리서 2:17-18절의 영향을 받은 것 같다. 그리스도를 통해 하늘 높은 곳을 바라본다는 표현은 히브리서 3:1절을 반영하는 것 같다. 또한 그를 통해 마음의 눈이 열려 어리석고 어두웠던 생각이 빛을 향해 꽃이 핀다는 것은 히브리서 8:10절과 10:16절과 관련이 있어 보인다. 결론적으로 『클레멘트 1서』와 히브리서는 단지 같은 전통에 있기에 유사한 표현들이 등장하는 것이 아니라, 『클레멘트 1서』가 히브리서를 인용하고 있는 것 같다. 그렇다면 히브리서는 『클레멘트 1서』가 기록되기 전에 쓰였다고 생각하는 것이 자연스럽다. 전통적으로 『클레멘트 1서』는 주후 96년경에 기록되었다고 생각되었으나 오늘날은 『클레멘트 1서』의 연대도 불확실하여 주후 2세기 초반이라고 주장하는 학자들도 있다.[11] 히브리서 1장과 『클레멘트 1서』 36장의 관련성에 근거해서 학자들은 히브리서가 늦어도 1세기는 넘지 않을 것이라고 추정할 수 있다.

4
더 중한 말씀

히브리서 2 : 1 - 4

¹그러므로 우리는 들은 것에 더욱 유념함으로 우리가 흘러 떠내려가지 않도록 함이 마땅하니라 ²천사들을 통하여 하신 말씀이 견고하게 되어 모든 범죄함과 순종하지 아니함이 공정한 보응을 받았거든 ³우리가 이같이 큰 구원을 등한히 여기면 어찌 그 보응을 피하리요 이 구원은 처음에 주로 말씀하신 바요 들은 자들이 우리에게 확증한 바니 ⁴하나님도 표적들과 기사들과 여러 가지 능력과 및 자기의 뜻을 따라 성령이 나누어 주신 것으로써 그들과 함께 증언하셨느니라

우리말 개역개정성경과 헬라어 본문 비교

* 2-3절에 유대인들이 일반적으로 사용했던 논증방식이 있다. 그것은 '칼 와호머(qal wahomer) 기법'으로 문자적으로는 '가벼운 것과 무거운 것'이란 의미. 중요도가 떨어지고 낮은 단계에 있는 것을 먼저 설명하고 이어서 중요하고 높은 단계에 있는 것을 말함으로 뒤에 나오는 '무거운 것'을 더 분명하게 설명하는 방식이다. 이러한 논증방식은 히브리서에서 이 구절 외에도 여러 구절에서 사용되는데(9:13-14; 10:28-29; 12:9; 12:25),¹ "~하다면, 하물며 더 ~하지 않겠는가?"라는 식의 해석이 가능하다.

본문으로 들어가기

1:14절은 첫 번째 삼중구조 패턴 설교의 결론에 해당한다. 설교자는 앞에서 구약성경의 일곱 구절을 들어 그리스도의 우월성을 입증했다. 앞에서 인용한 성경구절들에 근거해서 히브리서 저자는 이 주제와 관련해서 최종적인 결론을 내린다. 천사들은 어떤 존재인가? 그들은 섬기는 영으로서 구원받을 상속자들을 위하여 섬기라고 보내심을 받은 자들이다.[2] 그러므로 하나님의 우편에서 만물을 통치하는 아들과 아들 밑에서 섬기는 역할을 감당하는 천사는 비교대상이 되지 못한다. 2:1-4절은 삼중구조 패턴 설교의 권면 부분이며, 동시에 히브리서에 나오는 첫 번째 경고다. 이 단락은 앞 장에서 펼친 논증에 근거하고 있다. 그런데 권면의 대상은 누구인가? 그들은 바로 예수 그리스도를 통해 구원을 누리게 된 새 언약 백성인 성도들이다. 새 언약 백성들에게 들려주는 히브리서 설교자의 음성에 귀를 기울여 보자.

흘러 떠내려가지 않도록 하라(2:1)

이 단락은 '그러므로 (디아 투토 διὰ τοῦτο)'로 시작한다. 앞에서 말한 것에 근거해서 권면을 하고 있다는 것을 알 수 있다. "들은 것에 더욱 유념하라"고 말한다. '유념하라'는 말은 일반적으로 생각하는 것보다 더 큰 관심을 기울이는 의지적인 결단을 촉구하는 것이다. 그렇게 해야 하는 이유가 무엇일까? 흘러 떠내려가지 않도록 하기 위해서다. '흘러 떠내려간다(파랄레오 παραρρέω)'는 여러 상황에서 사용되었다. 손가락에서 반지가 빠지거나, 음식을 실수로 흘릴 때, 어떤 일을 무의

식중에 말해 버리거나, 의논 중에 문제의 핵심에서 벗어나게 되었을 때나 항아리가 깨져 물이 흘러내릴 때도 사용했다.³ 이 말이 항해와 관련해서는 배가 표류상태에 있을 때 사용하는 말이다. 종교개혁자 마틴 루터는 배의 키가 망가져서 안전한 항구에 다다르지 못하고 표류하는 것처럼, 성도가 구원의 항구에 이르지 못하는 위험에 처하지 않도록 유의해야 한다고 강조한다.⁴ 들은 것에 대해 집중하고 주의를 기울이는 것은 당시의 독자들뿐만 아니라 오늘날의 성도들에게도 요구되는 부분이다.

의심 많은 도마?

히브리서 설교자는 '복음' 대신 '들은 것'이라는 말을 사용한다. 당시 히브리서의 청중에게 들린 내용의 핵심은 그리스도다. 이것과 관련해서 오해하기 쉬운 본문을 하나 살펴보고자 한다. 요한복음 20장에 나오는 도마 사건을 많은 성도들이 오해한다. 도마에게 붙여진 수식어가 있다. '도마'라는 이름 앞에 '의심 많은'이라는 말이 붙는다. 사건의 내용은 이렇다. 예수님께서 부활하신 후에 제자들에게 나타나셨다. 마침 그때 도마는 그 자리에 있지 않았다. 죽었다고 생각했던 예수님이 부활하셔서 자기들의 눈 앞에 계셔서 말씀도 하시니 제자들이 얼마나 놀랍고 감격스러웠겠는가? 주님을 만난 제자들이 도마에게 "우리가 주님을 보았다"고 말했다(요 20:25). 그 말을 듣고 도마가 말한다. "내가 그의 손의 못 자국을 보며 내 손가락을 그 못 자국에 넣으며 내 손을 그 옆구리에 넣어 보지 않고는 믿지 아니하겠노라." 한 주가 지나서 예수님께서 제자들이 다 집에 있을 때 그들 앞에 나타나셨다. 그때는 도마도 함께 있었다. 도마가 한 말을 예수님께서 듣기라도 하신 것처럼 도마에게 말씀하신다. "네 손가락을 이리 내밀어 내 손을 보고 네 손을 내밀어 내 옆구리에 넣어 보라 그리하여 믿음 없는 자가 되지 말고 믿는 자가 되라." 도마가 즉각적으로 응답한다. "나의 주님이시요 나의 하나님이시니이다." 예수께서 이어서 말씀하신다. "너는 나를 본고로 믿느냐? 보지 못하고 믿는 자들은 복되도다." 우리는 이 예수님의 말씀에 근거해서 도마에게 '의심 많은 도마'라는 별명을 붙인다. 그러나 예수님은 그런 의도로 말씀하신 것이 아니다. 물론 도마가 예수님의 제자들이 부활하신 주님을 보았다고 했을 때 믿었으면 그런 별명을 듣지 않았을 것이다. 그러나 예수님은 도마에게만 그렇게 하실 이유가 전혀 없다. 예수께서 12제자를 선택하시고 그들에게 3년 간 집중교육을 행하신 이유가 무엇일까? 이후에 그들이 보내심을 받은 사도가 되어 예수님에 대해 증거 해야 하는 사명을 감당해야 했기 때문이다. 사도행전 1장에 사도의 조건이 소개되고 있다. 가룟 유다를 대신하여 사도가 될 사람을 선택할 때 나온다. 사도행전 1:21-22절에 따르면 요한의 세례로부터 시작해서 예수님이 승천하실 때까지 그 기간 동안 예수님과 함께 했던 자여야 했다. 그래서 자신의 눈으로 보고 확인했던 예수님의 부활에 대해 증언할 사람이 바로 사도였다. 사도의 자격 중에 가장 중요한 것은 주님의 부활을 직접 목격하는 것이었다. 그래야 전할 수 있기 때문이다. 이것이 조건이라고 한다면, 다른 제자들에게는 이 원칙을 적용하고, 유독 도마에게만 부활하신 주님을 보지 않고 믿으라고 한다면 그건 말이 안 되는 소리다. 예수님의 말씀에 힌트가 있다. "너는 나를 본고로 믿느냐? 보지 않고 믿는 자들은 복되도다"라고 하신 것은 도마의 믿음 없음을 꾸짖는 말씀이 아니라, 이제까지는 보고 믿었지만 이후의 세대는 보지 않고 믿는 방식으로의 변화가 있을 것임을 말씀하신 것이다. 예수님 당시의 사람들은 예수님을 보고 믿었지만, 부활하시고 승천하신 후에는 보지 않고 믿어야 한다. 예수님을 보지 못하지만, 성령께서 믿어지게 하시는 역사를 행하신다. 어디에? 우리의 마음에. 이 내용은 히브리서 8-10장에서 자세히 살펴볼 것이다. 부활하신 주님이 승천하신 후에는 '보는 것에서 듣는 것으로' 신앙의 패턴이 바뀐다. 잘 듣는 것이 얼마나 중요한가?

천사들을 통해 주어진 말씀을 어겨도(2:2)

히브리서 2장 2절에서 저자는 하나님께서 천사들을 통해 율법을 주셨다는 사상에 근거하여 말한다.[5] 시내 산에서 이스라엘 백성들이 하나님과 언약을 맺고 율법을 받는 광경을 그리고 있는 출애굽기 19장과 20장에서는 그런 사상을 발견하기 어렵다. 그러나 이후에 구약의 헬라어 번역 성경인 칠십인경 신명기 32장 2절에서는 주님이 시내 산에 거룩한 무리들과 함께 강림하셨을 때 그의 우편에 천사들이 있었다고 적고 있다. 또한 신약성경이 기록되기 전의 유대인들의 문서인 『쥬빌리서(Book of Jubilees)』 1장 27절, 2장 1절, 그리고 2장 26-27절을 보면 모세가 시내 산에서 40일 동안 머물 때 천사들이 율법을 전해주었다고 적고 있다. 이것으로 미루어 보아 예수님이 이 땅에 오시기 전에 이미 천사를 통한 율법이 주어졌다는 생각은 유대인들 사이에 널리 퍼져 있었던 것 같다.[6] 주후 1세기 유대 역사학자였던 요세푸스의 『유대고대사』 15장도 이 사상을 담고 있다.[7] 또한 신약성경에도 이와 같은 사상이 나온다. 갈라디아서 3장 19절에서는 "그런즉 율법은 무엇이냐 범법하므로 더하여진 것이라 천사들을 통하여 한 중보자의 손으로 베푸신 것인데 약속하신 자손이 오시기까지 있을 것이라"고 말한다. 사도행전 7장에 등장하는 스데반의 변론에도 이 사상이 언급되고 있다. "시내 산에서 말하던 그 천사와 우리 조상들과 함께 광야 교회에 있었고 또 살아 있는 말씀을 받아 우리에게 주던 자가 이 사람이라"(행전 7:38)와 "너희는 천사가 전한 율법을 받고도 지키지 아니하였도다 하니라"(행 7:53)는 대목에서 발견할 수 있다.

히브리서 2장 2절에서는 천사들을 통하여 하신 말씀이 견고하게 되었다고 한다. 여기서 '견고하게 되어'라는 말은 '확고하여 지속되어'라는 의미를 지니고 있다. 천사들을 통해서 하신 말씀이 유효했다는 뜻이다. 유효할 수 있었던 이유는 그 말씀은 바로 하나님으로부터 주어진 말씀이었기 때문이다. 그래서 그 율법을 어기고 그 율법에 순종하지 않았을 때 그것에 상응하는 대가를 지불해야 했다. 여기서 말하는 '범죄함'과 '순종하지 아니함'은 하나님을 향한 의도적인 저항을 의미한다. 하나님의 말씀을 귀담아 듣지 않으려고 하는 태도를 말하는 것이다.[8] 우리는 구약성경을 통해서 하나님의 율법을 어겼을 때 개인과 국가가 당한 징벌에 대해 잘 알고 있다. 하나님의 말씀에 귀를 기울이지 않을 때 주어지는 심판은 무시무시했다.

그리스도를 통해 주어진 구원을 대하는 자세(2:3-4)

2:2절에서는 '가벼운 것'에 대해 언급했다. 천사들을 통해 주어진 율

법을 어겨도 엄청난 보응을 받았다면, 천사들보다 우월하신 하나님의 아들 예수 그리스도를 통해 주어진 말씀과 구원을 등한히 여기면 어떻게 그 보응을 피하겠느냐고 말한다. 저자는 1차 독자들을 향해 그리스도를 통해 주어진 말씀에 더욱 유념해야 하는 이유를 이어서 설명한다. 2:3절은 그리스도의 우월성에 근거해서 '무거운 것'에 해당하는 부분을 말하고 있다. '가벼운 것'과 '무거운 것'의 논증에서 강조점은 후자에 있다. 천사들을 통해서 주어진 율법을 어겨도 그것에 상응하는 벌을 받았다면, 우리가 그리스도를 통해 주어진 큰 구원을 등한히 여기면(아멜레산테스 ἀμελήσαντες)[9] 어떻게 그 벌을 피하겠느냐고 경고한다. 독자들을 향해 저자는 들은 것에 유념하며 큰 구원을 등한히 여기지 않을 때 '범죄함'과 '불순종'에 빠지지 않을 수 있다고 권고한다. 구원의 선포는 그리스도, 사도들, 성도로 이어지는 전통뿐만 아니라 삼위일체 하나님의 동역을 포함하고 있다.[10] 주님이 구원을 선포하셨고, 하나님께서도 표적, 기사와 여러 가지 능력으로 그리스도를 통해 선포된 구원이 진리임을 증언하셨고, 성령께서도 하나님의 뜻을 따라 은사를 나누어 주셨다. 그러기에 성도들은 그리스도를 통해 주신 최종적이고 결정적인 말씀에 순종해야 한다. 베드로전서 1장 10-13절도 히브리서 2장 1-4절과 유사한 내용을 말하고 있다. 1장 10-12절에서 과거의 예언자들의 말씀과 사도들을 통해 전해진 말씀을 대조한다. 이어서 13절에서 베드로 사도는 이렇게 권면한다: "그러므로 너희 마음의 허리를 동이고 근신하여 예수 그리스도께서 나타나실 때에 너희에게 가져다주실 은혜를 온전히 바랄지어다."[11] 더 큰 계시는 더 큰 순종을 요구한다. 더 큰 은혜는 더 큰 책임을 요구한다. 히브리서는 이 단락에서 뿐만 아니라 여러 부분에서 이 내용을 분명히 전하고 있다. 오늘날 한국의 성도들이 반드시 귀담아 들어야 하는 내용을 담고 있다. 예수 그리스도를 믿어 성도가 되는 은혜를 경험하면, 무엇을 해도 하나님께서 다 용서해 주실 것처럼 가르치고 생각한다. 그러나 히브리서는 그렇게 말하지 않는다. 은혜에 합당한 삶이 반드시 있어야 한다.

묵상을 위한 도움

데이비드 리빙스턴은 아프리카 선교의 선구자다. 1813년에 태어나 1873년에 세상을 떠난 그는 의사, 선교사, 탐험가로서 19세기 후반의 대영제국의 영웅이었다. 그는 아프리카 원주민들을 존중하며 잘 대해 주었다. 그가 원주민들에게 두 가지를 가르치려고 노력했다. 하나는 총을 쏘는 법이고, 다른 하나는 책 읽는 법을 가르쳐 주었다. 그의 사역의 분명한 결실은 크웨나(Kwena) 부족의 추장인 세켈레(Sechele)였다. 그 추장은 복음을 받아들인 후 많은 변화를 경험했다. 복음을 받아들이기 전에는 그에게 5명의 아내가 있었다. 그러나 회심한 후에는 아내를 1명만 두었다. 그는 성경도 열심히 읽었다. 다른 부족의 사람들에게 성경책을 읽을 수 있도록 알파벳을 가르쳐 주겠다고 했을 때 다른 사람들은 배우지 않겠다고 했다. 그 이유는 세켈레처럼 아내들을 버려야 하기 때문이라고 했다. 성경은 그들에게는 위험한 책이었다. 그들의 삶을 바꾸도록 요구하는 힘이 있다고 생각했다. 여러분은 어떤가? 그리스도를 통해 들은 말씀에 유념하는 삶을 살고 있는가?

핵심 포인트

1. 그리스도를 통해 주어진 말씀에 귀를 기울여야 한다.
2. 흘러 떠내려가지 않도록 하라.
3. 더 큰 은혜는 더 큰 책임을 요구한다.

5
영광에서 비천으로, 비천에서 다시 영광으로

히브리서 2:5-13

⁵하나님이 우리가 말하는 바 장차 올 세상을 천사들에게 복종하게 하심이 아니니라 ⁶그러나 누구인가가 어디에서 증언하여 이르되 사람이 무엇이기에 주께서 그를 생각하시며 인자가 무엇이기에 주께서 그를 돌보시나이까 ⁷그를 잠시 동안 천사보다 못하게 하시며 영광과 존귀로 관을 씌우시며 ⁸만물을 그 발 아래에 복종하게 하셨느니라 하였으니 만물로 그에게 복종하게 하셨은즉 복종하지 않은 것이 하나도 없어야 하겠으나 지금 우리가 만물이 아직 그에게 복종하고 있는 것을 보지 못하고 ⁹오직 우리가 천사들보다 잠시 동안 못하게 하심을 입은 자 곧 죽음의 고난 받으심으로 말미암아 영광과 존귀로 관을 쓰신 예수를 보니 이를 행하심은 하나님의 은혜로 말미암아 모든 사람을 위하여 죽음을 맛보려 하심이라 ¹⁰그러므로 만물이 그를 위하고 또한 그로 말미암은 이가 많은 아들들을 이끌어 영광에 들어가게 하시는 일에 그들의 구원의 창시자를 고난을 통하여 온전하게 하심이 합당하도다 ¹¹거룩하게 하시는 이와 거룩하게 함을 입은 자들이 다 한 근원에서 난지라 그러므로 형제라 부르시기를 부끄러워하지 아니하시고 ¹²이르시되 내가 주의 이름을 내 형제들에게 선포하고 내가 주를 교회 중에서 찬송하리라 하셨으며 ¹³또 다시 내가 그를 의지하리라 하시고 또 다시 볼지어다 나와 및 하나님께서 내게 주신 자녀라 하셨으니

우리말 개역개정성경과 헬라어 본문 비교

* 2장 6-9절은 우리말 성경과 헬라어 본문 간의 차이보다는 히브리서에서 인용하고 있는 칠십인경 시편 본문과 히브리서 시편 본문의 차이다. 그러나 중요하기에 여기서 언급하고자 한다. 이 단락에서 시편 8:4-6절이 인용되고 해석이 주어진다. 시편 8편은 하나님의 형상으로 지음 받은 사람이 존귀한 존재, 즉 하나님보다 조금 못한 존재로서 영광과 존귀를 누리게 하셨고 만물을 다스리게 하셨다고 적고 있다. 이 시의 사상적인 배경으로는 창세기 1-2장을 들 수 있다. 인간이 얼마나 고귀하고 영광스럽게 창조되었는지를 설명하는 영광의 신학이 담겨 있는 부분이다. 그런데 저자는 이 구절에서 히브리어 본문을 인용하지 않고 헬라어 번역성경인 칠십인경(시편 8:5-7)을 인용한다. 시편 8편의 경우 히브리어 원문과 칠십인경 번역 사이에는 두드러진 차이가 있다. 히브리어 본문에서는 인자와의 비교의 대상이 엘로힘, 즉 하나님이다. 우리가 가진 구약성경 시편 8편을 보아도 그를 하나님보다 조금 못하게 하셨다고 적고 있다. 그러나 칠십인경에서는 비교대상이 '하나님'에서 '천사들'로 바뀌었다. 히브리서는 칠십인경 성경을 인용하며 그리스도와 천사들을 비교하고 있다.

* 또 다른 하나의 차이는 히브리어 원문에서는 '조금'이라고 낮음의 정도를 밝히고 있다. 그러나 칠십인경에서는 '브라쿠 티(βραχύ τι)'로 번역했다. 이 표현은 질적인 의미와 시간적인 의미 둘 다를 포함하는데, 히브리서 저자는 '잠깐 동안'과 같이 시간적인 의미로 이해하고 있는 것 같다.[1]

* 우리말 성경 개역개정에서는 그리스도를 가리켜 '구원의 창시자'라고 묘사한다. 그런데 이 '창시자'라는 말은 헬라어로는 '아르케고스(ἀρχηγός)'인데 영어성경에서는 author, captain, leader, founder, prince, pioneer 등으로 번역되었다. 그러나 captain, leader, pioneer는 같은 의미를 지니고 있다. 그래서 우리말로도 '리더' 혹은 '선구자'로 번역하면 적절할 것 같다.² 이것은 많은 아들들을 이끌어 구원에 이르게 한다는 것과도 잘 어울린다.

본문으로 들어가기

2:5-3:6절에는 두 번째 삼중구조 패턴 설교가 등장한다. 이 단락은 이 설교의 본론에 해당된다. 저자는 1장에서 그리스도가 천사들보다 우월하다고 설명했다. 그런데 이 단락에서는 그리스도가 천사보다 낮아지신 것처럼 보인다. 그 이유가 무엇일까? 우리로 하여금 궁금증을 가지게 한다. 이 단락에 나타난 '영광에서 비천으로, 비천에서 다시 영광으로'의 주제는 신약성경의 다른 그리스도 찬송시에서 발견되는 내용과 맥이 잘 통한다(빌 2:5-11; 딤전 3:16; 벧전 3:18-22; 고후 13:4).³ 그리스도는 하나님의 구원계획을 성취시키기 위해 사람들과 똑같은 모습이 되고 고난을 당하는 것을 불쾌해 하거나 억지로 감당하지 않으시고 즐거운 마음으로 자신에게 부여된 역할을 감당하셨다. 이 단락에서 저자가 인용하는 시편 22편과 이사야서 8장의 구절들은 이것을 잘 드러내고 있다. 그럼 히브리서 저자의 말을 들어보자.

그리스도께서 당하신 죽음의 고난(2:5-9)

장차 올 세상, 즉 구원의 시대는 천사들에게 맡기지 않으셨다고 한다 (2:5). 이 말은 그리스도를 통해 구원을 이루시는 시대가 오기 전에는 세상을 다스리는 일을 천사들에게 맡겼다는 것을 전제로 말하고 있다. 이러한 사상은 칠십인경 신명기 32:8절과 다니엘서에 나온다. 신명기에 따르면 하나님은 이스라엘 백성들은 자신이 직접 다스리시고 돌보시지만, 다른 민족들의 경우에는 그의 천사들을 보내어 그 나라를 다스리는 일을 감당케 하신다고 적고 있다. 다니엘서 10:13절과 10:20절에도 이런 생각이 반영되어 있다.[4] 천사들은 하나님의 종으로서 세상을 보존하고 통치하는 일에 하나님을 돕는 존재로 그려진다. 그러면 장차 도래할 세상, 즉 구원의 시대는 누구의 손에 맡길 것인가? 히브리서 설교자는 그것은 천사들의 몫은 아니라고 분명히 말한다.

그리스도는 천사들보다 분명 우월하시다. 그런데 저자가 보기에 이 땅에 오신 그리스도의 모습은 천사들보다 우월하지 않은 것처럼 보인다. 왜 그럴까? 왜 우월하신 하나님의 아들이신 그리스도께서 그런 모습으로 오셨을까? 물론 이 속에 우리가 다 깨달을 수 없는 하나님의 신비가 담겨 있다. 성령께서 깨달음을 주셔서 히브리서 저자는 시편 8편의 말씀으로 이 문제에 대한 해답을 제시한다. 이 단락에서 인용하고 있는 시편 8편의 내용(2:6-8b)이 무엇인가? 하나님께서 사람을 생각하시는 것이 심히 크셔서 마음을 두시고 돌보신다는 것이다. 그런데 그렇게 존귀하게 생각하시는 사람을 잠깐 동안 천사들보다 못하게 하신다. 그리고 다시 그를 영광스럽게 하시고 존귀하게 하셔서 만물이 다 그에게 복종케 하신다. 원래는 사람들에게 적용되었던 시편 8편의 내용이 그리스도와 관련된 것으로 이해한다.[5] 만물이 다 그리스도에게 복종한다는 시편의 내용과 달리 육신의 눈에 비친 그리스도는 잠간이나마 천사보다 못한 모습이다. 히브리서 저자는 2:9절에서 그 이유를 설명한다. 그리스도께서 잠시 동안 천사들보다 못하게 되신 것은 성육신을 통해 죽음의 고난을 받으시기 위함이었다고 말한다. '그리스도의 죽음의 고난 받으심'에 강조점이 놓이는데, 그것은 인용문과 해석의 내용을 살펴보면 분명하게 드러난다. 저자는 2:7절에서 "그를 잠시 동안 천사보다 못하게 하시며 영광과 존귀로 관을 씌우시며"라고 인용했다. 그리고 그것을 9절에서 설명하는데, 시편의 인용문을 거의 그대로 가져온다. 그런데 잠깐 동안 못하게 되셨다가 존귀하게 되시는 부분을 언급하는 사이에 인용문에는 없는 부분이 추가가 된다. 그것은 바로 "죽음의 고난 받으심으로 말미암아"다. 그리스도의 낮아짐이 끝나고 높아짐이 시작되게 한 것이다.[6] 그럼 죽음의 고난을 받으신 이유가 무엇인가? 그것은 하나님의 은혜로 모든 사람을 위하여 죽음을 맛보려 하심이었다. 그리스도의 고난은 모든 사람을 위한 것이었다. 이것은 전적으로 하나님의 은혜로 말미암은 것인데, 히브리서 1장 3절에서 "죄를 정결하게 하는 일을 하시고"에 대한 구체적인 내용이라 할 수 있다.

고난을 통한 영광(2:10).
하나님의 영광의 광채요, 본체의 형상으로서 천사들보다 월등히 우월하신 그리스도께서 죽음의 고난을 당하셨다. 왜 그런 과정이 필요했을까? 2:10절은 그리스도가 고난을 통해 온전해 지심에 대해 다룬다. "만물이 그를 위하고 또한 그로 말미암은 이(디 혼 타 판타 카이 디 후 타 판타 δι' ὃν τὰ πάντα καὶ δι' οὗ τὰ πάντα)"는 누구일까? 하나님이 시다. 하나님을 묘사할 때 '디아(διά)'라는 전치사를 사용하여 만물의 조성자요 주관자이심을 말한다.[7] 전치사를 통해서 어떤 신학적인 내용을 표현하기에 '전치사 신학(prepositional theology)'라고 부르기도 한다. 전치사는 어떤 사상을 효과적으로 표현하는데 유용한데, 잘 알려진 것이 "국민에 의한, 국민을 위한, 국민의(by the people, for the people, of the people) 정치"라는 링컨의 연설이 있다. 전치사 신학의 대표적인 구절로는 로마서 11:36절, "이는 만물이 주에게서 나오고(에크 ἐκ) 주로 말미암고(디아 διά) 주에게로(에이스 εἰς) 돌아감이라"를 들 수 있다. 하나님은 많은 아들들을 이끌어 영광에 들어가게 하신다. 여기서 말하는 '영광'이라는 단어는 1:3절에 이미 언급되었다. 그리스도는 하나님의 영광의 광채시다. 그리스도가 아들로서 하나님의 영광을 드러내는 것처럼, 성도는 그리스도를 통해 하나님의 자녀가 됨으로 그 영광에 동참하게 된다.[8] 이 일에 하나님께서는 사람들의 '구원의 창시자,' 더 적절한 번역으로는 '구원의 리더 혹은 선구자'를 고난을 통하여 온전하게 하셨다.[9] 이 말의 의미는 그리스도의 죽음을 통해서 하나님께서 세우신 목적, 즉 하나님의 백성들의 죄를 없애는 직분을 감당케 하셨다는 것이다. 이어지는 히브리서 구절에서 이것은 더 분명해진다. 그리스도가 대제사장이 되어 백성들의 죄를 깨끗케 하고 하나님께 나아가는 것을 가능하게 한다.[10]

응답하시는 그리스도(2:11-13)

히브리서 2:11-13에서는 그리스도의 낮아짐을 통해 구원을 이루어 가는 과정이 생생하게 그려지고 있다. 이것을 분명히 하기 위해 그리스도께서 하나님을 향해 순종의 마음을 고백하는 형식으로 구약의 구절들이 인용되고 있다. 1장에서는 말씀하시는 하나님의 모티프가 강하게 드러났다면, 2장에서는 말씀하시는 그리스도의 모습이 두드러진다. 성부 하나님은 아들인 그리스도를 향해 "너는 내 아들이라 오늘 내가 너를 낳았도다," "나는 그에게 아버지가 되고 그는 나에게 아들"이라고 말씀하셨다. 천사들을 명하여 "아들에게 경배하라"고 하셨고, 그의 보좌와 나라를 영원히 존재하게 하겠다고 말씀하셨고, "내가 네 원수로 발등상이 되게 하기까지 너는 내 우편에 앉아 있으라"고 말씀하셨다. 이제는 이러한 아버지의 말씀에 그리스도께서 답하신다. "내가 주의 이름을 내 형제들에게 선포하고 내가 주를 교회 중에서 찬송하리라," "내가 그를 의지하리라,"[11] 그리고 "볼지어다 나와 및 하나님께서 내게 주신 자녀라"[12]고 고백하신다. 1장과 2장에는 하나님과 그리스도 사이의 거룩한 대화(divine dialogue)가 있다.[13] 특히 2:10-18절에서는 하나님의 아들이신 그리스도께서 죄인인 인간들과의 결속과 유대(solidarity)가 두드러진다. 특히 그리스도는 맏아들의 이미지가 두드러진다. 히브리서 1장 6절에서 저자는 그리스도를 이미 맏아들로 불렀다. 이 단락에서는 맏형으로서 책임감 있게 동생들을 잘 보살피는 이미지로 등장한다(2:11, 12, 13, 14, 17; 3:1). 동생들이 어른이 될 때까지 그들과 그들의 유산을 돌보는 로마의 미성년 자주권자에 대한 후견인 제도(tutela impuberum)를 염두에 두고 이 단락을 이해할 수도 있다.[14] 죄 많은 인간들을 형제라고 부르는 것을 부끄러워하지 않으시고 예수님은 그들을 영광으로 인도한다. 당시 후견인 제도에서 중요한 것은 동생의 후견인이 된 맏형이 자기의 것을 내려놓고 동생에게 맞출 때 경쟁이 생기지 않았다. 그처럼 맏형인 그리스도는 하나님의 뜻에 순종하여 자신의 상속과 영광까지 다 동생들과 함께 하고 있는 모습으로 그려진다.[15]

2:11절에서 '거룩하게 하시는 이'인 그리스도와 '거룩하게 함을 입은 자들'인 성도들은 한 근원에서 났다. 그러면 한 근원은 누구를 가리키는 것일까? 아담, 아브라함 등등 다양한 입장이 있다. 그러나 여기서는 하나님 아버지를 의미한다고 보는 것이 맞을 것 같다.[16] 하나님의 구원행위는 그리스도의 인성을 통해 하나가 된 모든 인류를 대상으로 한다. 그리스도는 인간을 구원하시고자 하는 하나님의 계획에 전적으로 공감하시고 순종하신다. 그러기에 하나님께서 자기에게 맡기신 사람들을 형제, 자매라 부르는 것을 부끄러워하지 않으셨다. '부끄러워하지 않다'는 말은 감정을 나타내는 심리적인 상태를 가리키는 단어가 아니라 고백의 행위를 가리킨다. 부인하거나 거절하지 않는다는 의미가 담겨 있다.[17] 설교자는 시편 22:22절과 이사야 8:17절과 18절을 그리스도의 입을 통해 고백하는 형식을 취한다. 왜 그러면 이 두 구절들이 사용되었을까? 시편 기자와 이사야 선지자 둘 다 고난의 상황에서 이 말들을 하고 있는데, 이 구절들이 예수께서 하신 말씀으로 인용됨으로 그리스도가 고난을 통해 어떻게 완전하게 되셨는지를 잘 보여주고 있기 때문이다.[18] 그리스도는 하나님 아버지께 철저하게 순종하는 신실한 아들이었다.

묵상을 위한 도움

우리는 살면서 많은 문제들을 겪는다. 자동차 열쇠를 차 안에 두고 잠그면, 영어로는 이것은 locked out이라고 한다. 이럴 때 우리는 자동차 문을 열어줄 전문가를 불러야 한다. 우리 몸에 문제가 생기면 그 병을 고쳐줄 수 있는 의사를 찾는다. 물질도 많고 몸도 건강한데 마음이 아프면 다른 해결책이 필요하다. 혹자는 기독교에서 말하는 믿음이 너무 추상적이라고 한다. 실제적으로 아무런 도움이 되지 못한다고 말하기도 한다. 맞기도 하고 틀리기도 한 말이다. 얼마 전에 현관 센스 등이 고장 났다. 고치려고 해보다가 결국 전문가를 불렀다. 성경이 말하는 문제는 그와 같은 문제가 아니다. 그러기에 해결책도 달라야 한다. 전등을 교체하는 것과는 다른 문제다. 우리 눈에는 보이지 않는 영혼이 죄로 물들어 버린 문제다. 얼룩이 묻은 옷을 닦는 것과는 다른 우리의 영혼을 씻어야 하는 문제다. 이러한 우리의 심각한 문제를 해결하기 위해 하나님께서 그의 아들을 이 땅에 보내셨다. 우리를 위해 그분은 십자가에 달려 죽으셨다. 어떻게 하면 우리의 문제를 해결할 수 있을까? 하나님의 구원사건인 그리스도의 십자가를 믿는 것이다. 마음으로 믿고 입으로 시인하는 것이다.

핵심 포인트

1. 그리스도의 죽음의 고난은 우리를 위한 것이었다.
2. 하나님은 우리를 자녀 삼으시고 영광으로 인도하기 원하신다.
3. 그리스도는 하나님의 구원계획에 즐겁게 순종하셨다.

6
승리자 그리스도

히브리서 2:14-18

¹⁴자녀들은 혈과 육에 속하였으매 그도 또한 같은 모양으로 혈과 육을 함께 지니심은 죽음을 통하여 죽음의 세력을 잡은 자 곧 마귀를 멸하시며 ¹⁵또 죽기를 무서워하므로 한평생 매여 종 노릇 하는 모든 자들을 놓아 주려 하심이니 ¹⁶이는 확실히 천사들을 붙들어 주려 하심이 아니요 오직 아브라함의 자손을 붙들어 주려 하심이라 ¹⁷그러므로 그가 범사에 형제들과 같이 되심이 마땅하도다 이는 하나님의 일에 자비하고 신실한 대제사장이 되어 백성의 죄를 속량하려 하심이라 ¹⁸그가 시험을 받아 고난을 당하셨은즉 시험 받는 자들을 능히 도우실 수 있느니라

우리말 개역개정성경과 헬라어 본문 비교

* 우리말 개역개정에서는 "그도 또한 같은 모양으로 혈과 육을 함께 지니심은"이라고 번역했다. 그러나 헬라어 원문은 이 구절에서 그리스도의 자발성을 더 잘 드러내고 있다. 그러기 위해서 저자는 헬라어 문법 중 '아우토스(αὐτός)' 강조용법을 사용하고 있다. 의미를 살려 번역하면 "그 스스로가 같은 모양으로 혈과 육을 함께 지니심은(he himself likewise partook of the same things)"이 된다.

본문으로 들어가기

2:14-18절은 삼중구조 패턴 설교의 결론에 해당한다. 본론에서 언급한 예수 그리스도의 죽음이 가지는 의미에 대해서 결론 부분에서 분명하게 설명한다. 그리스도와 사람들과의 동질성이 가져온 결과가 무엇일까? 첫째는 마귀의 권세를 멸한 것이 죽음의 권세 아래 있던 사람들을 해방시켰다. 둘째는 그리스도의 고난과 시험받으심은 시험당하는 자를 도울 자격을 온전히 갖추었음을 의미한다.[1] 죽음의 고난을 통해 하나님의 구원계획을 이루신 그리스도는 신실한 대제사장으로 역할을 감당하신다. 그리스도의 대제사장이심에 대한 언급은 이 단락에서 처음 나오는데, 이어지는 5장, 7장, 8-10장에서 매주 중요하게 다루어진다.

그리스도의 승리(2:14)

히브리서는 예수 그리스도의 죽음을 제사 제도의 관점에서 이해하는 책으로 잘 알려져 있다. 예수 그리스도는 완전한 대제사장으로서 자기 자신을 완전한 제물로 하나님께 드리셨다. 이 완전한 제사는 동물제사와 달리 사람들의 죄를 깨끗이 없앨 수 있었다. 이러한 내용은 히브리서 7-10장에서 분명하게 다루어진다. 그런데 히브리서에서는 예수님의 죽음을 제사의 관점에서만 이해하고 있지 않다. 저자는 다른 각도에서 예수님의 죽음을 묘사한다. 그것은 바로 예수께서 악한 세력을 정복하셨다는 것이다. 히브리서에서는 오직 한 구절에서만 이 내용을 다루고 있다. 그것이 바로 2:14절이다. 연결된 구절까지 포함하면 2:14-15절이다. 승리자이신 그리스도에 대한 이해는 신약성경 곳곳에 등장한다. 복음서에서는 귀신들린 자에게서 귀신을 쫓아냄으로써 그를 온전케 하시는 장면이 나온다(막 1:21-28; 5:1-20; 7:24-30; 9:14-29).[2] 바울서신에서는 골로새서 2:15절을 비롯한 여러 구절들에서 악한 권세들을 정복하시는 예수님의 모습이 그려진다.[3] 그러면 예수님이 승리하신 비결은 무엇일까? 그것은 결코 힘에 의한 정복이 아니다. 예수님의 무죄하심과 하나님께 순종하심이 바로 승리의 비결이다. 폭력에 의한 승리가 아니고 사탄의 악함과 그가 지배하는 악한 방식을 드러내심으로 승리하셨다. 히브리서에서도 마찬가지다. 예수 그리스도는 죽음을 통해 죽음의 권세를 가지고 있는 마귀를 멸하셨다. 저자는 2:5-13절에서 하나님의 뜻에 전적으로 순종하시는 아들의 모습을 그렸다. 다른 신약성경 구절들과 마찬가지로 예수 그리스도는 철저하게 하나님께 순종함을 통해 하나님께 불순종하고 반역하는 마귀를 멸하셨다. 순종은 그리스도의 승리의 비결이었다.[4]

사람들의 해방(2:15)

구원의 리더이신 그리스도의 고난은 분명한 이유가 있었다. 혈과 육에 속한 사람들처럼 그도 같은 모양으로 혈과 육을 지니셨다. 그리고 그들을 위하여 죽으심으로 사망의 권세를 잡은 자 마귀를 멸망시키고 한 평생 죽음에 대한 두려움으로 종노릇하는 자들을 자유케 하셨다. 히브리서에서 두려움의 대상으로 처음 언급된 것이 죽음이다. 9:27절에서 말하는 것처럼 사람에게 한 번 죽는 것은 정해진 것이다.

물론 히브리서에는 죽음을 경험하지 않은 사람들도 있다. 7:3절의 멜기세덱과 11:5절의 에녹을 들 수 있다. 사람들이 죽음을 두려워하는 이유가 무엇일까? 먼저는 죽음을 지배하는 사탄의 통치하는 힘이 두려울 수 있다. 다음은 죽음 후에 있을 심판을 두려워할 수도 있다.[5] 이러한 이유로 죽음을 두려워하는 자들을 위해 그리스도는 순종의 죽음을 통해 마귀의 세력을 정복하고 승리자가 되신 것이다. 교회역사에서 이슬람 세력을 몰아내고 하나님 나라를 이 땅에 세우고자 했던 십자군 전쟁을 잘 알고 있다. 거룩한 전쟁이라는 미명 하에 많은 사람들을 죽이고 약탈했던 그와 같은 폭력적인 침탈은 십자가의 죽음을 통해 사탄의 권세를 깨뜨린 그리스도의 승리와는 동떨어진 것이다. 2:14절은 이러한 사상을 잘 반영하는 신약성경의 구절로 승리자 그리스도 사상을 말할 때 초대교회 교부들에 의해서 많이 인용된 구절 중에 하나다. 그 결과 죽는 것이 무서워 평생 마귀의 종노릇 하는 자들을 놓아주셨다. 저자는 이와 같은 해방이 어떻게 주어졌는지에 대해 자세히 다루지 않는다. 그 이유는 이것은 기독교 구원의 핵심으로 더 이상의 해설을 필요로 하지 않는다고 느꼈기 때문인 것 같다.[6] 성도는 그리스도에 의해 죽음의 공포로부터의 자유를 경험한 자들이다. 사탄의 가장 강력한 무기인 죽음이 더 이상 두렵지 않다.[7] 그 이유는 그리스도께서 부활의 첫 열매가 되심으로 성도는 부활에 대한 소망을 가지게 되었기 때문이다. 그리스도 안에서 자유를 얻은 성도는 그리스도처럼 하나님께 순종하는 삶을 살아야 한다.

그리스도, 신실한 대제사장(2:16-18)

2:16-18절은 그리스도를 신실하신 대제사장으로 그린다. 그리스도께서 성육신하여 죽음의 고난을 받은 것은 아브라함의 자손들을 붙들어 주고자 하시는 뜻이 있었다. 만약 천사들을 붙들어 주고자 하셨다면 그는 혈과 육을 취할 아무런 이유가 없었을 것이다. 그리스도는 인간들과 같이 되시는 엄청난 고난을 감당하셨다. 하나님과 동등하신 분이 피조물인 인간과 같아지는 것은 말할 수 없는 수치와 고난이었다. 그러나 그리스도는 그것을 기쁨으로 감당하셨다. 뿐만 아니라 이 땅에 계시는 동안 '시험을 받아(페이라스데이스 πειρασθείς)' 고난도 당하셨다(2:18). 시험을 받는 내용을 적을 때 그리스도의 자발적인 참여를 드러내기 위해 저자는 2:14절에서 사용했던 아우토스 강조용법을 2:18절에서도 사용하고 있다. 그 스스로가 시험을 받아 고난을 당했다고 한다. 시험받은 것을 묘사하는 '페이라조' 동사는 히브리서 11:17절에서 아브라함이 이삭을 제물로 바치라는 시험을 묘사할 때도 사용된다. 아브라함이 시험을 받은 것처럼 아브라함의 후손인 그리스도도 모든 일에 시험을 받았다.[8] 그러나 그는 사람들처럼 시험에 미혹되어 넘어지지 아니하고 신실하게 감당하셨다. 그래서 그는 하나님께서 인간들을 구원하시는 일에 자비하고 신실한 대제사장이 되어 백성들의 죄를 깨끗케 할 수 있었다. 지금까지는 그리스도의 아들이심의 모티프가 우세했는데, 여기서 비로소 그리스도의 대제사장이심이 소개되고 있다. 그리스도에게 아들과 대제사장직은 결코 분리되지 않는다. 히브리서에서 시편 2:7절과 시편 110:4절은 밀접한 관련이 있다. 그러면 그가 대제사장이 되실 수 있었던 근거는 무엇인가? 바로 그의 신실함이다. 흥미롭게도 히브리서에서 그리스도의 대

제사장직을 설명하는 구절들마다 '신실'이라는 단어가 앞이나 뒤에 등장한다. 하나님의 아들로서 하나님께 순종하셨던 그리스도는 대제사장으로서도 하나님께 신실하고 순종했다. 신실하신 대제사장이신 그리스도는 그러기에 고난당하는 자들을 능히 도우실 수 있다. 그리스도의 대제사장직은 4:14-16절과 5장에서 다시 상세하게 다루어진다. 그런데 단순히 교리적인 차원만이 아닌 구체적인 삶의 자리에서 큰 위로를 주는 권면으로 주어진다.

묵상을 위한 도움

20세기를 대표하는 지성인으로 유명했던 버트란트 러셀, 그는 노벨 문학상 수상자이자 철학자였다. 그는 인본주의를 대변하는 사람으로 다음과 같이 죽음에 대해 설명했다. "인간의 삶은 짧고 무력하다. 느리지만 확실한 멸망이 인간과 모든 인류 위에 무자비하고 어둡게 떨어진다. 전능한 물질은 선과 악을 돌아보지 않고 파멸에 아랑곳 하지 않고 그 냉혹한 길을 굴러간다. 오늘은 사랑하는 사람을 잃어야 하고 내일은 그 자신도 어둠의 문을 지나가야 하는 인간에게는, 운명의 철퇴가 떨어지기 전에 그의 하찮은 삶을 고상하게 해주는 고고한 생각만이 유일하게 소중한 것으로 남아 있다 … 그는 자신의 손으로 세운 신전에서 예배한다." 그러나 성경은 다르게 말한다. 요한복음에서 예수님은 이렇게 말씀하신다. "나는 부활이요 생명이니 나를 믿는 자는 죽어도 살겠고 무릇 살아서 나를 믿는 자는 영원히 죽지 아니할 것이다."(요 11:25-26) 그렇게 말씀하실 수 있는 근거가 무엇인가? 그리스도는 자신의 죽음을 통하여 죽음의 권세를 잡고 있는 마귀를 멸하시고 죽음의 공포 가운데 사는 우리를 자유케 하셨기 때문이다.

핵심 포인트

1. 승리자 그리스도
2. 마귀로부터 해방된 성도
3. 순종을 통해 신실한 대제사장이 되신 그리스도

7
모세 vs 예수

히브리서 3 : 1-6

¹그러므로 함께 하늘의 부르심을 받은 거룩한 형제들아 우리가 믿는 도리의 사도이시며 대제사장이신 예수를 깊이 생각하라 ²그는 자기를 세우신 이에게 신실하시기를 모세가 하나님의 온 집에서 한 것과 같이 하셨으니 ³그는 모세보다 더욱 영광을 받을 만한 것이 마치 집 지은 자가 그 집보다 더욱 존귀함 같으니라 ⁴집마다 지은 이가 있으니 만물을 지으신 이는 하나님이시라 ⁵또한 모세는 장래에 말할 것을 증언하기 위하여 하나님의 온 집에서 종으로서 신실하였고 ⁶그리스도는 하나님의 집을 맡은 아들로서 그와 같이 하셨으니 우리가 소망의 확신과 자랑을 끝까지 굳게 잡고 있으면 우리는 그의 집이라

우리말 개역개정성경과 헬라어 본문 비교

* 5절에서 저자는 그리스도와 모세의 신분의 차이가 사역의 차이로 드러난다고 말한다. 모세는 종으로 하나님의 집에서(엔 ἐν) 신실하였고 예수님은 아들로서 집을 맡은(에피 ἐπί) 자로 신실하였다. 이 부분을 드러내기 위해 서로 다른 전치사를 사용하고 있다. 예수님의 경우는 통치와 관계되는 전치사 '에피'를 사용한다.¹

* 모세의 사역은 미래에 관한 것을 말하는 것이었고, 예수님의 사역은 현재에 유효하며 구약의 기대를 성취하는 것이었다. 저자는 이러한 차이를 분명히 하기 위해 5-6절에서 '멘 … 데(μὲν … δέ)'를 사용한다. 이 헬라어 구문의 특징을 살려 번역해 보면 "한편으로 모세는 장래에 말할 것을 증언하기 위하여 하나님의 온 집에서 종으로 신실하였고, 다른 한편으로 그리스도는 하나님의 집을 맡은 아들로서 그와 같이 하셨다"가 된다.

본문으로 들어가기

3:1-6절은 삼중구조 패턴의 권면에 해당한다. 대제사장이신 예수님의 신실함(2:17)의 주제가 이 단락에서 이어진다. 히브리서 저자는 예수님의 우월하심을 다른 대상과의 비교를 통해 그것을 드러낸다. 1-2장에서는 천사와 비교했고 이 단락에서는 모세와 비교한다. 모세는 이스라엘 역사에서 하나님과 이스라엘 백성 사이의 중보적 일을 가장 신실하게 감당했다. 많은 시간이 흐른 주후 1세기에도 많은 유대인들의 존경을 받았던 인물이다. 어떤 학자들은 이 단락에서 모세와 그리스도를 비교하는 것은 후대의 에비오나이트 문서에 나오는 모세 기독론과 같은 이단적인 생각을 반박하기 위한 것이라고 주장하기도 하지만, 본문에서 그럴만한 근거를 찾기는 쉽지 않다.[2] 모세와의 비교를 통해 그리스도의 우월성을 입증함을 통해 드러내고자 한 것이 무엇이었을까? 그것은 바로 청중들에게 더 나은 사도요, 대제사장이신 그리스도를 굳게 붙잡으라는 실제적인 권면을 주려함이었던

것 같다. 이 단락에서는 모세의 연약함을 지적함으로 그리스도를 높이는 방식으로 논증을 펼치진 않는다. 오히려 모세와 그리스도, 둘 다 신실하였지만 그리스도가 더 뛰어났다고 논증한다. 이런 측면에서 보면 부정적인 부분을 부각시키는 대조(contrast)가 아닌, 긍정적인 부분의 비교(comparison)를 통해 그리스도의 우월성 (superiority)을 입증하고 있다.[3]

예수를 깊이 생각하라(3:1)

접속사 '그러므로(호텐 ὅθεν)'로 시작하는 것을 통해 이 구절이 앞의 단락과 이어진다는 것을 알 수 있다. 앞의 본론(2:5-13)과 결론(2:14-18)에서 그리스도께서 고난을 통해 우리의 죄를 사하시고 대제사장이 되셨다고 말한 저자는 독자들을 향해 '함께 하늘의 부르심을 입은 거룩한 형제들'이라고 부른다. 이들은 예수 그리스도의 거룩케 하시는 사역을 통해 거룩하게 된 자들이고(2:11), 또한 하늘에 계신 하나님으로부터 함께 부르심을 받았다는 공통점이 있다.[4] 이 말 속에는 공동체적 공유개념이 있다. 헬라어 메토코이(μέτοχοι)가 이것을 잘 드러내 준다. 메토코이는 히브리서에서 다른 구절에서도 사용되었다. 복수형태로 3장 14절에서 사용되었다: "우리가 시작할 때에 확신한 것을 끝까지 견고히 잡고 있으면 그리스도와 함께 참여한 자가 되리라." 또한 12장 8절에서도 사용되었다: "징계는 다 받는 것이거늘 너희에게 없으면 사생자요 친 아들이 아니니라." 6장 4절에서는 주격형태는 아니지만 목적격 형태로 사용되었지만 의미는 같다: "한 번 빛을 받고 하늘의 은사를 맛보고 성령에 참여한 바 되고." 3장 1절에서 메토코이는 하나님께서 구원으로 부르신 것에 대해 응답한 사람들을 가리킨다.5 그러기에 저자는 한 사람이라도 떨어져 나가지 않고 그 부르심에 합당하게 행하는 것이 중요하다고 강조한다(3:6 참고). 이러한 공동체 구성원을 살필 것에 대한 권면은 히브리서의 다른 구절들에서도 찾아볼 수 있다. 3장 12절에서는 "삼가 혹 너희 중에 믿지 아니하는 악한 마음을 품고 살아계신 하나님에게서 떨어질까 조심할 것이요,"6 4장 1절에서는 "너희 중에는 혹 이르지 못할 자가 있을까 함이라," 그리고 10장 24절에서 "서로 돌아보아(카타노오멘 알렐루스 κατανοῶμεν ἀλλήλους)라는 말에서도 드러난다. 이와 같은 공동체적인 돌봄과 권면은 오늘날 한국 교회에서 점점 사라지고 있다. 개인주의화된 사회 속에서 교회마저도 공동체성을 잃고 자기에게만 관심을 기울인다면, 함께 하늘의 부르심을 받은 거룩한 형제들의 모습을 올바로 유지할 수 없을 것이다. '나'만이 아닌 '우리'를 향한 히브리서 설교자의 권면에 귀를 기울여야 한다.

　그러기 위해서 어떻게 해야 하는가? 저자는 "우리가 믿는 도리의 사도이시며 대제사장이신 예수를 깊이 생각하라(카타노에사테 κατανοήσατε)"고 권면한다. '깊이 생각하라'는 말은 누가복음 12:24절과 27절에도 사용되었다. "까마귀를 생각하라 심지도 아니하고 거두지도 아니하며 골방도 없고 창고도 없으되 하나님이 기르시나니 너희는 새보다 얼마나 더 귀하냐"(눅 12:24). "백합화를 생각하여 보라 실도 만들지 않고 짜지도 아니하느니라 그러나 내가 너희에게 말하노니 솔로몬의 모든 영광으로도 입은 것이 이 꽃 하나만큼 훌륭하지 못하였느니라"(눅 12:27). 이 말은 단지 스쳐지나가는 것처럼 생각하는 것이 아니라, '자세히 관찰하라'는 의미다. 길가에 핀 꽃을 보면서 공중을 나는 새를 관찰하면서 창조주 하나님을 생각하고 우리를 향한 그분의 사랑과 관심으로 나아갈 수 있어야 한다. 마찬가지로 흘러 떠내려갈 위험에 있는 독자들도 그리스도를 깊이 묵상하고 살펴야 한다. '믿는 도리'라는 말은 우리말로는 어색한데, 헬라어에서 '고백(호몰로기아 ὁμολογία)'이란 말이다. 다르게 표현하면 우리의 고백의 내용인 '사도와 대제사장이신 예수'를 깊이 생각하라고 한다. 여기서 독특한 것이 두 가지 있다. 첫째는 예수님에 대해 사용하는 호칭이 다양한데 '주'나 '하나님의 아들'이라고 하지 않고 '예수'라고 부르고 있다. 이 말 속에는 형제들과 연합하기 위해 인간이 되신 그분의 지상에서의 사역을 강조하고자 하는 저자의 의도가 있는 것 같다(2:9; 10:19; 13:12).[7] 둘째는 예수님을 '사도와 대제사장'으로 묘사한다. 대제사장 되심은 이미 앞에서 설명했기에 어색하지 않다. 그런데 사도라고 부르는 것은 이상하게 느껴진다. 왜냐하면 신약성경 어디에서도 예수님을 사도로 부른 적이 없기 때문이다. 우리에게 '사도'라는 단어는 예수님의 제자들이었던 열두 사도를 연상시키는데, 저자는 예수님을 사도라고 부른다. 왜 이렇게 할까? 사도의 뜻이 무엇인가? 보냄을 받은 자다. 예수님은 그 말이 가지는 의미 그대로 하나님의 보내심을 받은 자로 우리에게 하나님의 일을 전하셨다.[8] 뿐만 아니라 하나님께는 우리를 대신하는 대제사장으로 죄를 없이하는 일을 감당하셨다. 그러기에 저자는 예수님을 향해 우리의 사도요 대제사장이라고 말하고 있다. 그런 그를 깊이 생각하는 것은 중요하다. 이 말은 12:2절에서 "믿음의 주요 또 온전케 하시는 이인 예수를 바라보자"는 권면과도 잘 어울린다. 예수를 생각하고 바라보며 그를 닮고자 하는 노력은 하늘의 부르심을 입은 성도들의 삶에 필수적이라 할 수 있다.

모세보다 우월하신 그리스도(3:2-6)

이 단락에서는 모세가 언급되는 이유가 무엇일까? 이것은 저자가 하나님과 이스라엘 사이에서 중보의 역할을 충실히 감당했던 인물들 중에서 모세보다 뛰어난 이가 없다고 생각하기 때문인 것 같다. 이런 생각을 뒷받침해주는 구절이 민수기에 나온다. 민수기 12:6-8절에서 모세는 '얼굴과 얼굴'을 대하며 하나님께 말했다고 나온다(출 33:11; 신 34:10 참고). 또한 민수기 12:7절에서는 하나님께서는 모세와는 환상이나 꿈으로 뜻을 전하지 않고 직접 말씀하셨는데, 그 이유는 "그가 내 온 집에 충성함이라"고 적고 있다.9 물론 모세와 관련해서 이런 내용만 있는 것은 아니다. 출애굽기 33:23절에는 모세가 하나님의 얼굴은 보지 못하고 등을 보는 내용이 나온다. 민수기 20:12절에서는 모세와 아론이 하나님을 믿지 않아 이스라엘 자손 앞에서 거룩함을 드러내지 않음으로 약속의 땅에 들어가지 못하는 내용이 나온다. 아무리 충성된 일꾼이라 할지라도 하나님 앞에서 분명한 한계가 있음을 보여주는 구절들이다. 그러나 히브리서 설교자는 출애굽기 33:23절이나 민수기 20:12절과 같은 모세의 연약함과 한계를 보여주는 구절보다 민수기 12:7절의 내용을 더 부각시켜 모세의 충성과 그리스도의 충성을 다루고 있는 것 같다.10 민수기 12:7절의 말씀을 하나님께서 하시게 된 배경이 무엇일까? 모세가 이스라엘의 지도자로서 하나님의 뜻을 백성들에게 바로 전했기 때문이다. 그래서 이스라엘 안에서 모세의 지위는 독보적이었다. 그런데 모세의 형인 아론과 누이 미리암이 못마땅하게 생각했다. 왜 하나님은 모세와만 말씀하시고 우리와는 말씀하시지 않는다고 하느냐? 시기심이 생긴 것이다. 그 말을 하나님께서 들으셨다. 하나님께서 모세, 아론, 미리암을 회막에 부르셨다. 그리고 말씀하셨다. 이스라엘에 선지자가 있으면 환상으로 꿈으로 나의 뜻을 알려준다. 그러나 모세와는 그렇지 않다. 직접 대면하여 말하였다. 나에게 충성한 모세를 너희가 왜 비방하느냐? 하나님께서 모세를 들어 사용하신 이유는 그가 충성하였기 때문이다. 다른 말로 하면 신실하였기 때문이다. 하나님의 뜻을 자기의 뜻과 섞지 않고 가감 없이 전했다.

모세와 예수님 사이에 비교가 등장한다. 예수님과 모세 사이에 공통점들이 있다. 모세와 예수님 모두 보냄을 받았고, 신실하다고 인정을 받았고, 하나님의 백성들과 관련된 일을 하였다. 그럼에도 불구하고 분명한 차이도 있다. 예수님이 모세보다 더 뛰어난 분이다. 여기서 갈라디아서 4:7절과 요한복음 8:34-36절에 나오는 아들/종의 대조를 전개한다.[11] 예수님은 아들이고 모세는 종이다. 모세는 하나님의 집에서(엔 ἐν) 신실하였고 예수님은 집을 맡은(에피 ἐπὶ) 자로 신실하였다. 모세의 사역은 미래에 관한 것을 말하는 것이었고, 예수님의 사역은 현재에 유효하고 모세가 미래에 관한 것으로 말했던 그 기대를 성취하는 것이었다. 모세는 옛 계시에 속한 자로 미래에 주어질 새 계시인 예수 그리스도에 대해 증언하는 일을 감당했다. 하나님의 최종적이고 결정적인 말씀이신 그리스도가 어떤 분인지를 드러내는 신실한 증인이었다.[12] 설교자는 이러한 차이를 3:5-6절에서 말하고 있다. 헬라어의 의미를 살려 번역하면 이렇다: "한편으로 모세는 장래에 말할 것을 증언하기 위하여 하나님의 온 집에서 종으로 신실하였고, 다른 한편으로 그리스도는 하나님의 집을 맡은 아들로서 그와 같이 하셨다"라고 말하고 있다.

성도의 확신과 자랑(3:6)

그러면 이런 비교를 하는 이유가 단순히 신학적으로 그리스도가 모세보다 우월하다는 것을 입증하기 위함일까? 그런 것 같지는 않다. 히브리서 저자의 관심은 실제적인 권면에 있다. 이 단락에서 핵심 단어는 '신실함'이다. 함께 부르심을 받은 거룩한 형제들을 향해 신실하신 대제사장이신 예수를 깊이 생각하라고 권면한다. 그의 신실함은 이미 2장에서 설명되었고 2:17절에 언급된 바 있다. 성도들도 동일한 신실함을 가지고 "소망의 확신과 자랑을 끝까지 굳게 잡고" 있으라고 권면한다. 이 말은 쉽게 이해가 되지 않는다. 이렇게 쉽게 풀어 설명할 수 있다. "소망이 우리에게 주는 것을 담대하고 확신 있게 그리고 자랑스럽게 굳게 잡아야 한다." 그럴 때 그의 집, 즉 하나님의 백성이 된다고 한다. 3:6절에 나오는 '잡는다'(카테코 κατέχω)는 동사는 히브리서의 권면에서 매우 중요하다. 믿음의 길에서 떠나려고 하는 위기 상황 가운데 있는 독자들에게 가장 절실하고 구체적인 권면의 모습으로 제시된다. 그러기에 이 동사는 3:14절("견고히 잡고 있으면")과 10:23절("굳게 잡고")에도 나오고, 동의어인 '크라테오(κρατέω)'가 4:14절("굳게 잡을 지어다")과 6:18절("소망을 얻으려고," 원문의 의미를 살리면, "잡으려고"가 더 나음)에 사용되었다.[13]

묵상을 위한 도움

얼마 전 강해설교를 잘 하시는 목사님의 글을 읽은 적이 있다. 그 글에 도스토예프스키의 "카마라조프가의 형제들"에 대한 언급이 있었다. 그 소설에서 대심문관이 예수를 처단하면서 '권력, 이적, 신비'를 버렸기 때문에 당신은 죽어야 한다고 죄목을 밝힌다. 그러면서 그는 "다행히 당신이 버린 것을 우리는 버리지 않았다"고 말한다. 과연 우리는 어떤가? 예수님이 버리신 권력, 이적, 신비를 좇고 있지는 않는가? 사탄은 우리 귀에 달콤한 말로 속삭인다. "뭐 그렇게 어려운 길을 가려고 하는가? 이거 한방이면 모든 대중들이 당신에게 몰릴 거요. 이 쉬운 길이 있잖소. 이 길을 가시오."라고. 사탄이 붙잡으라는 것은 바로 권력, 이적, 신비다. 우리는 하나님의 아들로 온 우주를 호령하던 예수께서 낮고 천한 인간의 모습으로 오셔서 죽기까지 복종하셨던 것을 묵상해야 한다. 그는 자기 앞에 있는 기쁨을 위하여 십자가를 참으사 부끄러움을 개의치 않으셨던 것을 기억해야 한다. 예수께서 신실하게 하나님의 뜻을 전하고 행할 때, 그를 부활시키시고 하나님 보좌 우편에 앉히신 것을 기억해야 한다. 예수 그리스도를 통해 거룩하게 된 하늘의 부르심을 받은 자로서 이 땅에서 하나님께서 우리에게 맡기신 일을 해야 한다. 그것은 우리의 영광과 이름을 내는 것이 아니라, 하나님의 뜻을 전하는 길이다.

핵심 포인트

1. 예수를 깊이 생각하는 것
2. 모세보다 신실하신 그리스도
3. 교회의 공동체성 회복

4부

모세보다
뛰어난 인도자이신
그리스도

8
불순종의 본을 따르지 말라

히브리서 3:7-19

⁷그러므로 성령이 이르신 바와 같이 오늘 너희가 그의 음성을 듣거든 ⁸광야에서 시험하던 날에 거역하던 것 같이 너희 마음을 완고하게 하지 말라 ⁹거기서 너희 열조가 나를 시험하여 증험하고 사십 년 동안 나의 행사를 보았느니라 ¹⁰그러므로 내가 이 세대에게 노하여 이르기를 그들이 항상 마음이 미혹되어 내 길을 알지 못하는도다 하였고 ¹¹내가 노하여 맹세한 바와 같이 그들은 내 안식에 들어오지 못하리라 하였다 하였느니라 ¹²형제들아 너희는 삼가 혹 너희 중에 누가 믿지 아니하는 악한 마음을 품고 살아 계신 하나님에게서 떨어질까 조심할 것이요 ¹³오직 오늘이라 일컫는 동안에 매일 피차 권면하여 너희 중에 누구든지 죄의 유혹으로 완고하게 되지 않도록 하라 ¹⁴우리가 시작할 때에 확신한 것을 끝까지 견고히 잡고 있으면 그리스도와 함께 참여한 자가 되리라 ¹⁵성경에 일렀으되 오늘 너희가 그의 음성을 듣거든 격노하시게 하던 것 같이 너희 마음을 완고하게 하지 말라 하였으니 ¹⁶듣고 격노하시게 하던 자가 누구냐 모세를 따라 애굽에서 나온 모든 사람이 아니냐 ¹⁷또 하나님이 사십 년 동안 누구에게 노하셨느냐 그들의 시체가 광야에 엎드러진 범죄한 자들에게가 아니냐 ¹⁸또 하나님이 누구에게 맹세하사 그의 안식에 들어오지 못하리라 하셨느냐 곧 순종하지 아니하던 자들에게가 아니냐 ¹⁹이로 보건대 그들이 믿지 아니하므로 능히 들어가지 못한 것이라

우리말 개역개정성경과 헬라어 본문

* 3:12-19절의 시작과 끝 구절에서 같은 동사를 사용함으로 수미상관 구조를 이루고 있다. 12절에서 우리말로는 '조심할 것이요'라고 번역된 동사는 블레페테(βλέπετε)'이고, 19절에서 '이로 보건대'로 번역된 동사는 블레포멘(βλέπομεν)'이다. 두 구절에서 같은 동사인 블레포(βλέπω)가 사용되고 있다. 12절과 19절에 나타난 불신앙에 대한 경고는 14절에서 견고하게 신앙을 유지하라는 것과 균형을 이루고 있다.[1]

* 이 단락에서는 광야시절 이스라엘 백성의 실패의 원인과 현재 공동체가 직면한 위험을 효과적으로 드러내기 위해 헬라어 알파벳 '알파(α)'로 시작하는 단어들이 많이 사용되었다. 열거해 보면 다음과 같다: '믿지 아니하는(12절, 아피스티아 ἀπιστία),' '떨어질까(12절, 아포스테나이 ἀποστῆναι),' '죄의 유혹(13절, 아파테 테스 하마르티아스 ἀπάτη τῆς ἁμαρτίας),' '범죄한 자들에게(17절, 하마르테사신 ἁμαρτήσασιν),' '순종하지 아니하던 자들에게(18절, 아페이데사신 ἀπειθήσασιν),' '믿지 아니함(19절, 아피스티아 ἀπιστία).'[2]

본문으로 들어가기

3:7-19절은 삼중구조 패턴 설교(3:7-4:16)의 본론의 일부다. 전체설교의 본론은 3:7-4:13절, 결론은 4:14절 상반절, 그리고 권면은 4:14 하반절-16절이다. 3:7-11절에서는 시편 95:7-11절을 직접 길게 인

용한다. 한 번의 인용으로 그치지 않고 저자는 자신의 논증에서 필요할 때 다시 일부분을 여러 번 인용한다(3:15; 4:3, 5, 7).[3] 이 단락에서도 히브리서 저자의 구약인용의 특이한 방식이 그대로 드러난다. 시편 95편의 출처를 밝히지 않고 성령께서 지금 성도들에게 말씀하시는 것으로 묘사한다(3:7). 이것은 히브리서의 서론과 1-2장에 두드러진 말씀하시는 하나님의 모습과도 잘 어울린다. 시편 95편의 인용된 구절의 요지가 무엇인가? 하나님의 음성을 듣거든 거역하지 말고, 마음을 완고하게 하지 말라는 것이다. 만약 광야의 이스라엘 백성들처럼 하나님을 시험하여 말씀을 따르지 않으면 성도들도 안식에 들어갈 수 없게 될 것이라고 한다(3:8-11). 여기서 과거와 현재의 백성들을 다루시는 하나님의 행위가 일관성 있게 그려지고 있다. 과거의 이스라엘 백성들의 실패를 보고 현재의 그리스도인들이 정신을 바짝 차리지 않으면 비참한 결말로 끝날 수 있다는 것을 경고한다. 3:16-18절에서는 수사학적인 질문을 통해 독자로 하여금 신속한 답변을 하도록 이끈다.

말씀하시는 성령(3:7-11)

3:7-11절은 시편 95:7-11절을 인용하고 있다. 시편 95편은 광야에서의 이스라엘의 불순종을 담고 있는 출애굽기 17장의 맛사와 므리바 사건과 민수기 14장의 가데스 바네아 사건을 배경으로 하고 있다. 시편 95편의 히브리어 본문에서는 장소에 대한 언급, 즉 맛사와 므리바가 등장한다. 그러나 70인경에서는 그 장소 이름 대신에 그곳에서 일어났던 사건을 묘사하는 '거역(파라피크라스모스 παραπικρασμός)'

과 '시험(페이라스모스 πειρασμός)'이라는 단어로 대체되었다.[4] 이러한 변화는 70인경의 독자들을 고려한 번역자의 지혜를 포함하고 있다고 볼 수 있다. 로마 제국 전역에 흩어져 살면서 헬라어를 사용하고 있는 사람들에게 천 년도 넘는 과거의 지명인 맛사와 므리바를 사용하는 것은 큰 의미가 없다고 보았던 것 같다. 히브리서 저자는 시편 95편의 칠십인경 본문을 취하고 있으나 그대로 인용하지 않고 약간의 변화를 주고 있다. 70인경 시편 95:7-11절과 히브리서에 사용된 시편 95편의 인용문 사이에는 크게 두 가지 차이가 있다.[5] 하나는 칠십인경에서는 '저 세대(테 게네아 에케이네 τῇ γενεᾷ ἐκείνῃ)'라고 되어 있는데 히브리서에서는 '이 세대(테 게네아 타우테 τῇ γενεᾷ ταύτῃ)'라고 적고 있다(3:10). 이런 변화를 이해할 수 있는 단서는 인용문을 '성령이 이르신 바와 같이'로 시작하는데서 찾을 수 있다. 히브리서 저자는 시편 95편(LXX 94)을 단순히 인용하는 차원에 머무르지 않고 성령께서 지금 말씀하고 계신 것으로 묘사하고 있다. 또한 70인경에서는 40년이 하나님이 광야 세대를 향해 노하신 것과 관련이 있다. 그래서 40년(테사라콘타 에테 τεσσαράκοντα ἔτη)이 노하다는 의미의 헬라어 동사인 '프로소크디사(προσώχθισα)'와 연결된다. 그러나 히브리서에서는 40년 동안 하나님의 행사를 보았다(에이돈 εἶδον)고 말한다(3:9).[6]

므리바와 맛사에서 무슨 일이 일어난 것일까? 출애굽기 17장과 민수기 14장에 내용이 나온다. 백성이 광야를 지나는데 물이 없다. 샤워할 물이 없는 것이 아니라 마실 물이 없다. 이건 보통 심각한 일이 아니다. 백성들이 모세에게 마실 물을 달라고 한다. 그런데 점잖게 요청하는 것이 아니라, 다투었다. 그런데 모세는 왜 당신들이 하나님을 시험하느냐고 말한다. 그들이 모세를 원망한다. "어찌하여 우리를 애굽에서 인도하여 내어 우리와 우리 자녀들, 그리고 가축이 목말라 죽게 하느냐?" 모세가 하나님께 부르짖는다. "이들이 조금만 있으면 저에게 돌을 던지겠습니다." 하나님께서 말씀하신대로 모세가 지팡이로 반석을 치니 물이 나왔다. 그곳 이름을 맛사(시험) 혹은 므리바(다툼)이라고 불렀다. 이스라엘 백성들이 하나님을 시험하여, "여호와께서 우리 중에 계신가 안계신가?" 하였다. 민수기 14장은 정탐꾼들의 보고를 들은 이스라엘 백성들의 반응이 적혀 있다. 10명의 정탐꾼들은 부정적인 보고를 했다. "우리가 가나안 땅에 들어가면 다 죽는다. 그 땅에 사는 족속들은 거인이다. 우리는 그들에 비하면 메뚜기에 불과하다. 절대로 들어가면 안 된다." 그러나 여호수아와 갈렙은 다르게 보고한다. "올라가자. 그들은 우리의 밥이다." 이스라엘 백성들은 10명의 정탐꾼의 말을 듣고 동요한다. "애굽으로 돌아가자." 하나님께서 말씀하신다. "너희들이 어느 때까지 나를 믿지 않겠느냐? 그들의 말이 내 귀에 들린 대로 내가 행하겠다. 광야에서 다 죽게 될 것이다. 20세 이상 남자들은 다 죽고 여호수아와 갈렙만 들어가게 되리라." 하나님은 그들의 든든한 후원자가 되셔서 그들을 약속의 땅으로 인도하셨다. 그들이 믿을 수 있도록 그의 행사를 보여주셨다. 그러나 이스라엘 백성들은 그들에게 부여된 책임을 감당하지 않았다. 약속을 부인하고 불신했다. 그것은 하나님을 경멸하는 것이었다.[7]

문제는 악한 마음(3:12-14)

시편 95편을 성령께서 지금 말씀하시는 것으로 묘사함으로 히브리서 설교자는 과거 광야의 실패와 현재 독자들 사이의 연결고리를 만들고 있다.[8] 광야 세대가 안식에 들어가지 못한 이유가 무엇이었을까? 시편 95편의 인용에서도 드러난 것처럼 마음의 완고함과 미혹됨이 문제였다(3:8, 10). 이것을 잘 알고 있는 설교자는 3:12-14절에서 믿지 않는 악한 마음을 품지 않아야 한다고 경고한다.[9] 만약 그렇게 되면 살아계신 하나님에게서 떨어지는 결과가 주어질 것이다. 불신앙은 하나님의 약속을 받기를 거부하는 것인데(3:18; 4:2, 3, 6), 이것과 상반되는 것이 하나님의 약속을 견고하게 붙잡는 참된 마음이다(10:22, 23).[10] 여기서 우리는 설교자가 생각하는 죄는 바로 내면의 문제라는 것을 알 수 있다. 8-10장에서 외적인 육체의 예법만을 취급했던 옛 언약 하의 동물제사는 죄의 문제를 해결하는 것이 불가능했다고 분명하게 지적하는 것을 통해서 알 수 있다. 이 구절에서 진정으로 중요한 것은 광야 40년이 아니라 '오늘'이다. 격려와 경고는 믿음의 공동체가 위기와 약속 둘 사이에서 어떻게 행동해야 하는지를 보여준다. 죄와 배교에 빠질 수 있는 위험은 '오늘'이라고 불리는 날 속에서 여전히 도사리고 있다. 물론 이 오늘은 처음부터 확신한 것을 끝까지 붙잡음으로 그리스도와 함께 참예한 자가 되도록 하는 '기회의 오늘'이기도 하다. 이것은 시편 기자를 통해 선포된 과거의 오늘이 아니라 날마다 말씀하시는 하나님으로 인해 계속되는 현재로서의 오늘이라는 것을 잘 보여준다.[11] 그러나 이와 같은 권면은 개인적인 차원에만 국한되지 않는다. 공동체적으로 피차 살피고 권면하는 것이 또한 필요하다.

악한 마음을 품지 말라는 권면은 새 언약의 성도들에게 매우 중요하고 본질적인 부분을 잘 지적한 것이다. 히브리서 설교자는 광야 이스라엘 백성들의 실패가 다름 아니라 마음의 문제였다는 것을 잘 지적하고 있다. 겉으로 드러난 불순종 이면에 하나님의 말씀을 거부하고 하나님을 떠나고자 하는 악한 마음이 자리 잡고 있었다. 이러한 내면적인 죄에 대한 지적은 복음서에서 예수님께서 하신 말씀과도 잘 연결된다. 예수님 당시 바리새인들은 외적인 율법 준수에 있어서는 어느 누구도 따라오지 못할 정도로 철저했던 사람들이었다. 그래서 복음서를 읽다 보면 그들의 열심에 놀라고 기가 죽을 때가 많다. 그러나 예수님께서는 그들을 엄히 꾸짖으시고 강하게 비판하셨다. 회칠한 무덤처럼 추악하고 더럽다고 말씀하셨다. 마가복음 7장에서 예수님은 사람 밖에서 들어가는 것이 사람을 더럽히지 못하고 사람에게서 나오는 것이 사람을 더럽게 한다고 말씀하셨다(7:18-20). 사람의 악한 생각 즉 음란, 도둑질, 살인, 간음, 탐욕, 악독, 속임, 음탕, 질투, 비방, 교만과 우매함 같은 모든 악한 것들이 속으로부터 나와서 사람을 더럽힌다고 말씀하셨다. 하나님의 아들이신 예수님께서는 우리 인간의 본질적인 죄의 문제는 우리의 내면과 관련이 있다는 것을 잘 아셨다. 이러한 내적인 죄는 예수님 당시에만 있었던 것이 아니라, 수천 년 전 광야의 이스라엘 백성들에게도 있었다. 아담의 타락 이후 모든 시기의 인류가 겪었던 공통된 문제였다. 그렇다면 우리의 삶을 살필 때도 외적인 행위 이전에 우리의 내면을 살피는 지혜가 필요하다. 악한 마음을 품고 하나님에게서 떠나 있지 않은지 살펴야 한다. 그러기에 성도의 신앙생활은 '마음 살피기'라고 이름붙일 수 있다.

순종과 불순종의 선택 앞에서(3:15-19)

3:15절에서 시편 95:7절을 한 번 더 인용한다. "오늘 너희가 그의 음

성을 듣거든 격노하시게 하던 것 같이 너희 마음을 완고하게 하지 말라." 이어서 '질문-대답'의 형식을 통해 시편에 언급된 사람들이 누구인지를 밝힌다. 재미있는 것은 세 질문들은 시편 95편의 용어들을 사용하고 있고, 질문에 대한 답은 민수기 14장의 기사에 근거해서 주어진다는 것이다.[12] 먼저 16절에 나오는 첫 번째 질문인 "듣고 격노하시게 하던 자들이 누구냐?"는 시편 95:7-8절에 근거하고 있다. 이 물음에 대한 답인 "모세를 따라 애굽에서 나온 모든 사람들"이란 답은 민수기 14:13, 19, 22절에 근거하고 있다. 두 번째 질문은 17절에 나오는데 "하나님이 사십 년 동안 누구에게 노하셨느냐?"는 물음은 시편 95:10절에 근거하고 있다. 이것에 대한 답인 "시체가 광야에 엎드러진 범죄한 자들"이라는 답은 민수기 14:10, 29, 32절에 근거한다. 마지막으로 18절에 나오는 세 번째 질문인 "하나님이 누구에게 맹세하여 안식에 들어오지 못하리라 하셨는가?"라는 질문은 시편 95:11절에 근거하고 있다. 이것에 대한 답인 "순종하지 아니하던 자들"이라는 표현은 민수기 14:30, 33, 43절에 근거하고 있다.[13]

광야 세대 이스라엘의 불신앙은 하나님이 약속하신 안식을 누리지 못하게 만들었다. 시편 95:7b-11절에서는 '불신앙'이라는 단어가 나오지 않는다. 그러나 '믿지 아니함(아피스티아 ἀπιστία)'은 하나님께서 모세에게 이스라엘 백성들이 자기를 멸시하고 믿지 않는다고 말씀하시는 민수기 14:11절과 밀접한 관련이 있다.[14] 왜 그들이 하나님을 믿지 않는다고 말씀하셨을까? 민수기 14:1-3절에 보면 가나안 땅을 정탐한 사람들의 보고를 들은 이스라엘 온 회중은 통곡하며 모세와 아론을 원망하고 급기야 하나님을 비난하며 애굽으로 돌아가자고 하였다. 이러한 행동은 하나님의 약속을 믿지 않고 하나님을 멸시하는 행위였다. 하나님은 이스라엘 백성들을 향해 진노하시고, 모세는 백성들을 대신하여 하나님께 사죄의 은혜를 구한다. 그러나 결국은 그들이 안식에 들어가지 못할 것이라고 하나님께서 말씀하셨고, 모세는 그 사실을 이스라엘 백성들에게 전했다. 이 말을 들은 백성들은 회개하며 다시 가나안으로 올라가려고 하였다. 그러나 그들은 아말렉 사람들과 가나안 사람들에 의해 완전히 패하고 들어가지 못하였다. 하나님의 맹세는 최종적이다.15

묵상을 위한 도움

성도는 순종과 불순종, 믿음과 믿지 않음 사이에서 믿음과 순종을 선택하는 것은 매우 중요하다. 여호수아와 갈렙은 가나안 땅의 거인들을 볼 때 그들보다 더 크신 하나님을 생각했다. 그럴 때 자기들 눈에는 커 보이지만 하나님 보시기에는 정말 작은 존재라고 여길 수 있었다. 다윗도 마찬가지다. 유다 광야에서 쫓기는 신세가 되어 침상에서 밤늦도록 잠을 이루지 못한다. 적이 그를 모함하여 죽이려 하고 있다. 그때 그는 주를 기억하고 주를 묵상한다(시편 63:6). 대부분의 사람들은 어떻게 할까? 대체로 상황을 묵상한다. 그러니까 물러서게 된다. 그리고 하나님을 의지하던 것들을 내려놓고 자기를 의지하려 한다. 이스라엘 백성들이 실패했던 때마다 동일한 패턴이 반복된다. 어떻게 하면 될까? 말씀을 들어야 한다. 말씀을 믿어야 한다. 그리고 말씀에 순종해야 한다. 그럼 언제 들어야 하고 언제 믿어야 하고 언제 순종해야 할까? 바로 오늘이다. 오늘 순종해야 한다. 기회가 주어졌을 때 순종해야 한다.

핵심 포인트

1. 성령의 말씀에 귀를 기울여야 한다.
2. 죄의 본질은 하나님께 불순종하는 악한 마음이다.
3. 순종과 불순종 중 무엇을 선택할 것인가?

9
안식으로의 초대

히브리서 4 : 1 - 13

¹그러므로 우리는 두려워할지니 그의 안식에 들어갈 약속이 남아 있을지라도 너희 중에는 혹 이르지 못할 자가 있을까 함이라 ²그들과 같이 우리도 복음 전함을 받은 자이나 들은 바 그 말씀이 그들에게 유익하지 못한 것은 듣는 자가 믿음과 결부시키지 아니함이라 ³이미 믿는 우리들은 저 안식에 들어가는도다 그가 말씀하신 바와 같으니 내가 노하여 맹세한 바와 같이 그들이 내 안식에 들어오지 못하리라 하셨다 하였으나 세상을 창조할 때부터 그 일이 이루어졌느니라 ⁴제칠일에 관하여는 어딘가에 이렇게 일렀으되 하나님은 제칠일에 그의 모든 일을 쉬셨다 하였으며 ⁵또 다시 거기에 그들이 내 안식에 들어오지 못하리라 하였으니 ⁶그러면 거기에 들어갈 자들이 남아 있거니와 복음 전함을 먼저 받은 자들은 순종하지 아니함으로 말미암아 들어가지 못하였으므로 ⁷오랜 후에 다윗의 글에 다시 어느 날을 정하여 오늘이라고 미리 이같이 일렀으되 오늘 너희가 그의 음성을 듣거든 너희 마음을 완고하게 하지 말라 하였나니 ⁸만일 여호수아가 그들에게 안식을 주었더라면 그 후에 다른 날을 말씀하지 아니하셨으리라 ⁹그런즉 안식할 때가 하나님의 백성에게 남아 있도다 ¹⁰이미 그의 안식에 들어간 자는 하나님이 자기의 일을 쉬심과 같이 그도 자기의 일을 쉬느니라 ¹¹그러므로 우리가 저 안식에 들어가기를 힘쓸지니 이는 누구든지 저 순종하지 아니하는 본에 빠지지 않게 하려 함이라 ¹²하나님의 말씀은 살아 있고 활력이 있어 좌우에 날선 어떤 검보다도 예리하여 혼과 영과

및 관절과 골수를 찔러 쪼개기까지 하며 또 마음의 생각과 뜻을 판단하나니 13지으신 것이 하나도 그 앞에 나타나지 않음이 없고 우리의 결산을 받으실 이의 눈 앞에 만물이 벌거벗은 것 같이 드러나느니라

우리말 개역개정성경과 헬라어 본문 비교

* 이 단락에서는 광야의 이스라엘 백성들이 누리는데 실패했던 안식의 특징을 분명하게 설명한다. 이것을 위해 저자는 창세기 2:2절을 사용함으로 시편 95편의 의미를 더 풍성하게 해준다. 이러한 해석법은 유대인들이 널리 사용했던 것으로 '게제라 솨와(gezera shawa)'라고 부른다. 이 해석법의 특징은 어떤 성경구절에 특정한 단어가 나오고 다른 구절에도 동일한 단어가 등장하는 경우 그 두 구절들을 함께 연결시켜 이해하는 방식이다. 이 단락에서는 창세기 2:2절에서 '쉬다, 안식하다'의 의미를 지닌 '카타파우오(καταπαύω)' 동사가 사용되었고, 시편 95:11절에서도 '안식'을 의미하는 '카타파우시스 κατάπαυσις)'가 사용되고 있다. 그래서 시편 95:11절의 '내 안식'이 창세기 2:2절의 창조사역 후의 하나님의 안식과 연결되어 이해될 수 있다고 본 것이다. 이 단락의 처음과 끝인 4:1절과 11절에 안식과 관계된 단어를 사용함으로 수미상관(인클루지오 inclusio)구조를 이루고 있다.[1]

* 4장 2절의 우리말 개역개정 번역은 원문의 의미를 충분히 살리지 못했다. "들은 바 그 말씀이 그들에게 유익하지 못한 것은 듣는 자가 믿음과 결부시키지 아니함이라"고 번역하였는데, 이 번역에 따르면

9 안식으로의 초대(4:1-13) 111

그들의 실패는 그들이 믿음과 결부시키지 않은 것이었다는 의미가 된다. 그러나 헬라어 원문은 완전히 다르다. 원문을 살려 번역하면 이렇다. "들은 바 그 말씀이 그들에게 유익하지 못한 것은 그들이 들은 자들과 믿음으로 결부되지(연합되지) 않았기 때문이다."

* 4장 12-13절의 헬라어 단어 '로고스'를 어떻게 번역하는가도 중요하다. 개역개정에서는 12절에서는 '말씀'으로, 13절에서는 '결산'으로 번역했다. 이 부분은 본문을 살필 때 다룰 것이다.

본문으로 들어가기

이 단락은 3:7-4:16절로 구성된 삼중구조 패턴 설교의 본론의 후반부다. 4:1-5절에서는 하나님의 안식에 들어가는 것에 대해 설명하고, 4:6-11절에서는 '오늘'이라는 용어의 의미를 해석하고 그것을 독자들에게 부여된 기회와 연관시켜 설명한다. 이 두 단락의 중심에 시편 95편이 있다. 3절에서는 시 95:11절이, 7절에서는 시편 95:7b-8a이 인용되었다.[2] 앞의 단락인 3:12-19절에서는 '믿지 아니함(아피스티아 ἀπιστία)'이라는 단어를 통해 광야 세대 이스라엘의 불신앙과 불순종으로 인해 그들이 하나님의 안식에 들어갈 수 없었다고 설명했다. 4:1-11절은 하나님의 안식에 들어갈 약속을 받은 성도에 대해서 다루고 있다. 이 단락에서 히브리서 저자는 현재 하나님의 백성이 직면하고 있는 위기와 안식의 기회 중에서 지혜로운 선택을 하길 기대하고 있다. 4:12-13절은 신약성경에서 문맥과 상관없이 이해되는 대표적인 구절 중의 하나다. 문맥을 고려하지 않은 성경이해는 오류에 빠질 수 있다는 단적인 예가 되는 구절이다. 4:12-13절은 철저하게 문맥 안에서 고려해야 한다. 그렇게 할 때 이 구절에 담긴 진정한 의미를 발견할 수 있다. 그럼 호기심을 가지고 이 단락을 살펴보자.

우리 vs 그들(4:1-5)

히브리서 저자는 4:1절을 '두려워하다'는 말로 시작한다. 하나님의 안식에 들어갈 약속을 받았지만 혹 이르지 못할 자가 있을까 염려하고 있다. '약속(에팡겔리아 ἐπαγγελία)'이라는 단어는 히브리서에서 매우 중요한 단어인데, 히브리서에서 여기서 처음으로 사용되었다. 설교자는 믿음의 공동체를 하나님의 약속을 받은 상속자로 간주하고 있다(1:14; 6:12, 17; 9:15 참고). 3:15절에서 설교자는 시편 95:7b-8a를 인용하며 "오늘 너희가 그의 음성을 듣거든 격노하시게 하던 것 같이 너희 마음을 완고하게 하지 말라"고 말함으로써 안식에 들어갈 약속이 유효함을 청중들에게 말하고 있다.[3] 그러면 광야 세대의 백성들이 안식에 들어가지 못한 이유가 무엇인가? 4장 2절에서 답을 제시한다. 이 부분은 번역상의 오류가 있는 부분이다. 광야 세대 백성들이 안식에 들어가지 못한 이유는, 헬라어 원문을 살려 이해하면, '그들이 들은 자들과 믿음으로 연합하지 않았기 때문'이었다. 그들은 광야 세대의 이스라엘 백성들이다. 그러면 들은 자들은 누구인가? 어떤 학자들은 하나님의 안식에 들어간 여호수아와 갈렙이라고 주장한다.[4] 그러나 히브리서에서는 그들이 안식을 누린 것으로 말하고 있지 않다. 그럼 누구일까? 여기서 말하는 들은 자들은 '새 언약 백성'으로 보는 것이 타당하다.⁵ 어떻게 그것이 가능한가? 4:3절에서 믿은 우리가 안식에 들어가고 있다고 말하기 때문이다. 성도는 현재 안식에 들어간다. 하나님의 말씀에 믿음으로 반응하여 물러서지 않을 때 가능하다. 마음을 굳게 하는 오늘이 아니라, 약속에 반응하는 오늘이 있을 때 가능하다.⁶ 이 개념을 이해하지 못하면 히브리서에서 말하는 새 언약의 우월성과 새 언약 백성의 특권에 대해서 잘 알지 못하게 된다. 참고로 11:40절을 보면 "이는 하나님이(새 언약 백성인) 우리를 위하여 더 좋은 것을 예비하셨은즉 우리가 아니면 그들로 온전함을 이루지 못하게 하려 하심이라"고 한다. 11장의 믿음의 사람들의 행적을 보면 우리는 기가 죽는데, 그렇게 이해하는 것은 히브리서의 논지와 맞지 않다. 오히려 그들의 믿음의 행동이 의미 있게 되고 완전해지려면 새 언약 백성인 우리를 통해서 가능하게 된다는 의미다. 마치 릴레이 경주의 마지막 주자처럼 옛 언약의 백성들이 믿음으로 달린 후에 마지막 바통이 새 언약 백성인 우리에게 넘겨졌다. 우리가 완주해야 그들의 달음박질도 완성이 되는 것이다. 그러나 광야 이스라엘 백성들의 실패는 우리와 하나가 되지 않음으로 안식에 들어가지 못함이었다.

이 단락에서는 '우리'와 '그들' 사이의 대조가 두드러진다. 우리는 약속의 말씀을 듣고 믿은 새 언약 백성이고, 그들은 불신앙으로 말미암아 안식에 들어가지 못한 자들이다. 하나님께서 시편 95:11절을 통해 광야 백성들은 "내 안식에 들어오지 못하리라"고 하셨는데(4:3), 우리가 어떻게 안식에 들어갈 수 있는가 하는 물음에 대해 저자는 창세기 2:2절의 말씀으로 설명한다. 하나님께서는 창조 사역을 마치시고 안식하셨다. 하나님께서는 그 안식을 누리셨고 지금도 누리고 계신다. 광야의 이스라엘 백성들의 실패가 하나님의 안식으로의 초대

자체를 폐기시키지 못했고 그것은 여전히 유효하다는 것을 의미한다.[7] 그러면 하나님이 누리시고 계시며 그의 백성들을 초대하고 있는 '그 안식'은 무엇인가? 광야 백성들이 목표로 삼았던 가나안 땅에 들어가는 것은 아닐 것이다. 그럼 무엇인가? 일시적이지 않고 영원하며, 지상적이지 않고 천상적인 안식이다.[8] 창조의 일을 행하신 후에 하나님이 가지신 완성과 조화의 상태는 하나님의 백성들이 추구해야 하는 안식의 목표요 원형이다.[9] 하나님께서는 그 안식으로 성도들을 초대하고 계신다. 그러기에 광야 이스라엘 백성들의 불순종으로 말미암아 안식에 들어갈 기회가 모든 사람들에게 닫혀 있는 것은 아니라, 하나님은 오늘도 여전히 자기의 안식으로 그의 백성들을 초대하신다. 이미 믿는 자들은 그 천상적인 안식에 들어간다. 이 말은 그 천상적인 안식은 단지 미래에 누릴 수 있는 것이 아니라, 현재에 이미 누리고 있다는 것이다.[10]

안식에 들어가기를 힘쓰라(4:6-11)

6절은 하나님의 안식은 누군가를 통해 성취되기 위해 남아 있다고 말한다. 불순종했던 광야 세대의 이스라엘 백성들은 안식에 들어가지 못했지만, 여전히 새 언약 백성에게 안식의 기회가 주어져 있다. 이와 같은 사실을 시편 95:7절을 통해 확인할 수 있다. 광야 시대 이스라엘 백성들의 실패 이후에 수백 년이 지난 시점에 하나님은 다윗을 통해 다시 '오늘'이라고 말씀하고 계신다.[11] 그럼으로써 안식의 약속을 누릴 가능성을 열어 주셨다: "오늘 너희가 그의 음성을 듣거든 너희 마음을 완고하게 하지 말라." 옛 언약 백성들의 지도자였던 여호수아는 이스라엘 백성들에게 안식을 주지 못했다. 만약 그가 주었더라면 시편 95편에서 다시 하나님께서 말씀하실 필요가 없었을 것이다. 시편 95편에 있는 하나님의 안식에 대한 언급은 단순히 출애굽 세대와 시편의 말씀을 들은 당시의 독자들에게만 국한되지 않는다. 오히려 이 시편의 말씀은 새로운 선포를 통해 믿음을 가진 누구에게나 하나님의 약속은 이루어질 수 있다는 것을 보여준다.[12] 8절에서 시편 저자는 여호수아에 대해 언급한다. 여호수아가 그들에게 참된 안식을 주었다면 이후에 다른 날을 말씀하지 않았을 것이라고 한다. 여호수아는 헬라어로는 '예수스(Ιησοῦς)'다. 예수님과 이름이 같다. 옛 언약의 '아르케고스(ἀρχηγός 리더)'는 그의 백성들에게 안식을 주지 못했지만, 새 언약의 아르케고스이신 예수님은 참된 안식으로 언약 백성들을 인도할 수 있다는 것을 암시하고 있다.[13] 히브리서 3장에서는 예수님과 모세에 대해서 비교하면서 저자는 꽤 길게 다루었다. 이 구절에서는 그만큼은 아니고 슬쩍 지나가면서 예수님과 여호수아를 비교하고 있다.

10절에서 "이미 그의 안식에 들어간 자"에 대해 언급한다. 그는 하나님께서 자기 일을 쉬신 것처럼 자기 일로부터 쉰다. 여기서 이미 그의 안식에 들어간 자는 누구일까? 두 가지로 생각할 수 있다.[14] 먼저는 이 땅에서의 삶을 믿음으로 마감한 성도들이다. 그렇게 보면, 그들은 힘든 박해의 삶을 마감하고 하나님의 안식에 동참하게 된 자들이다. 또 다르게 이해하면, 예수 그리스도라고 생각할 수도 있다. 그리스도는 하나님의 백성의 지도자로서 그 백성들을 하늘의 영광으로 인도한다. 히브리서에서 예수님이 안식에 들어가셨다는 구체적인 언급은 없다. 그러나 하늘보좌 우편에 앉으신 승귀는 예수님의 안식을 전제하고 있다. 이 두 견해 중 어떤 것을 취해도 좋다. 분명한 것은 그리스도와 백성 사이의 일체감이 두드러진다는 것이다. 성도는 자신의 힘으로 안식을 얻는 것이 아니라, 안식으로 먼저 들어가신 그리스도로 인해 안식을 누리는 것이 가능하다. 이러한 열린 가능성 앞에서 그리스도인들에게 필요한 것은 안식에 들어가려고 힘쓰는 것이다. 이것은 또한 순종하지 아니하는 본에 빠지지 않는 것을 의미한다.

히브리서 4장에는 3종류의 안식이 소개되고 있다. 4:3-4절에는 창조 후 취하신 하나님의 안식이다. 4:8절은 여호수아가 준 안식이다. 그리고 4:10절은 성도들의 안식이다. 성도들은 예수 그리스도의 재림을 통해 완전한 안식을 누리게 될 것이다. 완전히 안식하게 되는 것은 미래의 일이지만, 우리는 현재에도 안식을 누릴 수 있다. 우리의 구원처럼 안식도 '이미'와 '아직'으로 이해할 수 있다. 이런 상황에서 필요한 것은 무엇인가? 이스라엘 백성들의 문제가 우리의 문제가 되지 않도록 해야 한다. 악한 마음을 버리고 하나님께 순종하는 것이다. 오늘 하나님의 음성을 들을 때 마음을 완고하게 하지 않는 것이다. 평범한 보통의 날이 하나님의 뜻을 이루는 소명의 날이 되게 해야 한다.

하나님의 말씀(4:12-13)

이 두 구절은 목회자들과 성도들이 잘 알고 있는 구절이다. 자주 들어서 그런지 이 구절을 암송하는 사람들도 많다. 그만큼 귀와 입에 익숙하다. 그러나 이 구절은 가장 많이 오해하는 구절이기도 한다. 오해하는 이유 중의 하나는 문맥을 떠나서 이해하기 때문이다. 물론 이 두 구절에 나오는 하나님의 말씀을 성경 66권 전체로 확대시켜 해석할 수 있다. 그러나 순서는 지켜야 한다. 먼저는 근접 문맥에서 살펴야 한다. 먼저 이 두 구절을 앞뒤 문맥에서 살펴보자. 이 구절들은 앞에서 말한 부분과 동떨어진 것이 아니라 잘 연결이 되고 있다. 12절에서 하나님의 말씀(로고스 λόγος)은 일차적으로는 우리가 흔히 생각하는 대로 성경말씀 전체를 지칭하는 것이 아니라, 앞의 단락에서 자주 말해진 시편 95편의 말씀을 의미한다. 더 넓히자면 창세기 2:2절도 포함할 수 있다. 이 하나님의 말씀은 일차적으로 종말을 사는 하나님의 백성들에게 선포된 시편 95편의 말씀을 의미한다. 다음에 성경말씀 66권에 이 말씀을 적용할 수 있다. 하나님의 말씀은 칼에 비유되는데, 어떤 칼(마카이라 μάχαιρα)일까? 11:34절과 37절에서는 죽이는 도구, 즉 심판의 칼로 등장한다. 그러나 저자의 의도는 심판의 칼로 사용하는 것 같진 않다. 그 이유는 이어지는 4:14-16절의 권면의 내용이 밝기 때문이다. 이 칼은 건강을 주는 하나님의 간섭으로 이해하는 것이 좋을 것 같다.[15] 의사가 환부를 도려내고 치료하는데 사용하는 수술용 양날 칼이다. 저자가 머리에 그리는 칼은 양쪽 끝이 다른 모양으로 되어 있어 수술하기에 도움이 되었던 칼이었던 것 같다.[16] 하나님의 말씀은 예리하여 혼과 영과 관절과 골수를 찔러 쪼개기까지 하고 마음의 생각과 의도를 판단한다. 이 구절에서 구체적인 용어는 사용하고 있지 않으나 '마음의 할례'를 의미한다고 볼 수 있다.[17] 하나님의 말씀이 다루는 대상은 결코 몸의 외피가 아니다. 혼과 영, 관절과 골수로 묘사되는 몸의 보이지 않는 부분이다. 하나님의 말씀의 역사로 말미암아 감추어져 있는 것이 무엇인지, 즉 믿는지 믿지 않는지가 드러나게 되는 것이다.[18] 교부들의 경우에도 4:12-13절을 영적인 수술, 즉 마음의 할례로 이해하기도 했다.[19] 4:12-13절은 어떻게 하면 광야 이스라엘 백성들이 범했던 실패를 피할 수 있을 것인지를 보여주는 구절이다.[20] 이러한 이해는 광야백서의 실패를 지적하며 그 원인이 내면적인 악한 마음이라고 언급했던 것과 잘 어울린다. 저자는 우리 관심을 계속해서 내적인 부분으로 끌고 가고 있다.

4:13절의 '프로스 혼 헤민 호 로고스(πρὸς ὃν ἡμῖν ὁ λόγος)'는 번역하기가 쉽지 않은 표현이다. 일단 동사가 없다. 개역개정에서는 '우리의 결산을 받으실 이'로 번역하였다. '결산'이라고 번역된 헬라어 단어는 12절에서 '하나님의 말씀'이라고 할 때 사용된 '로고스'다. 12절에서는 로고스를 '말씀'으로 번역을 했는데, 13절에서는 '결산'으로 번역했다. 물론 로고스의 의미 중에 결산이라는 의미가 있다. 그러나 이어 나오는 구절에서 다른 의미를 취해야 할 때는 분명한 이유가 있어야 한다. 아마도 13절에서 '결산'이라고 번역한 이유는 마지막 심판 때 성도가 하나님 앞에서 자신의 삶에 대해 전반적인 결산을 해야 한다는 사상이 이면에 갈려 있는 것 같다. 그렇게 이해하는 것도 무리는 아니나, 결산으로 번역을 하려면 본문 속에서 구체적인 셈이 필요한 내용들이 등장할 때다. 그러나 히브리서 구절에서는 그와 같은 언급은 없으므로 4:13절의 로고스를 4:12절의 로고스와 다르게 번역할 이유가 없다.[21] 로고스를 '말씀' 혹은 '말'로 번역하면 영어로 "to whom the word by us"가 된다. 우리말로 직역해 보면, "그에게 그 말 우리에 의해서"가 된다. 이 문장에 동사가 없어서 의미를 문맥에 따라 추측해야 한다. 이 의미를 문맥에 따라 살펴보면 "a word we must give in response to the word heard"다.[22] 우리말로는 "우리가 들은 말씀에 대한 반응으로 말씀을 드려야 하는 그분께"가 적절해 보인다. 이 말은 우리의 마음을 쪼개고 감찰하는 하나님의 말씀을 듣고 그 말씀에 반응하는 말을 하나님께 드려야 한다는 의미이

다. 히브리서 1-2장에서 하나님과 그리스도의 거룩한 대화를 살펴보았는데, 이 단락에서는 하나님과 새 언약 백성 사이의 대화가 나온다. 우리를 향해 말씀하시는 하나님은 우리가 들은 말씀에 대해 합당한 반응을 하길 원하신다.

묵상을 위한 도움

종교개혁자 칼빈은 제네바에서 목회를 했다. 1538년 부활절 설교 후에 그는 제네바 시의 지도자들에 의해 그 도시로부터 추방되었다. 그러나 그 지도자들이 자신들의 잘못을 깨닫고 그를 다시 초빙함으로써, 1541년 9월에 칼빈은 다시 제네바로 와서 목회를 하게 된다. 그런데 그 주일의 설교 본문이 무엇이었을까? 3년 반 전에 마지막 설교 했던 본문 바로 다음 구절이었다. 그의 목회의 핵심은 하나님의 말씀이었다는 것을 잘 보여준다. 오늘날 교회들의 공통점은 말씀에 대한 강조가 약해져 있다는 것이다. 하나님의 말씀보다는 교회의 분위기에 신경을 더 쓴다. 밝은 분위기, 친절한 분위기. 좋다. 그러나 교회는 사교모임이 아니다. 하나님의 말씀 앞에서 우리 자신을 살피고, 자신의 죄를 깨닫고 뉘우치고 돌이키는 일이 가장 중요하다.

핵심 포인트

1. 성도는 안식에 들어가기를 힘써야 한다.
2. 결단의 시간인 '오늘'이 중요하다.
3. 들은 하나님의 말씀에 대해 올바른 응답을 해야 한다.

10
은혜의 보좌 앞으로 담대히

히브리서 4 : 14 - 16

¹⁴그러므로 우리에게 큰 대제사장이 계시니 승천하신 이 곧 하나님의 아들 예수시라 우리가 믿는 도리를 굳게 잡을지어다 ¹⁵우리에게 있는 대제사장은 우리의 연약함을 동정하지 못하실 이가 아니요 모든 일에 우리와 똑같이 시험을 받으신 이로되 죄는 없으시니라 ¹⁶그러므로 우리는 긍휼하심을 받고 때를 따라 돕는 은혜를 얻기 위하여 은혜의 보좌 앞에 담대히 나아갈 것이니라

우리말 개역개정성경과 헬라어 본문 비교

* 4:15절에서 대제사장이신 그리스도에 대해서 말할 때 우리의 연약함을 동정하는 분이라고 묘사했다. '동정하다'는 말은 헬라어로 '쉼파데사이(συμπαθῆσαι)'인데, 이 말의 의미는 어려움 가운데 있는 자들을 이해하고 공감하는 것이다.¹ 예수님은 죽음의 고통을 통한 시험의 경험을 비롯하여 우리와 동일하게 모든 시험을 감당하신 분이시기에 단지 심리적으로 공감하시는 분이 아니라 어려움 중에 있는 우리를 도울 수 있는 능력을 지니고 계신다. 5:2절에서 저자는 이 땅의 대제사장의 자질에 대해서 언급하면서 '무식하고 미혹된 자들을 용납할 수 있어야 한다'고 했다. 여기서 '용납하다'는 말은 헬라어로는 '메트

리오파데인(μετριοπαθεῖν)'인데, 이 말은 도덕적으로 잘못하고 무지한 자들을 향해서 분노함으로 무자비하게 다루지 않는 것이었다. 그 이유는 대제사장 자신도 연약하기 때문이다. 히브리서 설교자는 5:2절과 4:15절에서 다른 의미를 지니고 있는 헬라어 단어를 신중하게 선택하여 그리스도와 대제사장의 자질의 차이를 설명하고 있다.[2]

* 16절의 권면에서 두운법이 사용되었다. "프로세르코메다(προσερχώμεθα 나아가라) … 파레시아스(παρρησίας 담대함) … 유로멘(εὕρωμεν 얻다) … 유카이론(εὔκαιρον 때를 따라)."[3]

본문으로 들어가기

이 단락은 3:7-4:16절의 삼중구조 패턴 설교의 결론과 권면에 해당한다. 4:14a는 결론이고, 4:14b-16절은 권면이다. 이 구절들에서 대제사장이신 그리스도의 주제가 다시 등장한다. 4:14절은 예수님의 대제사장이심에 대해 히브리서에서 세 번째로 언급하는 구절이다. 첫 번째는 2:17-18절이었고, 두 번째가 3:1절이었다. 예수님의 대제사장직에 대해 언급할 때 '신실하심'의 주제와 밀접한 관련을 지니고 등장한다. 그는 성육신, 고난, 죽음을 통해 하나님의 백성을 구원하시기를 원하시는 하나님의 구원계획에 철저한 순종으로 동참하셨다. 이것은 사탄이나 광야 세대가 하나님의 뜻에 대해 반응했던 것과는 정반대의 모습이다. 광야의 백성들은 안식으로 초대는 받았지만 안식에 들어가지 못하고 광야에서 시체가 되었다(3:17). 얼마나 끔찍한 일인가? 그러면 약속을 받은 성도들도 광야 백성들처럼 끔찍한 운명에 처하게 될 것인가? 저자는 아니라고 말한다. 신실하신 대제사장이신 예수 그리스도를 붙잡고 더 의지할 때 그 시련을 거뜬히 이겨낼 수 있다고 권면한다. 왜냐하면 그분은 천사들보다 우월하고(1:5-2:14), 모세보다 충성되신 분이시기 때문이다(3:1-6). 이스라엘 백성들이 광야에서의 시련에 직면했을 때에도 돕는 자들이 있었다. 율법을 받아 전해주었던 모세와 천사들이 그들과 함께 했으나 많은 사람들이 불순종으로 인하여 죽었다. 지금 히브리서의 청중들도 광야의 이스라엘 백성들과 같은 시련에 처해 있다. 그러나 우리에게는 신실하신 대제사장이신 예수 그리스도가 계신다. 성도는 위기 때에도 대제사장이신 그리스도를 의지하여 하나님의 은혜의 보좌 앞으로 담대히 나아갈 수 있다. 이 얼마나 큰 특권인가?

큰 대제사장(4:14)

예수께서는 '큰 대제사장(아르키에레아 메간 ἀρχιερέα μέγαν)'이라고 불린다. 이것은 흔하지 않은 표현이다. 왜냐하면 대제사장이라는 말 속에 이미 크다는 의미를 나타내는 아르크(ἀρχ)가 포함되어 있기 때문이다. 대제사장을 '위대한 제사장'이라는 부르는 것은 칠십인경 레위기 21:10절과 민수기 35:25, 28절에 등장한다. '위대한 대제사장'이라는 표현은 필로가 '로고스'에 대해서 언급할 때와 마카비 1서 13:42에서 '시므온'에게 사용되었다.[4] 그런데 히브리서의 설교자가 굳이 예수님을 '큰 대제사장'으로 그리는 것은 특별한 의미를 지닌다. 저자는 예수께서는 이 땅에 존재했던 아론의 반차를 따르는 제사장과는 완전히 차별된 대제사장임을 강조하고자 한다. 그리스도는 완전히 다른 계보에 속하고 있는 대제사장으로 이 땅의 제사장들이 했던 직임과는 비교할 수 없을 정도의 완벽한 역할을 감당하신다. 그것이 가능한 것은 그분은 하나님의 아들이시요 승천하신 분이기 때문이다. 히브리서 1:3, 13절과 2:9-10절에서 이미 승귀에 대한 언급은 있었으나, 이 구절에서 매우 분명하게 드러난다. 큰 대제사장이신 그리스도는 이 땅의 성소에서 제사장의 직무를 감당하신 것이 아니라 이 땅의 성소의 원형인 하늘 성소에서 우리의 죄를 깨끗케 하시는 사역을 하셨다(6:19-20; 8:1-2; 9:11, 24; 10:20).[5] 이러한 모습은 구원자로서의 그리스도의 유효성을 보증하며, 성도들로 하여금 하나님의 임재 안으로 들어가는 것을 가능하게 해준다. 히브리서에서 여기 처음으로 승천하신 이의 이미지는 히브리서의 구원론에 있어서 중요하다.[6] 지상의 제사장들은 지상의 성소에 들어가지만 예수께서는 하늘 성소에 들어가셨다. 저자는 그리스도의 제사장직의 우월성을 두 가지로 들고 있다. 하나는 '큰 대제사장,' 그리고 다른 하나는 승천하신 분이다.[7]

우리의 죄를 동정하시는 분(4:15)

설교자는 이러한 승귀하신 대제사장을 우리의 신앙고백의 내용으로 굳게 잡으라고 권면한다(14절). 그 이유는 그분은 우리의 연약함을 동정하시는 분이시기 때문이다. '동정한다'는 말은 단지 심리적으로 공감하는데서 그치지 않고 경험을 통해 도울 수 있다는 의미를 지닌다.[8] 이 단어는 히브리서 10:34절에 한 번 더 등장하는데, 히브리서 청중들의 이전의 삶을 언급하는 대목에서다. 그들은 고난당하는 자들을 외면하지 않고 갇힌 자들을 동정하는 모습을 보였다. 그럴 수 있었던 것은 더 낫고 영구한 소유가 있는 줄 알았기 때문이다. 동정하는 삶은 그리스도를 통해 구원을 경험한 성도들에게 요구되는 삶의 모습으로 그려진다. 예수님은 우리의 연약함을 단순히 공감하시는 것이 아니라 실질적인 도움을 주실 수 있는 분이다. 우리의 '연약'은 우리의 죄와 관련이 있다.[9] 그런데 예수님은 '죄는 없으시다.'[10] 이 말을 두 가지 의미로 이해할 수 있다. 먼저는 예수님의 무죄성을 의미한다. 그는 하나님의 아들로서 본래적으로 죄가 없으신 분이다. 이것은 성경 여러 구절들이 입증하고 있다. 이것과 더불어 또 다른 의미가 있을 수 있다. 그것은 자기를 임명하신 분에 대한 충성됨을 의미한다. 예수께서는 이 땅에 계시는 동안 사탄의 강력한 시험을 경험하셨다. 보통의 인간들이 하듯이 한계에 도달하기 전에 굴복하는 것과는 달리 그는 사탄의 유혹과 권세에 끝까지 복종하지 않으셨다. 예수님께서는 모든 일에 우리와 똑같이 시험을 받으셨지만 죄를 범하지 않으셨다. 이런 측면에서 그리스도는 죄가 없으시다. 예수님은 하나님의 아들로서 죄와는 무관하시지만, 그분은 완전한 인간으로서도 죄와는 상관없는 삶을 사셨다. 이런 예수님의 죄 없으심은 이 땅의 대제사장과 다른 우월한 하늘 대제사장으로서의 예수님의 자질이다(7:26; 9:14).[11]

은혜의 보좌 앞으로 담대히(4:16)

이런 권면을 유대인들이 들었다면 깜짝 놀랄 것이다. 유대인들의 경우에 하나님께 나아간다고 했을 때 가장 먼저 머리에 떠오르는 것은 제사였을 것이다. 제사는 제사장들이 주관하는 것이었고, 제사장들의 경우에도 하나님의 존전에 담대히 나아가는 것은 불가능했다. 그들은 두렵고 떨림으로 그 직무를 감당했다. 제사장들이 하나님께 나아가는 데에도 분명한 차별과 제한이 있었다. 이 부분은 히브리서 8-10장에서 잘 다루어지고 있다. 성소에는 제사장들이 들어가서 직무를 감당했고, 가장 거룩한 공간인 지성소에는 대제사장만이 들어갈 수 있었다. 그렇다고 자기가 원하는 시간에 아무 때나 들어갈 수 있는 것이 아니었다. 일 년에 한 번 대속죄일에만 들어갈 수 있었다. 하나님의 존전으로 나아갈 때는 벌벌 떨며 들어갔다. 그런데 저자는 성도들을 향해 담대히 나아가자고 한다.[12] 자신 있게 나가자고 한다. 이것이 가능하게 해주는 두 가지 요소가 있다. 그것은 바로 긍휼하심과 은혜다. 긍휼은 과거와 관련이 있고, 은혜는 현재와 미래와 관련이 있다.[13] 긍휼하심은 과거의 실패와 잘못에 대해서 하나님이 용서하신다는 것을 의미한다. 또한 은혜는 하나님께서 그리스도 안에서 자기에게 나아오는 자들을 기꺼이 돕고자 하신다는 것이다. 그러기에 성도는 그리스도를 힘입어 '시기적절한 도움(timely help)'를 구하며 하나님께 나아갈 수 있다. '하나님께 나아가자'는 권면은 기도와 예배를 배경으로 하고 있다. 성도는 시련과 어려움 앞에서도 긍휼하심과 때를 따라 돕는 은혜를 얻기 위하여 은혜의 보좌 앞으로 담대히 나아갈 수 있다. 우리의 기도생활을 돌아보자. 우리의 예배를 돌아보자. 이런 엄청난 약속을 누리며 살고 있는가? 아니면 도와줄 자가 아무도 없는 것처럼 낙심하며 살고 있지는 않는가? 옛 언약의 성도들처럼 신앙생활하지 말고 새 언약의 성도로서 엄청난 약속을 삶에서 누리며 살아야 한다.

묵상을 위한 도움

어떤 상황에서도 여러분 편을 들어주는 사람이 있는가? 만약 있다면 여러분은 정말 자신있게 삶을 살 것이다. 누군가와 공감하는 것은 쉽지 않다. 특히 잘못했을 때, 성경적인 표현으로 연약함을 공감하는 것은 매우 어렵다. 그 이유는 공감하기 위해서는 자신이 그 사람과 동일시되어야 하기 때문이다. 그런데 우리는 잘난 사람과 동일시하려고 하지, 연약한 자들과는 좀처럼 동일시하지 않는다. 어떤 아이가 포도주스를 바닥에 쏟았다. 어쩔 줄 몰라 한다. 옆을 지나가던 아이가 엄마에게 묻는다. "엄마, 저 아이 마음이 어떨까?" 엄마가 말한다. "칠칠치 못하게 주스나 흘리고. 너는 절대로 그러지마." 이렇게 말하면 동정하지 못하는 것이다. 그리고 동정하는 아이로 키울 수도 없다. 엄마가 이렇게 말한다. "너도 지난번에 바닥에 콜라 쏟은 적 있지? 그때 기분과 비슷하지 않을까?" 그러면 그 아이는 자연스럽게 공감능력을 키울 수 있다. 예수님은 우리의 연약함을 공감하시는 분이시다. 언제나 하나님 앞에서 우리를 편들어 주시는 분이다.

핵심 포인트

1. 이 땅의 제사장들과 구별되시는 큰 대제사장이신 그리스도
2. 우리를 동정하시는 그리스도
3. 은혜의 보좌 앞으로 담대히 나아가자.

5부

레위보다 우월한
대제사장이신
그리스도

11
큰 대제사장

히브리서 5:1-10

¹대제사장마다 사람 가운데서 택한 자이므로 하나님께 속한 일에 사람을 위하여 예물과 속죄하는 제사를 드리게 하나니 ²그가 무식하고 미혹된 자를 능히 용납할 수 있는 것은 자기도 연약에 휩싸여 있음이라 ³그러므로 백성을 위하여 속죄제를 드림과 같이 또한 자신을 위하여도 드리는 것이 마땅하니라 ⁴이 존귀는 아무도 스스로 취하지 못하고 오직 아론과 같이 하나님의 부르심을 받은 자라야 할 것이니라 ⁵또한 이와 같이 그리스도께서 대제사장 되심도 스스로 영광을 취하심이 아니요 오직 말씀하신 이가 그에게 이르시되 너는 내 아들이니 내가 오늘 너를 낳았다 하셨고 ⁶또한 이와 같이 다른 데서 말씀하시되 네가 영원히 멜기세덱의 반차를 따르는 제사장이라 하셨으니 ⁷그는 육체에 계실 때에 자기를 죽음에서 능히 구원하실 이에게 심한 통곡과 눈물로 간구와 소원을 올렸고 그의 경건하심으로 말미암아 들으심을 얻었느니라 ⁸그가 아들이시면서도 받으신 고난으로 순종함을 배워서 ⁹온전하게 되셨은즉 자기에게 순종하는 모든 자에게 영원한 구원의 근원이 되시고 ¹⁰하나님께 멜기세덱의 반차를 따른 대제사장이라 칭하심을 받으셨느니라

우리말 개역개정성경과 헬라어 본문 비교

* 4절에서 "이 존귀는 아무도 스스로 취하지 못하고"에서 '존귀'라고 번역한 헬라어 단어는 '티메(τιμή)'다. 일반적으로 '존귀'로 번역한다. 그러나 요세푸스가 이 단어를 제사장과 관련해서 사용할 때는 '직무'로 사용하였다. 필로나 아리스토텔레스의 경우에도 '직무'로 사용하기도 했다.[1] 그걸 고려하여 번역하면, "이 직무는 아무도 스스로 취하지 못하고"라고 할 수도 있다.

* 개역개정성경 7절에서는 "그의 경건하심으로 말미암아 들으심을 얻었느니라"고 번역했다. '경건하심으로 말미암아'에 해당하는 헬라어는 아포 테스 율라베이아스(ἀπὸ τῆς εὐλαβείας)다. 여기서 전치사 '아포'의 의미에 대한 이견들이 있다. 어떤 학자들은 개역개정에서 번역했듯이 '때문에'로 번역한다. 어떤 학자들은 "이후에"가 적절하다고 본다. 또 다른 학자들은 "~으로부터"로 이해하는데, 이 경우는 '율라베이아스'를 죽음에 직면해서 느끼는 두려움으로 본다. 그래서 "두려움으로부터 들으심을 얻었다"고 이해해야 한다고 한다. 만약 그렇다면 히브리서 2장에서 "죽음의 공포"라는 말을 할 때 '율라베이아'를 썼어야 할 것 같은데, 저자는 다른 단어를 사용했다. 히브리서 11:7절과 12:28절에서 '율라베이아'가 사용되었는데 경청과 경외를 의미한다.[2] 이런 점들을 고려하면 개역개정성경의 번역은 적절하다.

본문으로 들어가기

5:1-10절에서 저자는 아론의 후손인 이 땅의 제사장직과 그리스도의 제사장직을 비교한다. 2:17-18절과 4:14-16절에서 짧게 언급했던 예수님의 대제사장직에 대해서 이 단락에서 조금 더 자세히 설명하고 있다. 그러나 이 단락이 그리스도의 대제사장직에 대한 최종적인 설명은 아니다. 이 주제는 히브리서의 핵심단락이라고 불리는 7-10장에서 다시 상세하게 다루어진다. 먼저 5:1-4절에서는 아론의 후손으로 이어지는 대제사장직에 대한 고찰을 통해 대제사장이 가져야 하는 세 가지 특징적 요소에 대해 소개한다. 1절에서는 대제사장의 역할, 2-3절에서는 인간적인 자질, 4절에서는 하나님의 인정하심에 대해서 말하고 있다. 그리고 5-10절에서는 이와 같은 특징적인 요소들이 그리스도에게 적용되는데 역순으로 다루고 있어 교차대칭구조(chiastic structure)를 이루고 있다. 이것을 간략하게 정리해보면 다음과 같다.[3]

  A 이 땅의 제사장직(1절)
    B 이 땅의 대제사장의 자질(2-3절)
      C 이 땅의 대제사장을 향한 하나님의 인정(4절)
      C′ 그리스도의 제사장직에 대한 하나님의 인정(5-6절)
    B′ 그리스도의 자질(7-9절)
  A′ 그리스도의 새로운 대제사장직(9-10절)

위의 교차대칭구조에서 강조점은 가운데 부분인 C와 C′, 즉 하나님의 인정하심에 있다. 예수께서 대제사장이 되신 것은 자기 스스로 되신 것이 아니라, 하나님의 인정하심이 있었다는 것이다. 시편 2:7절과 110:4절을 하나님께서 말씀하시는 방식으로 인용함으로 하나님의 아들이신 예수님을 친히 하나님께서 대제사장으로 선포하셨다. 그러나 그리스도의 대제사장직은 레위의 반차를 좇는 이 땅의 대제사장직과 분명한 차이를 가지고 있다.[4] 이 단락에서는 그리스도의 더 나은 자질, 더 나은 제물, 그리고 하나님의 더 나은 부르심에 대해 말한다.

이 땅의 대제사장(5:1-4)

5:1절에서는 크게 두 가지를 말하고 있다. 먼저는 대제사장의 인성을 강조한다. 대제사장은 사람들을 대표하여 하나님 앞에서 임무를 수행하는 자이다. 그러기에 천사가 이 일을 감당할 수 없고 사람 가운데서 택함을 받아야 한다. 둘째는 그가 하는 일은 하나님과 관계된 것으로, 죄를 없애는 속죄 제사를 드리는 것이었다. 이러한 제사장의 독특한 역할은 제사장이라는 어휘 라틴어에서 잘 드러난다. 라틴어로 제사장은 '폰티펙스(pontifex)'다. 이 말의 의미는 '교량을 세우는 자'다. 하나님과 사람 사이에 큰 강이 있는 것처럼 멀어지게 되었을 때 하나님과 사람 사이를 연결하는 역할을 하는 사람이 제사장이다. 3절에서 이 땅의 대제사장은 자신이 연약하기에 백성을 위한 속죄제뿐만 아니라 자기 자신을 위해서도 제사를 드려야 한다(레 16:11, 15)고 말한다. 이 부분은 대제사장이신 그리스도와는 다른 부분이다. 그리스도는 자신을 위한 제사를 따로 드릴 필요가 없다. 왜냐하면 그분은 죄가

없으시기 때문이다(4:15절). 대제사장직은 존귀한 직분이다. 그래서 그 직분을 감낭하는데 있어서 중요한 요소는 하나님의 부르심이다. 자기 스스로 대제사장이 될 수 없고 하나님의 부르심이 있어야 한다. 아론의 경우도 하나님의 부르심이 있었다(출 28:1; 레 8:1; 민 18:1). 그러기에 대제사장들에게 필요한 것은 겸손이었다.[5] 저자는 히브리서를 쓰기 전 수세기 동안 이와 같은 대제사장의 합법적 정통성이 깨뜨려졌다는 것을 알고 있었을 것이다. 안티오커스 에피파네스 4세는 주전 171년 사독가문에도 속하지 않았고, 베냐민 지파에 속한 것으로 알려진 메넬라우스(Menelaus)에게 은 300 달란트를 받고 그를 대제사장으로 세웠다(『마카비 2서』, 4:23-26). 이리하여 출애굽 시대로부터 이어져온 전통이 깨뜨려지게 되었다.[6] 하나님께서 정하신 계보를 통해 대제사장이 되지 않고 정치적인 역학구도 속에서 대제사장이 임명되는 일이 있었다. 이후에 마카비 시대에도 이와 같은 일이 일어났다. 히브리서 저자는 이러한 사건들을 알았을 가능성이 크지만, 히브리서에서는 그러한 내용을 꼬집어 비판하지 않는다.

대제사장으로 임명되신 그리스도(5:5-6)

5:5-10절은 5:1-4절과 교차대칭구조를 이루고 있다. 이것을 잘 보여주는 단어가 5절의 첫 단어, '후토스(οὕτως)'다.[7] 우리말 개역개정에서는 '이와 같이'로 번역되었다. 이 땅의 대제사장들이 하나님의 부르심을 통해 임명되었던 것처럼, 그리스도도 부르심이 있었다고 말한다(5:5-6). 여기서 다시 하나님은 말씀하시는 분으로 그려진다. 1장에서 예수님을 향해 아들이라고 말씀하셨던 하나님이 "너는 내 아들

이니 내가 오늘 너를 낳았다"(시 2:7)고 하신다. 이어서 "네가 영원히 멜기세덱의 반차를 따르는 제사장이라"(시 110:4)고 하신다. 이 두 시편 구절을 동시에 말씀하심을 통해 그리스도는 하나님의 아들이심과 동시에 대제사장이라는 기독론적인 특징(royal priesthood)을 분명히 드러내고 있다.

영원한 구원의 근원(5:7-10)

그러면 그리스도께서 어떻게 동정하시는 대제사장이 되실 수 있었을까? 이 구절에서 해답을 제시한다. 5:7절은 앞에서 언급한 교차대칭구조에 따르면 5:3절과 잘 연결된다. 5:3절에서는 이 땅의 제사장들이 드린 제사에 대해 말했으므로, 5:7절은 그리스도가 드린 제사에 대해 언급하면 짝이 잘 맞는다. 그런데 흥미롭게도 저자는 그리스도가 드린 제사에 대해 설명해야 하는 대목에서 약간 다른 이야기를 하고 있다. 저자는 그리스도의 제사 대신에 그가 심한 통곡과 눈물로 간구와 소원을 올렸다고 말한다. 짝이 잘 맞다가 깨뜨려지는 느낌이 든다. 그러나 이 구절 속에 새 언약의 독특성이 담겨 있다. 예수 그리스도의 제사는 구약제사의 틀 안에서만은 이해할 수 없는 더 깊은 내용이 담겨 있음을 짐작케 한다. 이 구절을 통해서 우리는 히브리서 설교자가 예수 그리스도의 제사에 대해서 말하고자 하는 것이 무엇인지를 어렴풋하게나마 짐작할 수 있다. 5:7절은 10:5-10절에서 말하는 그리스도의 자기희생의 제사와 잘 연결된다.[8] 그럼 그리스도는 무엇을 기도했을까? 아마도 하나님의 뜻을 따라 죽음을 기꺼이 받아들이고자 함이 아니었을까? 마가복음 14:36절의 겟세마네 동산에서의 예수님의 기도를 연상케 한다.[9] "아빠 아버지여 아버지께서는 모든 것이 가능하오니 이 잔을 내게서 옮기시옵소서 그러나 나의 원대로 마시옵고 아버지의 원대로 하옵소서." 하나님께서는 예수님에게서 그 잔을 옮기지 않으셨다. 그럼으로써 그리스도는 그의 백성을 더 잘 공감하는 대제사장이 되셨다.[10] 물론 아들의 신실함으로 인해 하나님은 그를 죽음에서 부활시키셨다. 이 부활 사건은 예수님의 기도에 대한 응답이라고 볼 수 있다.[11] 여기서 저자는 직접적인 권면을 하고 있지는 않지만, 고난 중에도 순종을 배우신 그리스도를 닮아 독자도 순종의 삶을 살아야 한다고 전하고 있다. 그러므로 예수 그리스도는 자기에게 순종하는 모든 자들에게 영원한 구원의 근원이 되셨다. 믿음을 잃고 배교의 위험에 처한 청중들에게 필요한 것은 바로 인내와 순종이다. 이것은 13:15절에서 새 언약 백성들이 하나님께 드려야 하는 감사와 찬양의 제사와도 일맥상통한다.[12]

묵상을 위한 도움

미국 하버드 대학교 캠퍼스 안에 존 하버드의 동상이 서 있다. 그 동상 주변은 많은 관광객들로 붐빈다. 그 이유는 존 하버드 동상의 왼쪽 발을 만지면 그 사람이나 후손이 하버드 대학교에서 공부하게 된다는 속설 때문이다. 그래서 동상 왼발이 반질반질하다. 그런데 흥미로운 것은 그 동상의 옆면에 과거 하버드 대학의 문장이 새겨져 있다. 문장에 세 개의 책이 그려져 있고 그 위에 라틴어로 진리를 의미하는 VERITAS가 새겨져 있다. 그런데 세 책 중의 위의 두 책은 펼쳐져 있고 아래에 놓인 마지막 책은 엎어진 상태로 있다. 진리를 탐구하는데 있어서 분명한 한계가 있다는 생각이 반영된 것 같다. 그러나 오늘날 하버드 대학교의 문장에는 세 번째 책도 펼쳐져 있다. 시간이 걸릴 수는 있으나 진리 탐구에 있어 제한이 없다는 현대의 시대정신이 반영된 것 같다. 하나님 앞에서 피조물로서 겸비하고 순종하는 태도가 필요하다. 여러분은 어떤가? 하나님을 의식하며 살고 있는가? 아니면 높아진 마음으로 살고 있는가?

핵심 포인트

1. 이 땅의 대제사장과 그리스도를 비교
2. 대제사장이신 그리스도에게서 인내와 순종을 배워야 한다.

12
어린아이 vs 장성한 자

히브리서 5:11-6:3

¹¹멜기세덱에 관하여는 우리가 할 말이 많으나 너희가 듣는 것이 둔하므로 설명하기 어려우니라 ¹²때가 오래 되었으므로 너희가 마땅히 선생이 되었을 터인데 너희가 다시 하나님의 말씀의 초보에 대하여 누구에게서 가르침을 받아야 할 처지이니 단단한 음식은 못 먹고 젖이나 먹어야 할 자가 되었도다 ¹³이는 젖을 먹는 자마다 어린아이니 의의 말씀을 경험하지 못한 자요 ¹⁴단단한 음식은 장성한 자의 것이니 그들은 지각을 사용함으로 연단을 받아 선악을 분별하는 자들이니라 ⁶:¹그러므로 우리가 그리스도의 도의 초보를 버리고 죽은 행실을 회개함과 하나님께 대한 신앙과 ²세례들과 안수와 죽은 자의 부활과 영원한 심판에 관한 교훈의 터를 다시 닦지 말고 완전한 데로 나아갈지니라 ³하나님께서 허락하시면 우리가 이것을 하리라

우리말 개역개정성경과 헬라어 본문 비교

* 5:11절에서 저자는 "너희가 듣는 것이 둔하므로"라고 말하고 있다. 이것은 헬라어 '에페이 노드로이 게고나테 타이스 아코아이스 ἐπεὶ νωθροὶ γεγόνατε ταῖς ἀκοαῖς)'로 표현되어 있다. 여기서 '노드로이(νωθροί)'는 '단조로운, 게으른'의 뜻을 지니고 있다. 이 단어가 '듣는

것'과 연관되어 사용될 때는 '듣기 어려운'이란 의미를 지닌다. 이것은 히브리서에서 반복적으로 강조하고 있는 하나님의 음성을 듣는 것과 연관이 있다(2:1; 3:7-8, 15; 4:2, 7).[1]

* 6장 1절에서 저자는 '텔레이오테스(τελειότης)'라는 헬라어 단어를 사용하고 있다. 이 단어를 개역개정성경에서는 6:2절에서 "완전한 데로"라고 번역했다. 이 헬라어 단어는 '성숙' 혹은 '완전함'이라는 의미를 지닌다. 성숙이라고 번역하는 경우에는 점진적인 발전의 개념을 포함하고 있다. 그러나 히브리서에서는 그리스도 안에서 완전함을 이루시는 하나님의 성취로 보는 것이 더 적절해 보인다. 영어성경들 중에는 성숙으로 번역한 경우도 많은데, 개역개정성경의 번역이 더 적절해 보인다.[2]

본문으로 들어가기

히브리서 저자는 멜기세덱에 대해 할 말은 많지만 독자들이 듣는 것이 둔하고 이해가 부족하기에 당장은 설명하지 않겠다고 한다. 이 단락은 히브리서의 독자들이 예수를 믿은지 얼마 되지 않는 초보자들이 아니라, 꽤 오랜 기간 믿음생활을 한 사람들이라고 밝힌다. 그러나 현재의 상황은 다시 누군가에 의해 초보적인 것을 배워야 할 상황에 처해 있다고 탄식한다. 저자는 독자들의 상태를 어린아이/젖 vs 장성한 어른/단단한 음식의 대조를 통해 설명한다.[3] '선생'이 되어 가르쳐야 할 자들이 기초부터 다시 배워야 할 처지에 있고, 장성한 어른

이 되어 단단한 음식을 먹어야 할 자들이 젖이나 먹는 어린아이와 같은 상태에 머물러 있다고 책망하고 경고한다. 또한 훈련을 통해(개역개정에서는 '연단'이라고 번역되었음) 어른이 되는 것처럼, 영적인 온전함을 향해 나아가야 할 필요성에 대해 말하고 있다. 언뜻 보기에 논리적으로 이상할 수 있다. 아직 어린아이처럼 성숙하지 않은 자들을 향해 심오한 가르침으로 나아가자는 것이 어떻게 가능할까?[4] 히브리서 저자는 독자들의 상태를 어떻게 평가하고 있는 것일까? 젖을 먹어야 하는 어린아이인가? 아니면 단단한 음식을 먹을 수 있는 준비가 되어 있는 장성한 자일까? 6:9-12절에서 그려지는 과거 그들의 행동을 보면 그들은 더 이상 초보적인 가르침을 다시 받아야 하거나 머물러 있을 사람으로 저자는 생각하고 있지 않다. 그들로 하여금 뒤로 물러서게 한 일이 무엇인지는 정확히 말하지 않지만, 그들을 향해 완전함으로 나아가야 한다고 권면한다.[5]

듣는 것이 둔해지는 위험(5:11-12)

저자는 멜기세덱에 관하여 말하려다가 일단 중지한다. 그 이유는 그들이 청종하는 예민함을 잃어버려 이해하기가 쉽지 않을 것 같다고 판단했기 때문이다. 저자는 현재 독자들의 상황을 보며 안타까워한다. 오랜 시간이 흘러 마땅히 선생이 되어야 했을 터인데 여전히 하나님의 말씀의 초보적인 부분들을 다른 사람으로부터 들어야 할 형편에 놓여 있다. 단단한 음식을 먹을 수 있는 장성한 자가 아니라, 젖이나 먹어야 하는 어린아이의 수준에 머물러 있다. 이와 같은 현상은 목회 현장에서도 빈번하게 일어난다. 시간이 오래 지나도 어린아이 수

준에 머물러 있는 성도들이 있다. 아니면 어떤 일로 인해 믿음이 성장했다가 퇴보하는 경우가 있다. 저자는 그러한 영적인 상태가 듣는 귀가 둔해져서 하나님의 말씀을 청종하지 못하는 것과 연관이 있다고 보고 있다. 이 구절은 시편 40:6절의 "주께서 내 귀를 통하여 내게 들려주시기를"이라는 표현을 떠올리게 한다. 이 구절을 히브리어 원문의 의미를 살려 이해하면, "주께서 나에게 열린 귀를 주셨다"가 된다. 하나님의 말씀에 대해 열린 귀를 가지는 것은 중요하다. 신앙의 퇴보는 프로그램에서 배제되어서 일어나는 것이 아니라, 말씀이 귀에 들리지 않을 때 일어난다. 이러한 히브리서 저자의 진단은 목회 현장과 아주 잘 맞는 적실성이 있는 분석이다.

의의 말씀을 들어야(5:13-14)

젖을 먹는 자를 언급하며 그들은 어린아이여서 '의의 말씀을 경험'할 수 없다고 한다. 여기서 저자가 말하는 '의의 말씀을 경험한다'는 것이 무슨 뜻일까? '의로운 말씀'일까? 아니면 '의에 이르게 하는 말씀'일까? 여러 가지 해석이 가능하다. 그렇다 할지라도 이 '의의 말씀'이 단순히 지적인 차원과만 관련이 있는 것이 아니라, 믿음, 인내와 소망의 삶과도 직결된다는 것을 기억해야 한다. 초대교회 순교자로 잘 알려진 폴리갑은 '의의 말씀'이라는 표현을 '순교의 문맥'에서 사용한다. "그(그리스도)는 모든 것을 참으셨습니다. 따라서 우리는 그의 인내하심을 닮아야 합니다. 우리가 그의 이름을 위해 고통당할 때마다 그를 영화롭게 해야 합니다. 고로 저는 여러분들에게 '의의 말씀에 순종하며 인내를 끝까지 실천할 것을 호소합니다."[6] '의의 말씀'에 순종하고 끝까지 인내할 것을 권하는 폴리갑의 말은 '의의 말씀을 경험하지 못하는 것'이 삶에서의 퇴보와 관련이 있음을 알려준다.[7] 이것은 14절에서 연습과 훈련을 통해 삶에서 선과 악을 가리는 자들이 되어야 한다는 것과도 잘 어울린다. 이러한 히브리서 설교자의 지적은 오늘날 한국 교회 성도들도 마땅히 들어야 할 권면이다. 그리스도를 믿어 복을 받고 만사형통한 삶을 바라는 기복적인 어린아이와 같은 신앙을 버려야 한다. 신앙생활을 하면서도 여전히 자기가 중심이 되어 '자기중심적 복음'을 붙들고 사는 어린아이의 삶을 탈피하고, 그리스도와 하나님을 위해 자신을 드리고자 하는 헌신이 회복되어야 한다. 성도는 '의의 말씀'에 순종하기 위해 자기를 내어준 많은 신앙의 선배들을 생각하며 자기를 부정하고 희생하는 삶을 살아야 한다.

완전한 데로 나아가자(6:1-3)

저자는 그리스도의 말씀의 초보를 버리자고 말한다. 이어지는 내용은 그가 생각하는 그리스도의 말씀의 초보가 무엇인지를 잘 보여준다. 그것은 죽은 행실을 회개함, 하나님께 대한 신앙, 세례, 안수, 죽은 자의 부활, 그리고 영원한 심판과 같은 것들이다. 이 여섯 가지 내용은 그리스도와 직접적인 관련이 없다고 주장하기도 한다. 그러나 가만히 생각해 보면 이 내용들은 예수를 믿게 될 때 가지게 되는 기초적인 요소들이다. 죽은 행실을 회개하는 것은 우리가 잘 알고 있는 행함 없는 믿음을 떠올리게 한다(약 2:17, 26). 그러나 조금 더 생각해 보면, 이것은 예수님과 하나님을 알지 못하는 때에 행한 일, 즉 죄악된 삶으로부터의 회개를 의미한다고 볼 수 있다. '죽은 행실로부터의 회개'는

'하나님에 대한 믿음'과 짝을 이루어 믿음을 가지게 될 때 일어나는 내면의 변화를 의미한다고도 볼 수 있다. 이어지는 두 내용인 '세례'와 '안수'는 이러한 내적 회심에 대한 외적인 증거라 할 수 있다. 마지막으로 '죽은 자의 부활'과 '영원한 심판'은 성도에게 주는 미래적인 가르침이라 할 수 있다.[8] 그러면 이런 기초적인 것들을 다 버리자는 의미인가? 그렇지 않다. 저자는 이미 독자들이 가지고 있는 기독교적인 가르침의 일부를 버릴 것을 요구하는 것이 아니라, 그 바탕 위에 다른 심오한 가르침을 세울 것을 권면하고 있다.[9] 이런 기본적인 가르침은 앞으로 저자가 7-10장에서 다루게 될 그리스도의 사역을 이해하는데 기초가 된다. 이 바탕 위에서 그리스도의 속죄 사역은 더 잘 이해될 수 있다.

묵상을 위한 도움

빌립보 교회 성도들을 향해 의의 말씀을 붙들고 끝까지 인내하라고 편지를 썼던 폴리갑은 자신의 삶을 통해 이것을 직접 입증했다. 폴리갑의 순교의 장면은 서머나 교회가 필로멜리움 교회에 보내는 편지에 잘 담겨있다. 그리고 이 편지는 '폴리갑의 순교'라는 이름으로 알려져 왔다. 폴리갑이 80대 노인일 때 서머나 지역에 박해가 있었다. 로마의 축제행사 때 기독교인들을 심하게 희롱하고 능욕하는 일들이 있었다는 것을 알고 대부분의 서머나 교회의 성도들은 80이 넘은 폴리갑에게 은퇴하여 도시 바깥 농장에 거하라고 권했다. 그래서 거기서 그는 몇 명의 성도들과 함께 기도하며 시간을 보냈다. 서머나의 성도들은 체포되어 로마의 집정관 앞으로 끌려갔다. 집정관은 가이사를 주로 인정하여 충성을 고백하고 이방신에게 제사를 드리라고 성도들을 회유했다. 퀸투스라는 사람은 겁을 먹고 그렇게 했지만, 대다수의 성도들은 신앙을 지켰다. 채찍질을 당하고 산채로 불타 죽고, 고문을 당하고, 짐승에 의해 찢겨 죽었다. 이 일이 있은 지 며칠이 지나서 원형경기장에 운집한 군중들은 폴리갑을 찾아 데리고 오라고 요구했다. 폴리갑은 다른 농장으로 피신했지만, 그냥 숨어 있을 수 없었다. 한 젊은 노예가 고문을 당하다가 폴리갑이 있는 곳을 말했다. 기마 부대와 함께 경찰이 폴리갑에게 왔다. 그가 잡혀서 원형경기장으로 들어가자 군중들은 하늘이 떠나갈 듯 소리를 질렀다. 그러나 그 엄청난 소리가 하늘로부터 폴리갑에게 들려진 음성을 막을 순 없었다. "폴리갑, 강하고 담대하라. 남자답게 행동하라." 집정관은 이전에 폴리갑을 본적이 없었다. 80이 넘은 그를 보며 경외심마저 들었다. 폴리갑에게 정중하게 요구했다. "예수를 부인하고 황제에 대한 충성을 맹세하라. 그러면 당신을 놓아주겠다." 그러자 폴리갑은 즉각적으로 대답했다. "지난 86년 동안 나는 그리스도의 종이었소. 그리고 그분은 나에게 한 번도 잘못 대하신 적이 없소. 그런데 내가 어떻게 나를 구원하신 나의 왕을 저주할 수 있겠소." 아무리 설득을 해도 할 수 없음을 알게 된 집정관이 원형경기장에 모인 군중들에게 큰 소리로 세 번 말했다. "폴리갑은 자신이 그리스도인임을 고백했다." 폴리갑을 산채로 불태우라는 명령이 내려졌고, 그는 화형되었다. 그는 마지막 순간에도 하나님의 음성에 귀를 기울였다. 그의 전 삶에서 순종을 배우고 익혔기 때문이다. 그래서 위기의 순간에서도 지각을 사용하여 선과 악을 분별할 수 있었다. 반면에 퀸투스는 위기의 순간에 악을 선택했다. 우리도 순간순간 의의 말씀을 경험하는 자로 살려고 노력하자.

핵심 포인트

1. 어린아이와 같은 신앙이 무엇인가? 이것을 현상적으로 어떻게 진단할 수 있는가?
2. 오늘날 성도들에게 나타날 수 있는 어린아이와 같은 모습은 무엇인가?
3. 의의 말씀을 경험하고 완전한 데로 나아가자.

13
두 번째 회개가 가능한가?

히브리서 6:4-12

⁴한번 빛을 받고 하늘의 은사를 맛보고 성령에 참여한 바 되고 ⁵하나님의 선한 말씀과 내세의 능력을 맛보고도 ⁶타락한 자들은 다시 새롭게 하여 회개하게 할 수 없나니 이는 그들이 하나님의 아들을 다시 십자가에 못 박아 드러내 놓고 욕되게 함이라 ⁷땅이 그 위에 자주 내리는 비를 흡수하여 밭가는 자들이 쓰기에 합당한 채소를 내면 하나님께 복을 받고 ⁸만일 가시와 엉겅퀴를 내면 버림을 당하고 저주함에 가까워 그 마지막은 불사름이 되리라 ⁹사랑하는 자들아 우리가 이같이 말하나 너희에게는 이보다 더 좋은 것 곧 구원에 속한 것이 있음을 확신하노라 ¹⁰하나님은 불의하지 아니하사 너희 행위와 그의 이름을 위하여 나타낸 사랑으로 이미 성도를 섬긴 것과 이제도 섬기고 있는 것을 잊어버리지 아니하시느니라 ¹¹우리가 간절히 원하는 것은 너희 각 사람이 동일한 부지런함을 나타내어 끝까지 소망의 풍성함에 이르러 ¹²게으르지 아니하고 믿음과 오래 참음으로 말미암아 약속들을 기업으로 받는 자들을 본받는 자 되게 하려는 것이니라

우리말 개역개정성경과 헬라어 본문 비교

* 6:4-8절은 헬라어로는 매우 복잡한 구조로 되어 있다. 이것으로 인해 다양한 영어번역들이 존재하고 있다. 실제적인 해석의 어려움은 6:6절의 두 개의 현재 분사(아나스타우룬타스 ἀνασταυροῦντας; 파라데

이그마티존타스 παραδειγματίζοντας)를 어떻게 해석할 것인가 하는 문제다. J. K. 엘리엇은 실제로 히브리서의 저자는 인과적 의미보다는 현재 진행의 시간적인 의미에서 두 개의 현재 분사를 사용하고 있다고 주장하였다. 그래서 그는 히 6:6절을 다음과 같이 번역하였다: "그들이 그들의 손으로 하나님의 아들을 십자가에 못 박고(아나스타우룬타스) 그의 죽음을 조롱하고 있는 동안에(파라데이그마티존타스), 그들이 다시 회개에 이르는 것은 불가능하다."[1] 엘리엇의 이러한 번역은 세례를 받은 이후에도 성도가 두 번째 회개의 기회를 가질 수 있다고 하는 교리와 조화를 이루기 위한 하나의 시도라고 볼 수 있다. 이러한 시도에 대해서 F. F. 브루스는 "그들이 그리스도를 부인하고 있는 동안에 회개에 이를 수 없다고 하는 것은 말로 표현하지 않아도 되는 자명한 이치"라며 엘리엇의 해석이 잘못된 것임을 지적하였다.[2] 필자도 브루스 교수처럼 본문에 등장하는 두 개의 현재 분사들은 회개가 불가능한 이유를 설명하는 인과적인 의미로 번역하는 것이 더 적절하다고 생각한다.[3]

본문으로 들어가기

6:4-12절은 신약성경에서 해석이 가장 어려운 구절 중의 하나로, '믿었다가 타락하면 다시 회개하여 새롭게 될 수 없다'는 엄한 경고를 담고 있다. 흔히 두 번째 회개가 불가능함에 대해서 언급하고 있는 구절로 이해되었고, 교회사 속에서 뜨거운 감자로 인식되어져 왔다. 이 구절은 해석상의 많은 난점들을 지니고 있는데 그 이유는 신약성경 속

에서 구원에 대한 약속과 확실성에 대해서 언급하고 있는 다른 구절들(요 10:28; 고진 1:8; 10:13; 빌 1:6; 요일 3:6)과 조화를 이루는 것이 쉽지 않아 보이기 때문이다. 이러한 긴장관계 때문에 이 구절은 교회사 속에서 많은 논쟁을 불러 일으켰다. 대표적인 예는 칼빈주의자들과 알미니안주의자들의 논쟁이다. 그리스도인들의 구원의 확실성에 대해 확고한 입장을 가지고 있는 칼빈주의자들에게 이 구절은 마치 탈락의 가능성을 이야기하는 것 같아 불편한 구절이었다. 구원이 확실하지 않고 언제든지 구원에서 탈락될 수 있음을 강조했던 알미니안주의자들에게는 더할 나위 없이 좋은 본문이었다. 두 진영의 학자들은 각자의 교리를 옹호하는 구절로 6:4-8절을 이해하려고 했다. 알미니안주의자들은 이 구절이 바로 성도가 구원을 상실할 수 있는 가능성을 보여주는 증거로 제시했고, 칼빈주의자들은 6:4-8절에 언급된 사람들은 믿음을 저버린 자들이기에 진정한 의미에서 그리스도인들이 아니라고 주장했다. 우리는 이 단락에서 히브리서 저자가 본문을 통해 전달하고자 하는 의미를 파악하는 것이 중요하다. 칼빈주의와 알미니안주의의 교리적인 틀을 본문에 먼저 대입하기 전에 본문으로부터 나오는 의미를 발견하려고 해야 한다. 결론적으로 말하면 칼빈주의자들과 알미니안주의자들의 주장들은 히브리서의 본문과 상황과는 동떨어진 주장이다. 이 단락은 히브리서 저자의 목회적인 관심을 담고 있다. 배교의 위험에 처한 1차 독자들을 향해 타락의 길로 나아가지 말아야 할 것을 권면하고 있다. 따라서 히브리서 설교자가 이 단락에서 사용하고 있는 당시 통용되었던 수사학적인 장치에 관심을 가지고 보려고 한다. 그것은 엄격한 경고(4-6절, severity), 경고를 누그러뜨림(7-8절, softening), 그리고 선한 결정에의 촉구(9-12절,

capturing the goodwill)다.[4]

엄한 경고(6:4-6)

6:4-8절을 잘 이해하기 위해서는 이 구절의 앞 뒤 구절들에 주의를 기울이는 것이 필요하다. 6:1-3절에서 저자는 완전한데로(perfection) 나아가야 함에 대해서 피력하였다. 그리고 바로 이어지는 4-6절은 바로 앞의 구절(1-3절)에 제시된 권면의 내용과는 정반대되는 타락에 대해서 언급한다. '한 번 빛을 받고(하팍스 포티스덴타스 ἅπαξ φωτισθέντας)'는 구원의 메시지를 받아들이는 것과 연관이 있고, 이후에는 세례와 관련해서 이 단어가 사용되었다.[5] '하늘의 은사를 맛보고(규사메누스 테 테스 도레아스 테스 에푸라니우 γευσαμένους τε τῆς δωρεᾶς τῆς ἐπουρανίου)'는 성령, 죄 사함과 같은 하나님의 은혜를 경험한 것으로 이해할 수 있다.[6] 여기서 은사는 '선물'에 해당하는 헬라어 단어의 복수 형태를 취하고 있다. '성령에 참여한 바 되고(메토쿠스 게네덴타스 프뉴마토스 하기우 μετόχους γενηθέντας πνεύματος ἁγίου)'는 성령을 체험하는 것을 의미한다. '하나님의 선한 말씀과 내세의 능력을 맛보고도'는 말 그대로 하나님의 말씀을 받고 성령의 여러 은사들을 경험한 것으로 이해할 수 있다.[7] 이렇듯 세례, 구원과 죄사함의 은혜, 성령체험, 선한 말씀과 내세의 능력을 체험하고 타락하면 다시 회개하는 것이 불가능하다고 경고한다. 특히 4절에서 저자가 말하는 톤은 매우 강하다. 저자는 '어렵다'는 단어보다 훨씬 더 강한 의미를 담고 있는 '불가능하다'는 헬라어 '아뒤나톤(ἀδύνατον)'을 사용하고 있다. '구원을 맛본 자들이 타락하여 구원에서 탈락될 수 있는

가?' 하는 의문이 생긴다.

누그러뜨림(6:7-8)
히브리서 설교자는 매우 엄한 경고 후에 자연현상을 통해 엄한 분위기를 누그러뜨린다. 농사의 이미지로 설명한다. 땅이 비를 잘 흡수하여 농사짓는 자들이 바라는 채소를 내는 밭과 잡초와 가시를 내는 밭을 대조하며 하나님의 복과 저주와 연관시킨다. 설교자는 좋은 결과와 나쁜 결과를 대조함으로 '목표를 향해 달리는 것'을 통해 얻는 복과 '타락하는 것'을 통해 당하게 될 저주를 연결시킨다. 중요한 것은 이 둘 사이에 다른 중립적인 어떠한 가능성도 없다는 것이다. 저자는 청중들을 향해 완전한데로 나아가는 것 외에 다른 길이 없음을 설명하고 있다.[8]

좋은 결과를 기대함(6:9-12)
이 구절들을 잘 살펴보면 4-6절에 주어진 엄한 경고와는 사뭇 다른 내용이 등장한다. 특히 9-12절을 살펴보면 4-6절의 경고를 과연 이들에게 했을 것인가? 하는 의문이 생길 정도로 부드럽고 다정다감하다. 4-6절에서 경고를 할 때 '불가능하다'는 강한 단어를 썼던 것처럼 9절에서 '확신한다(페페이스메다 πεπείσμεθα)'는 강한 신념의 단어로 시작한다. 또한 히브리서 전체를 통틀어 한 번밖에 등장하지 않는 '사랑하는 자들아'라는 표현이 9절에 등장한다.[9] '앞에서 말한 극단적인 상황은 너희들에게는 일어나지 않을 것'이라는 확신은 독자들의 과거의 선한 행위에 바탕을 두고 있다. 그러면 우리는 이 두 개의 상반되는 내용들을 어떻게 조화롭게 이해할 수 있을까? 히브리서 설교자는 고대의 수사학에 정통했던 사람이었던 것 같다. 히 6장에서도 고도의 수사학적인 기법을 사용하고 있다. 4-6절에서 타락하는 것에 대한 매우 엄한 경고를 하고(severity), 이어지는 부분에서 열매를 맺는 땅과 맺지 못하는 땅에 대한 은유를 통해 앞에서 했던 극단적인 경고를 누그러뜨리고(softening), 마지막으로 독자들의 선행을 들어서 그러한 극단적인 일은 일어나지 않을 것이라는 확신을 전한다(capturing the goodwill).[10] 그러면 실제로 그는 그러한 극단적인 일이 일어나지 않을 것이라고 백 퍼센트 확신하고 있는가? 그렇지 않다. 그러한 일이 실제로 일어날까 염려하고 있다. 그러면서 동시에 그러한 일은 일어나지 않을 것이라는 확신을 표현한다. 그것은 이전에 독자들이 보여주었던 선한 믿음의 행위들에 근거한다. 이와 같은 식의 표현방식은 히브리서 10장에도 등장한다. 10:26-31절에서 저자는 하나님의 심판에 대한 무서운 묘사를 하지만, 이어지는 구절(10:32-4절)에서 독자들의 선행을 회상시킴으로 그러한 무서운 심판이 그들에게는 임하지 않을 것이기에 오히려 담대하게 인내함이 필요하다고 역설하고 있다.

묵상을 위한 도움

설교자가 왜 이와 같은 수사학적인 기법을 사용하고 있는가? 배교의 위험에 처한 독자들에게 두 길을 제시함으로 어느 길을 선택하는 것이 더 나은지를 분명하게 보여주고 있다. 이와 같은 권면은 목회현장에서 자주 일어난다. 필자의 경우에도 신앙생활을 잘 하다가 이단에 빠져 교회를 떠나려는 성도를 만나 강한 권면을 한 적이 있다. 겉으로 보기에는 히브리서 6장에서 말하는 것처럼, 회심과 성령 체험 등 구원의 길에 있는 것처럼 보였다. 그러나 유형교회에서 우리가 어떻게 진정 선택된 성도인지 아닌지를 구분할 수 있겠는가? 하나님의 주권의 영역에 속한 것을 말이다. 필자는 그 성도를 만나 여러 말로 권면했다. 그러나 메시지는 하나였다. "절대로 이단으로 빠지면 안 된다. 거기는 구원이 없다." 이런 권면을 할 때 그 성도가 이단에 빠졌다가 다시 돌아오는 것은 생각하지 않았다. 히브리서 6장을 읽으며 비슷한 생각이 들었다. 이 강한 경고 단락은 선택과 타락 교리보다 목회적인 상황이 중요한 것 같다. 만약 이 경고를 듣고 배교했다가 다시 복음으로 돌아오는 자들이 있었다면 설교자는 어떻게 했을까? 아마 두 팔을 벌리고 환영했을 것이다. 그러나 지금 이 단락에서는 그것까지 생각하고 있는 것 같진 않다. 배교의 위기 상황에서 타락의 길을 선택하지 말라고 권면하고 있다.

핵심 포인트

1. 히브리서의 상황 속에서 이 단락을 이해해야 한다.
2. 바나바스 린다스 교수의 수사학적 장치를 잘 숙지한다.
3. 이 단락과 오늘날 가장 근접한 상황은 아마 이단에 빠져 신앙을 저버리려고 하는 자들을 향한 권면일 것 같다. 어떤 목회자라도 이단에 빠지는 성도들을 향해 절대 그 이단으로 가서는 안 된다고 강권할 것이다.

14
변하지 않는 두 가지 사실, 약속과 맹세

히브리서 6:13-20

13하나님이 아브라함에게 약속하실 때에 가리켜 맹세할 자가 자기보다 더 큰 이가 없으므로 자기를 가리켜 맹세하여 14이르시되 내가 반드시 너에게 복 주고 복 주며 너를 번성하게 하고 번성하게 하리라 하셨더니 15그가 이같이 오래 참아 약속을 받았느니라 16사람들은 자기보다 더 큰 자를 가리켜 맹세하나니 맹세는 그들이 다투는 모든 일의 최후 확정이니라 17하나님은 약속을 기업으로 받는 자들에게 그 뜻이 변하지 아니함을 충분히 나타내시려고 그 일을 맹세로 보증하셨나니 18이는 하나님이 거짓말을 하실 수 없는 이 두 가지 변하지 못할 사실로 말미암아 앞에 있는 소망을 얻으려고 피난처를 찾은 우리에게 큰 안위를 받게 하려 하심이라 19우리가 이 소망을 가지고 있는 것은 영혼의 닻 같아서 튼튼하고 견고하여 휘장 안에 들어 가나니 20그리로 앞서 가신 예수께서 멜기세덱의 반차를 따라 영원히 대제사장이 되어 우리를 위하여 들어 가셨느니라

우리말 개역개정성경과 헬라어 본문 비교

* 6:20절은 시편 110:4절을 언급하면서 끝을 맺는다. 특이한 것은 '멜기세덱의 반차를 좇는 제사장'이라는 표현에(5:10) '영원히(에이스

톤 아이오나 εἰς τὸν αἰῶνα)'라는 말을 덧붙이고 있다는 것이다. 그리고 헬라어 원문에서는 '영원히'를 20절의 맨 마지막에 사용함으로 그 의미를 더욱 강조하고 있다. 이러한 배치는 대제사장이신 그리스도의 영원성을 강조하는 7장과 잘 연결된다.[1]

본문으로 들어가기

6:12절에서 저자는 게으르지 말고 믿음과 인내를 통해 약속들을 기업으로 받는 자들을 본받아야 함에 대해서 말했다. 6:13-20절에서는 이 주제를 이어서 전개한다. 저자는 약속한 것들을 받은 사람으로 아브라함을 들고 있다.[2] 하나님은 아브라함에게 "내가 반드시 너에게 복 주고 복 주며 너를 번성케 하고 번성케 하겠다"(창 22:17)고 약속하셨다. 약속을 받은 자에게 필요한 것이 무엇일까? 그것은 약속이 이루어질 때까지 오래 참는 것이다. 약속을 받은 자들은 '과연 약속하신 하나님은 믿을 만한 분인가?' 혹은 '그분의 약속은 신뢰할 만한 것인가?' 하는 물음을 가질 수 있다. 히브리서 저자는 이러한 물음에 답하기라도 하듯이 하나님께서 과거에 그가 하셨던 약속을 어떻게 이행하셨는지를 설명한다. 하나님께서는 약속과 더불어 맹세도 하셨다. 아브라함에게 하신 약속이 성취되는 과정을 살피며 새로운 약속을 받은 성도는 하나님을 신뢰할 수 있게 된다. 실제로 하나님은 새 언약 백성들에게 어떤 약속을 주셨는가? 시편 110:4절에서 말하는 대로 그리스도를 대제사장으로 세우심으로 우리가 그리스도를 통해 하나님께 나아가게 하신다. 이 단락은 하나님께 나아감이라는 주제와 잘

연결이 될 뿐만 아니라, 이어지는 7장에서 다루게 될 시편 110:4절에 더 큰 관심을 기울이게 한다.[3]

약속과 인내(6:13-15)

창세기에서 아브라함은 후손과 땅에 대한 약속을 받았다. 우리가 잘 아는 창세기 12장 초반부에 나온다. 그러나 히브리서 저자는 이 단락에서 땅에 대한 약속에 대해서는 언급하지 않고 후손에 대한 약속만 다룬다. 왜 그럴까? 그 이유는 아마도 히브리서 여러 곳에서 그가 말하고 있는 것처럼 땅에 대한 약속은 하늘 도성을 통해서 마지막에 성취된다고 보았기 때문인 것 같다(11:10, 15-16).[4] 하나님께서는 아브라함에게 약속을 주시면서 맹세하셨다. 6:15절에서 저자가 "그가 이같이 오래 참아 약속을 받았느니라"고 할 때, 오래 참음의 정도가 어떠했는지 우리는 잘 알고 있다. 약속을 받은 후 오랜 기간이 흘러 마침내 자녀를 생산하는 측면에서 보면 죽은 자와 방불하게 된(11:12 참고) 100세에 비로소 그 약속한 것을 받게 된다. 이러한 약속 성취의 과정이 인간적으로 보면 불가능한 상황이었지만, 약속하시고 맹세하신 하나님은 반드시 그 일을 이루셨다는 것을 알게 된다. 아브라함의 오래 참음은 성도에게도 필요한 자세라 할 수 있다.

약속과 맹세(6:16-18)

사람들 사이에 말다툼이 생길 때, 맹세하는 경우가 종종 있다. 맹세가 효력을 발휘하고 자기가 하고자 하는 말에 도움이 되려면 대개 자기보다 더 큰 사람을 걸고 맹세한다. 맹세가 효과적으로 사용되면 긴 논쟁을 끝내게도 한다. 그런데 하나님께서도 맹세를 하신다. 사람들의 경우와 다른 것은 자기보다 더 큰 이가 없기에 자기를 걸고 맹세하신다. 저자는 아브라함에게서 관심을 성도에게로 돌리고 있다. 성도는 약속을 기업으로 받은 자들이다. 아브라함이 맹세가 있는 약속을 받고 인내함으로 얻었던 것처럼, 성도의 삶에서도 하나님의 약속과 맹세는 매우 중요하고, 그것들은 결코 변할 수 없다.[5] 이렇게 단언할 수 있는 것은 신실하신 하나님의 속성 때문이다. 결코 하나님은 약속하신 것을 바꾸지 않으신다. 더군다나 맹세와 더불어 하신 약속은 공수표가 될 리가 없다. 그러면 성도들이 하나님으로부터 받은 약속은 무엇일까? 특별히 맹세와 더불어 주어진 약속은 무엇일까? 아마 5:6절에서 언급했던 시편 110:4절의 멜기세덱의 반차를 따르는 대제사장이신 예수 그리스도를 의미하는 것 같다.[6] 어떤 이는 아브라함에게 주셨던 약속처럼 확실한 약속을 성도들에게 주신 적이 없다고 생각할 수도 있다. 그러나 저자는 이어지는 단락에서 그리스도가 대제사장이 되셔서 이루게 될 일들, 다른 말로 하면 하나님께서 그리스도를 통해 약속하신 것에 대해 분명하게 다룰 것이다. 하나님의 약속과 맹세는 변하지 않는다는 것을 통해 성도는 위로를 받게 된다.

튼튼하고 견고한 소망(6:19-20)

이 구절에서 저자는 해양 은유로서 닻을 사용한다. 풍랑이 이는 바다에서 배들은 정박할 수 있는 항구를 찾아 피함으로 파선을 면한다. 이때 닻은 매우 중요한데, 파도와 풍랑에도 배가 흔들리지 않도록 한다. 이처럼 소망은 영혼의 닻과 같아 확고하고 안정되게 한다. 그런데 재미있는 사실은 이 소망이 휘장 안으로 들어간다는 것이다. 이것은 "이에 우리가 더 좋은 소망이 생기니 이것으로 우리가 하나님께 가까이 나아가느니라"고 말하는 7:19절과 잘 연결된다. 이런 것으로 볼 때 성도가 가지는 소망은 대제사장이신 그리스도의 사역을 통해 '하나님께 가까이 나아갈 수 있다'는 확신이다.[7] '휘장 안'은 어디일까? 지성소를 의미한다. 하나님의 임재가 있는 가장 거룩한 공간이다. 약속을 받은 성도가 하나님의 임재로 나아갈 수 있는 근거가 무엇인가? 결코 성도 자신에게서 찾을 수 없다. 앞서 그곳으로 들어가신 예수님으로 인해 가능하다. 저자는 예수님을 "멜기세덱의 반차를 따라 영원한 대제사장"이라고 묘사하며, 그분이 우리를 위하여 들어가셨다고 한다(6:20). 이것은 10:19-20절과 밀접한 관련이 있다: "그러므로 형제들아 우리가 예수의 피를 힘입어 성소에 들어갈 담력을 얻었나니 그 길은 우리를 위하여 휘장 가운데로 열어 놓으신 새로운 살 길이요 휘장은 곧 그의 육체니라."[8] 이러한 나아감의 주제는 옛 언약 하에서의 철저하게 제한된 나아감과는 매우 다르다. 그리스도를 믿고 약속을 인내함으로 붙잡는 자들은 누구든지 하나님의 임재의 자리로 나아갈 수 있다. 더 이상 공포 가운데 나아가는 것이 아니라 담력을 가지고 나아갈 수 있게 되었다. 하늘 성소에 먼저 들어가신 선구자(프로드로모스 πρόδρομος)이신 예수님에 대한 언급은 2:10절에서 아르케고스(ἀρχηγός)라고 말했던 것과 잘 연결된다. 이것은 그리스도의 발자취를 따라 성도들이 하늘 영광에 이르도록 순례의 길을 걷고 있는 이미지를 연상케 한다.[9] 성도의 삶에서 소망을 가지는 것은 매우 중요하다. 모든 것이 순식간에 변하는 시대를 산다. 예기치 않은 상황의 변화 앞에서 우리의 삶이 마치 풍랑 이는 바다 위의 흔들리는 배와 같은 처지에 놓일 때가 많다. 그러나 성도는 그때도 변하지 않는 소망을 가져야 한다. 영원하고 신실하신 대제사장이신 그리스도로 말미암아 하나님께 나아갈 때 은혜와 긍휼을 베풀어 주심을 확신하며 살아야 한다.

묵상을 위한 도움

독일 나치 정권에 항거했던 디트리히 본회퍼가 1945년 4월 9일 처형될 때의 마지막 장면은 성도의 소망에 대해 많은 것을 생각하게 한다. 그는 이 세상을 떠나는 마지막 순간에 동료 죄수들과 이별하면서 이런 말을 남겼다. "이것은 끝이지만 내게는 영생의 시작이다." 그는 인생의 마지막 순간에 새로운 시작을 말하고 있다. 이렇게 할 수 있는 것은 이 땅에서의 삶이 끝이 아니라 그리스도 안에서 새로운 생명이 시작되었음을 확신했기에 가능했다. 우리의 영원한 대제사장이 되셔서 우리 앞서 휘장 가운데로 들어가신 예수님 때문에 가능한 것이다. 우리는 이 소망을 가지고 살아야 한다. 이 땅에서 마지막 호흡을 하는 순간뿐만 아니라, 그리스도 안에서 그와 같은 생명의 삶을 현재에 누리며 살아야 할 것이다.

핵심 메시지

1. 하나님의 약속은 변치 않는다.
2. 하나님은 약속과 맹세로 보증하셨다.

3. 성도가 그리스도 안에서 가진 소망은 영혼의 닻처럼 든든하고, 하나님의 임재로 인도한다.

15
수수께끼 같은 인물, 멜기세덱

히브리서 7 : 1-10

¹이 멜기세덱은 살렘 왕이요 지극히 높으신 하나님의 제사장이라 여러 왕을 쳐서 죽이고 돌아오는 아브라함을 만나 복을 빈 자라 ²아브라함이 모든 것의 십분의 일을 그에게 나누어 주니라 그 이름을 해석하면 먼저는 의의 왕이요 그 다음은 살렘 왕이니 곧 평강의 왕이요 ³아버지도 없고 어머니도 없고 족보도 없고 시작한 날도 없고 생명의 끝도 없어 하나님의 아들과 닮아서 항상 제사장으로 있느니라 ⁴이 사람이 얼마나 높은가를 생각해 보라 조상 아브라함도 노략물 중 십분의 일을 그에게 주었느니라 ⁵레위의 아들들 가운데 제사장의 직분을 받은 자들은 율법을 따라 아브라함의 허리에서 난 자라도 자기 형제인 백성에게서 십분의 일을 취하라는 명령을 받았으나 ⁶레위 족보에 들지 아니한 멜기세덱은 아브라함에게서 십분의 일을 취하고 약속을 받은 그를 위하여 복을 빌었나니 ⁷논란의 여지 없이 낮은 자가 높은 자에게서 축복을 받느니라 ⁸또 여기는 죽을 자들이 십분의 일을 받으나 저기는 산다고 증거를 얻은 자가 받았느니라 ⁹또한 십분의 일을 받는 레위도 아브라함으로 말미암아 십분의 일을 바쳤다고 할 수 있나니 ¹⁰이는 멜기세덱이 아브라함을 만날 때에 레위는 이미 자기 조상의 허리에 있었음이라

우리말 개역개정성경과 헬라어 본문 비교

* 4절에서 멜기세덱의 높음을 말하는데, 개역개정에서는 "조상 아브라함도 노략물 중 십분의 일을 그에게 주었느니라"고 번역하고 있다. 그런데 헬라어 구문을 보면 십일조를 드린 아브라함이 족장인데도 멜기세덱에게 십일조를 드렸다는 것을 강조하기 위해 족장(호 파트리아르케스 ὁ πατριάρχης)이라는 단어를 문장의 끝에 위치시켰다. 뉘앙스를 살려 번역하면 이렇다. "그에게 아브라함은 십분의 일을 드렸다 - 그 족장이."[1]

* 4절에서 네슬-알란트 28판 본문은 "호 [카이] 데카텐 아브라암 에도켄 ᾧ [καὶ] δεκάτην Ἀβραὰμ ἔδωκεν"으로 되어 있다. 카이 앞뒤로 [ ]가 된 것은 괄호 안에 있는 내용이 원문인지 아닌지가 의심스럽다는 말이다. '카이'를 본문에 포함시켜 읽으면 카이 강조용법으로 '아브라함도'가 된다. 카이가 있는 사본은 시내 사본, 알렉산드리아 사본, 수정된 베자 사본 등이고, 누락된 사본은 P[46], 바티칸 사본, 최초 베자 사본 등이다.

본문으로 들어가기

5:11절에서 멜기세덱에 대해서 말하려고 했던 저자는 7장에서 다시 그에 대한 설명을 시작한다. 히브리서 7장은 예수 그리스도의 대제사장직은 멜기세덱의 제사장직에 의존하고 있다. 데일 레처트(Dale Leschert)는 레위 제사장들, 멜기세덱, 그리스도의 관계를 7장의 삼단

논법적인 구성을 통해 다음과 같이 설명한다.[2]

　　a. 그리스도는 멜기세덱의 반차를 좇는 제사장이다.
　　b. 멜기세덱의 반차를 좇는 제사장은 레위의 반차를 좇는 제사장들보다 우월하다.
　　c. 그러므로 그리스도는 레위의 반차를 좇는 제사장들보다 우월하다.

저자는 히브리서 7장의 논증을 위해 창세기 14장과 시편 110:4절을 사용하고 있다. 창세기 14장에서 멜기세덱이 아브라함을 만나는 사건을 재해석함으로써 멜기세덱이 아론과 레위보다 우월하다는 것을 입증한다. 그리고 그것에 근거하여 멜기세덱의 반차를 좇는 예수 그리스도가 레위의 반차를 따르는 대제사장보다 우월하다고 설명한다. 창세기 14장과 시편 110:4절 중 어느 것이 더 비중 있게 다루어지고 있을까? 히브리서 7장 전체를 두고 보면 시편 110:4절이 차지하는 비중이 더 크다.[3] 7장은 크게 세 부분으로 나눌 수 있는데, 1-10절은 멜기세덱과 그의 제사장직, 11-19절은 그리스도는 멜기세덱의 반차를 좇는 대제사장, 20-28절은 영원한 대제사장이신 그리스도에 대해 다룬다.[4]

7:1-10절의 특이한 점은 그리스도에 대해서는 어떤 언급도 없다는 것이다. 이 단락은 멜기세덱과 아브라함 이야기로 가득 차 있다. 저자는 창세기 14장에 나오는 멜기세덱과 아브라함이 만나는 사건에 근거해서 멜기세덱과 그의 제사장직의 우월성에 대해 입증하고 있다. 히브리서 저자는 창세기 14장의 내용을 A-A′ 만남(1절과 10절), B-B′ 축복(1절과 6절), C-C′ 십일조를 드림(2절과 4절)이라는 세 요

소를 교차대칭구조(chiastic structure)로 잘 배열하고 있다.[5] 멜기세덱이 아브라함보다 우월하다는 증거로 축복과 십일조가 제시된다.

멜기세덱과 아브라함(7:1-3)

신약성경에서 시편 110:4절을 인용하는 책은 히브리서가 유일하다. 신약 전반에 걸쳐 시편 110:1절은 가장 많이 인용되거나 사용되었지만, 흥미롭게도 동일한 시편의 다른 구절인 4절은 히브리서 저자 외에는 어떤 신약성경 저자도 사용하고 있지 않다. 히브리서가 멜기세덱에 대해서 언급하고 있는 최초의 기독교적인 글이라는 사실은 히브리서의 신학적 주장이 얼마나 독특한 것인지를 잘 짐작케 한다. 물론 넓게 보면 성령께서 영감을 주셔서 가능했겠지만. 우리가 먹는 음식을 통해서도 유사한 생각을 해볼 수 있다. '처음으로 바닷게를 먹은 사람은 참 용감하고 호기심 많은 사람이었을 것이다'는 생각을 한다. 그렇게 딱딱한 껍질 속에 부드러운 살이 있으리라고 어떻게 생각했을까? 신약성경 저자들이 예수님을 대제사장으로 묘사하는 것이 얼마나 쉽지 않은 일이었을지 우리는 짐작해 볼 수 있다. 예수님 당시 유대인들은 가야바가 대제사장이었다는 것을 누구나 잘 알고 있었다. 그런데 대제사장 가문에 속하지도 않은 예수님을 대제사장이라고 말하는 것은 말이 안 되는 주장일 수 있다. 이러한 우리의 생각은 히브리서에서 말하는 그리스도의 대제사장직은 분명 이 땅의 대제사장과 다르다는 것으로 나아가게 한다. 히브리서 설교자의 주장도 이런 맥락에서 전개될 것이다. 이전 단락들에서 시편 110:4절은 여러 번 인용되거나 암시되었다(5:6, 10; 6:20).[6] 7:1-3절에서는 멜기세덱이 등장하는 창세기 14장의 내용을 가져와서 설명한다. 히브리서 4장에서 안식에 대해 설명할 때 시편 95편의 안식에 관한 내용을 안식에 대해 다루고 있는 창세기 2:2절과 연관시켜 설명했던 것과 같은 '게제라 쇠와' 해석법이 여기서도 사용되고 있다.[7] 7:1-2에서는 멜기세덱에 대해서 언급하면서 '의의 왕' '평강의 왕'이라는 설명과 더불어 '살렘 왕'이요 '가장 높으신 하나님의 제사장'이라고 적고 있다. 7:3절에서는 멜기세덱의 신상에 대하여 창세기 14장에서 언급하고 있지 않는 것을 이용하여 '아비와 어미도 없고 족보도 없고 시작한 날과 생명의 끝도 없어 하나님의 아들과 방불하여'라는 침묵으로부터의 논증을 펼치고 있다.[8]

20세기 중반에 사해 사본이 발견된 후에 신약학자들은 사해 사본과 신약과의 상관관계를 살피는 많은 논문들을 쏟아냈다. 히브리서의 경우에 멜기세덱도 중요한 주제 중의 하나였다. 왜냐하면 사해 11번째 동굴에서 발견한 문서 중에 멜기세덱과 관련된 것이 있기 때문이다. 학자들은 그 문서를 11Q Melchizedek이라고 부른다. 드 용에 (De Jonge)와 판 데어 부데(Van der Woude)는 히브리서 7:3절의 멜기세덱에 관한 설명을 11Q Melchizedek에 등장하는 천상적인 존재로서의 멜기세덱과의 관련성 속에서 이해하려고 노력하였다. 그들은 히브리서의 저자는 3절에 나오는 "아비도 없고 어미도 없고 족보도 없고"라는 표현에 대해서 할 말이 있었지만 멜기세덱을 "하나님의 아들과 방불하여"로 제한적으로 묘사하고 있으며, 히브리서에서 멜기세덱은 천사지만 그리스도보다 우월한 것으로 그려지지 않고 있다고 주장하였다.[9] 이 해석은 사해 사본이 발견된 직후에 신약과의 연관성을 강조하여 살피고자 했던 그 당시의 연구풍토를 반영하는 것이라 할 수 있다. 그러나 이러한 이해는 히브리서 본문의 의도와는 동떨어진 것이라 볼 수 있다. 홀튼(Horton)은 만약 히브리서 저자가 멜기세덱을 천사라고 생각하고 있었다면, 천사들보다 우월하신 그리스도에 대해서 언급하고 있는 1-2장에서 멜기세덱에 대해 언급했을 것인데 그러한 언급 없이 논리를 전개하고 있다는 것은 저자가 멜기세덱을 천사로 보지 않는 증거라고 지적함으로 드 용에와 판 부데의 입장을 잘 비판하였다.[10]

십일조와 축복(4-7)

7:1-3절에서 창세기 14장의 사건을 짧게 언급한 후에[11] 저자는 7:4-10절에서 멜기세덱의 제사장직이 레위의 제사장직보다 우월하다는 증거로 두 가지를 제시한다. 7:4절에서는 십일조를 들고 있다. 십일조를 드리는 사람보다 받는 사람이 우월하다는 생각에 기반을 두고 아브라함이 멜기세덱에게 십일조를 드린 것을 지적한다. 그런데 여기서 아브라함과 관련해서 중요한 것은 그를 '족장'으로 묘사하고 있는 부분이다. 아브라함이 족장이라는 사실은 멜기세덱과 레위와의 비교를 가능하게 만드는 열쇠가 된다. 아브라함은 가계 전체를 대표하는 인물이었고 아브라함이 한 행동은 레위가 한 것으로 간주될 수 있는 발판이 된다.[12] 레위의 아들들 중에서 제사장으로 부름 받은 자들은 율법을 따라 이방인이 아닌 자기 형제, 즉 아브라함의 후손으로부터 십일조를 받으라는 명령을 받았다. 반면에 멜기세덱은 레위 제사장들과는 다르다. 멜기세덱을 설명하면서 다시 창세기의 사건을 언급하는데, 아브라함으로부터 십일조를 받았고 그를 축복했던 멜기세

덱은 율법에 의해 제사장으로 임명되었던 레위 지파와는 아무런 상관이 없다고 밝힌다. 멜기세덱이 레위 지파와 상관없는 자였다는 사실(7:6)은 예수께서 레위 지파가 아닌 다른 지파에 속했다는 것과 연결된다(7:14; 8:4). 레위 지파에 속하지 않은 멜기세덱이 레위 지파 제사장들보다 우월하다는 사실은 레위 지파에 속하지 않은 그리스도도 레위 지파의 제사장들보다 우월할 수 있다는 가능성을 열어 주는 부분이다. 이 내용은 7:14절과 8:4절과도 밀접한 관련이 있다. 7:6절에서는 7:1절에서 아브라함을 언급하면서 말하지 않았던 내용을 부각시킨다. 그것은 아브라함이 '약속을 받은 자'라는 사실이다(6:13-20 참고). 족장 아브라함이 약속을 받은 것은 단지 명령만을 받은 레위인 제사장들과는 대조되고, 또한 그런 아브라함을 멜기세덱이 축복한 것은 멜기세덱의 지위가 어떠함을 잘 드러내 주는 역할을 한다. 아브라함을 찬양하고 높이는 것은 자연스럽게 멜기세덱을 높이는 결과를 가져온다.[13] 멜기세덱이 아브라함보다 우월한 두 번째 근거로 멜기세덱이 아브라함을 축복했다는 것을 든다. 두 번째 논거는 반드시 그렇다고 볼 수 없는 사건들이 꽤 빈번하게 등장한다. 신하가 왕을 축복하는 경우도 있다(삼하 14:22; 왕상 1:47). 히브리서 설교자는 자신이 들고 있는 두 번째 논거의 예외적 경우를 깊이 고려하지 않고 아버지가 아들을 축복하거나 하나님께서 인간들에게 복을 주는 것과 같은 일반적인 경우들을 염두에 두고 논증을 펼치고 있는 것 같다.[14]

멜기세덱 vs 레위 제사장(7:8-10)

이 구절에서 멜기세덱과 레위의 반차를 좇는 제사장들 사이의 분명한 차이가 제시되고 있다. 8절에서 "또 여기는 죽을 자들이 십분의 일을 받았으나"를 통해 레위 지파 제사장들은 죽음을 맛보는 유한한 자들이라고 밝힌다. 그러나 멜기세덱의 경우는 다르다. 그는 "산다고 증거를 얻은 자"로서 십일조를 받았다. 이러한 대조가 가능하도록 하기 위해 저자는 멜기세덱이 어떤 인물인지를 다루었던 3절의 내용을 끌어온다. 그는 족보도 시작도 없고 끝도 없어서 항상 살아 있는 자다. 이러한 생명의 유한과 영원의 차이는 7장의 논증에서 매우 중요하다. 히브리서 저자가 실제로 다루려고 하는 주제인 그리스도의 제사장직이 레위의 제사장직보다 우월하다는 것의 기초가 된다(7:23-24).[15] 다시 7:9절로 돌아오면, 멜기세덱이 레위 지파의 제사장들보다 우월한 것은 레위가 아브라함을 통해 멜기세덱에게 십일조를 드렸다는 것이다. 7:10절은 레위가 어떻게 멜기세덱에게 십일조를 드렸는지를 설명한다. 이것을 설명하기 위해 창세기 14:17절에서 아브라함이 멜기세덱을 만났다고 언급한다. 레위는 모든 이스라엘 백성들처럼 그의 조상인 아브라함의 허리에 있었다.

묵상을 위한 도움

이상과 현실 사이의 괴리를 보여주는 대표적인 작품이 세르반테스의 돈키호테다. 이 소설의 주인공은 몰락해 가는 중세 귀족으로 기사도 정신을 실현하기 위해 거룩한 모험의 길을 떠난다. 기사도 문학에 심취하여 책 속의 세계와 현실 세계를 구분하지 못하고, 용을 죽이고 공주를 구하려는 일념으로 산다. 풍차를 거인으로 생각하고 돌진하기도 한다. 이와 같은 이상과 현실의 어긋남이 구약성경 제사장의 모습에서도 발견할 수 있다. 이 단락은 레위 제사장들보다 더 나은 멜기세덱에 대해 말한다. 하나님은 특별한 목적을 위해 제사장을 따로 세우셨다. 사무엘하 8장에 보면 사무엘은 나이가 많았고 그의 아들들은 그의 아버지처럼 공평하게 행하지 않았다. 뇌물을 받고 판결을 굽게 했다. 더 심각한 모습은 사무엘상 2장에 나온다. 엘리 제사장의 아들들은 제사에 필요한 제물을 삶을 때 갈고리를 가져와 고기를 먼저 가져갔다. 제물을 태우기 전에 구워먹을 고기를 먼저 가져가기도 했다. 심지어는 회막 문에서 수종을 드는 여인들과 동침하기도 했다. 이와 같은 타락한 제사장들의 모습은 진정한 제사장과 왕이 오는 것을 고대하게 했다. 그는 하나님의 아들로서 멜기세덱의 반차를 따르는 제사장이시다. 그는 의를 사랑하고 불법을 미워하며, 그의 통치는 공평하고 그의 나라는 영영할 것이다(히 1:8-9). 성도는 "인애와 진리가 같이 만나고 의와 화평이 서로 입 맞추는"(시 85:10) 날이 오기를 고대하며 살아야 할 것이다.

핵심 포인트

1. 멜기세덱은 어떤 인물인가?
2. 멜기세덱이 아브라함보다 우월한 이유 두 가지는 십일조와 축복이다.
3. 조상이라는 말이 지니는 대표성에 대해 잘 설명해야 한다.

16
예수님, 멜기세덱과 같은 별다른 제사장

히브리서 7:11-19

¹¹레위 계통의 제사 직분으로 말미암아 온전함을 얻을 수 있었으면 (백성이 그 아래에서 율법을 받았으니) 어찌하여 아론의 반차를 따르지 않고 멜기세덱의 반차를 따르는 다른 한 제사장을 세울 필요가 있느냐 ¹²제사 직분이 바꾸어졌은즉 율법도 반드시 바꾸어지리니 ¹³이것은 한 사람도 제단 일을 받들지 않는 다른 지파에 속한 자를 가리켜 말한 것이라 ¹⁴우리 주께서는 유다로부터 나신 것이 분명하도다 이 지파에는 모세가 제사장들에 관하여 말한 것이 하나도 없고 ¹⁵멜기세덱과 같은 별다른 한 제사장이 일어난 것을 보니 더욱 분명하도다 ¹⁶그는 육신에 속한 한 계명의 법을 따르지 아니하고 오직 불멸의 생명의 능력을 따라 되었으니 ¹⁷증언하기를 네가 영원히 멜기세덱의 반차를 따르는 제사장이라 하였도다 ¹⁸전에 있던 계명은 연약하고 무익하므로 폐하고 ¹⁹(율법은 아무 것도 온전하게 못할지라) 이에 더 좋은 소망이 생기니 이것으로 우리가 하나님께 가까이 가느니라

우리말 개역개정성경과 헬라어 본문 비교

* 7:11절의 헬라어 구문인 "에이 멘 운 텔레이오시스 디아 테스 레

위티케스 히에로쉬네스 엔(Εἰ μὲν οὖν τελείωσις διὰ τῆς Λευιτικῆς ἱερωσύνης ἦν)"에서 "에이 멘 운 … 엔"은 사실의 반대 의미를 가진다. 개역개정성경은 번역을 잘 하였는데, 앞에 "만약"을 넣어 번역하면 의미가 더 분명해질 수 있다. 이와 같은 형태의 구문들이 히브리서 여러 구절에서 등장한다(4:8; 7:11; 8:4, 7; 11:15).[1]

* 7:19절에서 개역개정성경에서는 "이에 더 좋은 소망이 생기니 이것으로 우리가 하나님께 가까이 가느니라"고 번역했다. 그런데 헬라어에서는 "생기니"와 같은 동사는 없고 명사 '에페이사고게'(ἐπεισαγωγή)로 되어 있다. 헬라어 구문은 "에페이사고게 데 크레이트토노스 엘피도스 디 헤스 엥기조멘 토 데오(ἐπεισαγωγὴ δὲ κρείττονος ἐλπίδος δι᾽ ἧς ἐγγίζομεν τῷ θεῷ)"다. 개역개정성경과 다른 영어성경들은 명사를 동사처럼 번역했다. 그런데 또 다른 번역의 가능성은 이 문장 바로 앞에 있는 ( ) 속에 있는 동사를 가져와서 번역할 수 있다. 그렇게 하면 "(율법은 아무 것도 온전하게 못했다) 그러나 더 좋은 소망의 도입은 온전하게 했다. 이것으로 우리가 하나님께 가까이 나아간다." 킹 제임스 성경은 이 번역을 따른다.

본문으로 들어가기

이 단락에서 저자는 그리스도와 레위 제사장들의 긍정적인 부분들을 비교(comparison)하는 것이 아니라, 옛 시스템에 대한 부정적인 평가를 통해 대조(contrast)하는 방식을 취하고 있다는 것을 알 수 있다.

7:1-10절에서는 창세기 14장이 중요한 역할을 했다면, 이 단락에서는 시편 110:4절이 중요하다.[2] 7:1-10에서는 멜기세덱과 아브라함(레위 제사장직)에게 초점이 맞추어져 있었지만, 7:11-19에서는 그리스도와 레위 제사장직에게로 초점이 옮겨진다. 옛 제의 시스템은 온전함을 얻는데 성공적이지 못했다는 것을 지적한다. 단락 처음과 끝(11절과 19절)에 온전함을 얻을 수 없었다는 사실을 언급함으로 수미상관 구조를 이룬다.[3] 레위제사장직과는 다른 제사장직의 영원무궁한 성격에 대한 주장(7:16)은 이어지는 단락인 7:20-28에서의 그리스도의 영원한 제사장직과 잘 연결된다. 이 부분에서의 논점은 멜기세덱과 레위 제사장직이 아닌 그리스도의 제사장직이다. 이 단락에서는 예수 그리스도의 제사장직을 설명하는데 중요한 역할을 했던 멜기세덱은 자취를 감추게 된다.

제사장직과 율법의 변경(7:11-12)

7:11절은 옛 언약 하에서 드린 제사 제도의 한계를 분명히 지적하는 구절들 중의 하나다(7:11, 18; 8:7, 13; 9:9-10; 10:1, 4). 히브리서 설교자는 레위 제사장들이 온전함(텔레이오시스 τελείωσις)을 제공하는데 실패했다고 지적한다. 여기서 말하는 '온전함'이 무엇일까? 이 단어는 히브리서에서 많이 사용된다(2:10; 5:9, 14; 6:1; 7:11, 28; 9:9, 11; 10:1, 14; 11:40; 12:2). 델링(Delling)은 이 구절에서 사용된 '온전함'이라는 단어는 제의적인 성격이 강하다고 주장한다. 이 말은 제사장들의 성결과 관련된 전문용어로서 외적인 정결함을 통해 제사장이 하나님께 나아간다고 설명한다.[4] 그러나 그렇게 보는 것은 무리가 있

다. 이 구절과 히브리서 여러 곳에서 사용하는 '온전함'은 단순히 제의적인 정결을 의미하는 것이 아니라, 하나님과의 바른 관계의 정립을 의미한다고 보는 것이 적절하다.[5] 레위 제사장들을 통해서는 하나님께 나아가는 것이 불가능했는데, 그 근본적인 이유는 '죄를 제거하는 것'이 가능하지 않았기 때문이다. 히브리서 3-4장을 통해 살펴보았지만, 죄는 악한 마음과 양심과 관련된 내면적인 것이었다. 레위 제사장들의 직무 수행 실패는 아론의 반차를 따르지 않고 멜기세덱의 반차를 따르는 새로운 제사장이 필요하게 만들었다. 제사장이 바뀌면(메타티데미 μετατίθημι) 그것과 연관된 율법도 필연적으로 변경(메타데시스 μετάθεσις)되어야 한다.[6] 여기서 히브리서 저자가 제사장직의 변경에 대해서 사용하고 있는 메타티데미(μετατίθημι) 동사는 에녹이 죽음을 보지 않고 옮겨가는 것을 말하고 있는 11:5절과 불완전한 현상적인 세계가 완전히 사라지게 될 것을 언급하고 있는 12:27절에서도 사용되고 있다.[7] 또한 이 단락에서 말하는 문제는 단지 제사장들에게 있었던 것이 아니라, 그 제사장직이 근거하고 있는 전체 율법에 있었다.[8]

멜기세덱의 반차를 따르는 대제사장(7:13-19)

7:11절에서 '멜기세덱의 반차를 따르는(카타 텐 탁신 멜키세덱 κατὰ τὴν τάξιν Μελχισέδεκ)' 제사장의 필요성에 대해 언급한 저자는 새로운 제사장이신 예수님에 대해 소개한다. 그런데 그분은 레위 지파에 속한 자가 아니고 모세가 제사장에 관해서는 한 번도 언급한 적이 없는 유다 지파에 속한 자라고 분명히 지적하고 있다. 이것은 초

대교회에서 히폴리투스가 예수 그리스도의 제사장직을 설명하면서 누가복음 1:5절에 등장하는 엘리자베스가 아론의 후손이고 그가 바로 예수의 어머니와 친척이었다는 것을 들어 예수 그리스도가 유다 지파에 속하면서 동시에 레위 지파에도 속한다는 이상한 논증을 폈던 것과 아주 다르다.[9] 이 멜기세덱의 반차를 좇는 대제사장이란 말의 의미를 분명하게 해 주는 것이 히 7:15절이다. 의미가 모호한 '카타 텐 탁신 멜기세덱'이라는 말을 '카타 텐 호모이오테타 멜기세덱(κατὰ τὴν ὁμοιότητα Μελχισέδεκ)'이라는 말로 바꾸어서 설명하고 있다. 이 말의 의미가 매우 중요하다. 이 말은 '멜기세덱의 방식을 따라' 혹은 '멜기세덱처럼'이라고 번역될 수 있다. 여기서 '호모이오테타(ὁμοιότητα)'는 히 7:3절의 '닮아서'의 뜻을 지닌 '아포모이오메노스(ἀφωμοιωμένος)'를 상기시켜 준다.[10] 존 더닐(John Dunnill)은 히브리서 7장의 멜기세덱의 역할을 '무질서를 초래하는 자(a bringer of non-order)'로 본다. 멜기세덱은 아브라함의 후손인 이스라엘 백성과는 상관없는 자이며 동시에 제사장으로서 레위 제사장들보다 우월하다. 제사장 계보에 들지 않았음에도 불구하고 더 우월한 멜기세덱은 레위의 반차를 따르는 대제사장직이라는 견고한 틀을 허무는 역할을 한다. 이러한 멜기세덱처럼 레위 지파가 아닌 유다 지파에 속한 예수님은 레위 제사장들보다 더 나은 제사장이다.[11] 멜기세덱은 그리스도의 제사장직을 설명하는 중요한 발판 역할을 한다. 홀튼(Horton)은 멜기세덱을 하나님의 첫 번째 제사장이며 동시에 모든 제사장들의 조상이라고 주장한다.[12] 마찬가지로 데이비드 드실바 교수도 예수 그리스도가 멜기세덱의 반차를 좇는 대제사장이라는 표현을 통해서 예수 그리스도와 멜기세덱의 관계는 멜기세덱이 제사장 계보에 있어서 예수 그리스도의 조상(ancestor)이라는 것을 보여준다고 주장하였으나[13] 그 주장은 타당하지 못하다. 히브리서 설교자는 멜기세덱 계열의 완전한 대제사장으로 예수께서 오셨다는 것을 강조하기보다는 '다른 제사장'이었다는 것에 강조점을 두고 있다. 그러므로 예수 그리스도께서 멜기세덱의 반차를 좇는 대제사장이라는 의미는 멜기세덱이 이스라엘 제의 체계 속에서 대제사장이 될 수 없는 자이었으나 레위 제사장보다 우월한 대제사장이 되었던 것처럼, 예수 그리스도 또한 율법에 따라 제사장 계보에 속하지 않는 분으로서 동일한 방식으로 레위 제사장들보다 더 위대한 대제사장이 되신다는 것을 설명하고 있다고 보는 것이 더 적절해 보인다. 예수 그리스도가 아론의 반차를 따르는 제사장이 아니라 멜기세덱의 반차를 따르는 제사장으로 오심은 옛 언약의 부적절성과 새 언약의 우월성을 효과적으로 더 잘 드러낸다.[14] 7:16절은 예수 그리스도의 제사장직과 레위의 제사장직을 대조적으로 그리고 있다. 전자는 무궁한 생명의 능력을 좇아난 것이고 후자는 육체와 상관된 계명의 법을 좇아서 된 것이다. 이미 5:6절에서 언급되었던 것처럼 그리스도는 하나님에 의해 영원한 대제사장으로 임명되셨다. 7:11절의 '변경'에 해당하는 헬라어 단어인 메타데시스(μετάθεσις)와 7:18절의 '폐지'에 해당하는 아데테시스(ἀθέτησις)를 사용하여 이 단락에서 드러내고자 하는 것은 제사장직과 율법에 대한 부분적인 수정이 아니라 전면적인 폐지를 주장하고 있다는 것을 알 수 있다.[15] 새로운 대제사장이신 예수님의 출현으로 말미암아 옛 제사장직은 폐지되었고 동시에 더 나은 소망으로 하나님께 나아가는 것이 가능하게 되었다.

묵상을 위한 도움

이 단락을 읽으며 1927-1960년까지 필라델피아 제십장로교회를 섬겼던 도널드 반하우스 목사(Donald Grey Barnhouse; 1895-1960)의 일화가 생각난다.16 그는 프랑스 알프스 부근의 작은 마을에서 교회를 맡아 2년 동안 섬긴 적이 있다. 그곳에서 신부와 친구가 되었다. 어느 날 친구 신부가 반하우스 목사에게 물었다. "왜 개신교인들은 성자들에게 의지해서 기도하지 않는가? 프랑스 대통령을 만나려고 할 때, 정부 각료 중에 잘 아는 사람이 있으면 그를 통해 대통령을 만날 수 있는데 … 왜 그렇게 간단한 일을 하지 않는가?" 반하우스 목사가 그 물음에 이렇게 답했다. "만약 당신이 대통령의 아들이라고 해보자. 아침에 눈을 뜨고 대통령인 아버지에게 아침 인사를 하고, 함께 식사하고 저녁에도 인사를 하고 잠자리에 드는데 … 언제든 아버지에게 말할 수 있는데 … 만약 정부 각료 중 누군가에게 부탁을 해서 아버지를 만나게 해달라고 해서 약속을 잡고 아버지와 만나 이야기한다면 그것은 얼마나 어리석은 짓인가? 우리는 그리스도를 통해 하나님의 자녀가 되었네. 그리스도를 통해 하나님께 언제든지 나아갈 수 있지." 성자들이나 다른 인간 중보자가 아닌 더 나은 대제사장이신 그리스도를 통해 하나님께 나아가는 특권을 누리고 있는가?

핵심 포인트

1. 온전함의 의미에 대해 알아보자!
2. 멜기세덱의 반차를 따른다는 것이 무엇을 의미하는지 설명할 것
3. 그리스도를 통해 하나님께 나아가는 더 나은 소망이 주어졌다.

17
예수는 더 좋은 언약의 보증

히브리서 7:20-28

²⁰또 예수께서 제사장이 되신 것은 맹세 없이 된 것이 아니니 ²¹(그들은 맹세 없이 제사장이 되었으되 오직 예수는 자기에게 말씀하신 이로 말미암아 맹세로 되신 것이라 주께서 맹세하시고 뉘우치지 아니하시리니 네가 영원히 제사장이라 하셨도다) ²²이와 같이 예수는 더 좋은 언약의 보증이 되셨느니라 ²³제사장 된 그들의 수효가 많은 것은 죽음으로 말미암아 항상 있지 못함이로되 ²⁴예수는 영원히 계시므로 그 제사장 직분도 갈리지 아니하느니라 ²⁵그러므로 자기를 힘입어 하나님께 나아가는 자들을 온전히 구원하실 수 있으니 이는 그가 항상 살아 계셔서 그들을 위하여 간구하심이라 ²⁶이러한 대제사장은 우리에게 합당하니 거룩하고 악이 없고 더러움이 없고 죄인에게서 떠나 계시고 하늘보다 높이 되신 이라 ²⁷그는 저 대제사장들이 먼저 자기 죄를 위하고 다음에 백성의 죄를 위하여 날마다 제사 드리는 것과 같이 할 필요가 없으니 이는 그가 단번에 자기를 드려 이루셨음이라 ²⁸율법은 약점을 가진 사람들을 제사장으로 세웠거니와 율법 후에 하신 맹세의 말씀은 영원히 온전하게 되신 아들을 세우셨느니라

우리말 개역개정성경과 헬라어 본문 비교

* 7:20-21과 23-24절에서 레위 제사장들과 그리스도와의 대조가 두드러진다. 개역개정에서는 "그들은 맹세 없이 제사장이 되었으되"

를 21절에 두었지만 헬라어 원문에서는 20절에 있다. "오직 예수는 자기에게 말씀하신 이로 말미암아 맹세로 되신 것이라"는 21절에 등장한다. 많은 영어성경에서도 개역개정성경처럼 "그들은 맹세 없이 제사장이 되었으나"를 21절에 두는 경우도 많다. 그들과 그(예수)를 대조하기 위해 20-21절과 23-24절에서 헬라어의 특징적인 표현인 "호이 멘 … 호 데(οἱ μὲν … ὁ δὲ)"가 사용되었다. "한편으로 그들은 … 다른 한편으로 그는"이라는 의미다.

* 개역개정성경은 27절에서 "이는 그가 단번에 자기를 드려 이루셨음이라"고 번역한다. 원문에는 "투토 가르 에포이에센 에파팍스 헤아우톤 아네넹카스(τοῦτο γὰρ ἐποίησεν ἐφάπαξ ἑαυτὸν ἀνενέγκας)"라고 되어 있다. 원문에 있는 것을 개역개정에서 빠뜨린 단어가 하나 있다. 그것은 바로 '투토'다. 이것을 살려 번역하면, "이는 그가 단번에 자기를 드려 이것을 이루셨음이라"가 된다. '이것'이 무엇일까? 레위 제사장들이 하듯이 자기를 위해 먼저 제사를 드리고 이후에 백성들을 위해 제사하는 것을 의미하지는 않는다. 여기서는 백성들을 위한 제사를 의미하는 것으로 보아야 한다.

본문으로 들어가기

이 단락에서 멜기세덱은 더 이상 언급되지 않는다. 설교자는 멜기세덱이라는 인물 자체에 관심이 있는 것이 아니라 멜기세덱을 통해 그리스도를 설명하는데 더 많은 관심이 있다.[1] 7:22절에서는 언약이라는 단어가 히브리서에서 처음 등장한다. 언약에 대해서는 히브리서 8장과 9장에서 집중적으로 다루고 있다. 이 언약은 하나님과 사람들의 관계를 유지하는데 매우 중요하며 구원과도 밀접한 관련이 있다. 그러기에 누가 보증이 되는가는 매우 중요하다. '보증(엥귀오스 ἔγγυος)' 혹은 '보증인'이라는 단어는 신약성경에서 이 구절에만 나오는데, 이 단어는 빚을 청산하거나 약속을 이행할 계약의 담보와 같은 실질적인 보증을 의미할 뿐만 아니라, 어떤 경우는 다른 사람의 보증인으로 자기 생명을 제공하기도 하였다. 이런 측면에서 보면 '보증(인)'이라는 단어는 인격과 생명을 자신의 말에 거는 무거운 의미를 지니고 있다.[2] 물건을 사면 보증서가 따라온다. 보증기간 내에 문제가 생기면 수리해 주거나 교환해 준다. 그런데 어떤 때는 보증이 되지 않는 경우도 있다. 비행기 좌석을 예약했는데, 공항에 가 보면 오버 부킹 된 경우도 있다. 중요한 것일수록 보증이 더 중요하다. 영생이나 구원과 관련해서는 보증이 더 중요하다. 하나님께 나아가고 구원을 누리게 하는 언약의 경우도 보증은 매우 중요하다. 그리스도께서는 죽음, 승귀, 하늘 성소에서 대제사장의 역할을 감당하심을 통해 새롭고 더 좋은 언약이 폐지되지 않을 것이라는 것을 보증한다. 이 단락은 예수님이 레위 제사장들과 비교할 때 더 좋은 언약의 보증이 되신다고 밝힌다 (7:22). 설교자는 하나님의 맹세, 그리스도의 영원성, 그리고 그리스도의 속성과 고귀한 지위라는 세 가지 이유를 든다.

하나님의 맹세(7:20-22)

히브리서 6:17절에서 저자는 하나님의 맹세에 대해 다루었다. 맹세는 모든 논쟁이 그치게 하는 힘이 있다. 하나님은 자기보다 더 큰 이가 없기에 자기를 두고 맹세하신다. 레위 지파의 제사장들과 예수님의 제사장직이 확연히 구별되는 부분이 바로 맹세다. 하나님께서는 레위 제사장들을 세우실 때는 맹세하지 않으셨다. 그러나 예수 그리스도를 제사장으로 세우실 때는 맹세하셨다. 하나님은 맹세하시고 다시 그 맹세를 거두지 않으신다. 레위 지파의 제사장들은 맹세 없이 되었지만, 그리스도는 '네가 영원히 제사장'이라는 하나님의 맹세를 통해 제사장 직분을 가지게 되었다. 그러므로 누가 더 우월한 제사장인가? 그것은 두말 할 것 없이 맹세에 의해 이루어진 그리스도의 제사장직이다. 7:21절에서 우리는 저자가 멜기세덱이 아닌 그리스도의 제사장직에 관심이 있었다는 것을 알 수 있다. '멜기세덱의 반차를 따르는'이란 말을 생략하고 있다. 이 구절 이전에는 시편 110:4절을 인용할 때 항상 사용했던 표현이다. 그러나 멜기세덱을 통해 그리스도의 제사장직을 적절히 설명한 후에는 더 이상 멜기세덱을 언급을 필요를 느끼지 못해 '네가 영원한 제사장'이라고만 표현하고 있다.[3] 이 세상 어떤 사람에 의한 맹세가 아닌 온 우주만물을 지으신 하나님의 맹세에 의해 그리스도는 제사장이 되셨기에 더 좋은 언약의 보증이 되신다.

그리스도의 영원성(7:23-25)

'다다익선(多多益善)'이라는 말이 있다. '많으면 많을수록 좋다'는 말이다. 그러나 이 말이 모든 경우에 다 맞지는 않다. 이 구절이 그것을 입증한다. '많은'과 '하나'의 대조가 이 구절에 사용되고 있다. 옛 제사장들은 영원히 살 수 없는 연약한 존재들이다. 그래서 시간이 지나면서 많은 제사장들이 필요했다. 그러나 새로운 대제사장이신 예수님은 한 분이 그 역할을 감당하신다. 그 이유는 그리스도는 영원히 존재하시기 때문이다. 영원하신 그리스도는 영원한 대제사장으로 역할을 감당하신다. 그리스도의 영원성은 그의 제사장으로서의 사역이 레위 제사장들과 다름을 잘 보여준다. 저자는 25절에서 그리스도는 자기를 힘입어 하나님께 나아가는 자들을 온전히 구원하실 수 있는데, 그 이유는 그가 항상 살아 계셔서 그들을 위해 하나님께 간구하기 때문이라고 말한다.[4] 제사장으로서 그리스도의 중보의 역할은 앞 단락에서 제사장직과 율법의 목적이 하나님께 나아가는 것이라고 하는 것과 너무나도 잘 어울리고(18-19절), 히브리서의 큰 주제인 하나님께 나아감(access to God)과 밀접한 관련이 있다는 것을 잘 보여준다.

그리스도의 탁월한 인격과 지위(7:26-28)

7:26절에서 대제사장에 관한 인격적 특징을 설명하기 위해 세 개의 형용사가 사용된다.[5] 그리스도는 거룩하고(호시오스 ὅσιος) 악이 없고(아카코스 ἄκακος) 더러움이 없다(아미안토스 ἀμίαντος). '거룩한'은 하나님을 섬기는 일에 거룩하게 구별되었다는 의미다. '악이 없고'는 악을 행하지 않고 흠이 없었다는 의미다. '더러움이 없고'는 제의적으로, 그리고 도덕적으로 정결하다는 의미다. 이 세 단어들은 단지 수동적이고 정적인 도덕적 특성을 담고 있는 것이 아니다. 그리스도는 성육신을 통해 사람들과 같아지셨고 많은 시험을 받으셨음에도 불구하고 거룩함을 잃지 않으셨다는 의미다. 그래서 하나님과의 관계에

서 아무런 걸림돌이 없으셨다.6 대제사장이신 그리스도는 승천을 통해 죄인들과 구분되셨고, 시험과 적대적인 고난을 당하는 세상을 떠나 하나님의 영역으로 올라가셨다. 이러한 승귀를 통해 하늘보다 높이 되심은 단순히 인간들과의 분리가 아니라, 인간들을 위한 중보사역을 위해 하나님 존전으로 나아가심을 의미한다.7

대제사장이신 그리스도는 이 땅의 제사장들이 하듯이 먼저 자기를 위해 제사를 드리고 다음에 백성들을 위해 제사를 드릴 필요가 없다. 왜냐하면 그는 단번에 (에파팍스 ἐφάπαξ) 자기를 드리셨기 때문이다(7:27).8 이것은 그리스도의 죽음의 유일성과 최종성을 의미한다. 그는 하나님께 다른 동물의 피가 아니라 자기 자신의 생명을 드림으로 사람들의 죄를 해결하셨다. 이어지는 9장과 10장에서 그리스도의 제사는 더 자세하게 다루어진다. 그 논의를 한 마디로 표현한 것이 바로 '그가 단번에 자기 자신을 드리셨다(에파팍스 헤아우톤 아네넹카스 ἐφάπαξ ἑαυτὸν ἀνενέγκας)'는 것이다.9 두 제사장직 간의 차이는 7:28절에서 다시 한 번 분명해 진다. 레위 제사장의 직분은 율법에 의해 주어졌고 그들은 약점을 가진 사람들이었지만, 그리스도는 맹세의 말씀을 통해 세워지셨고 그는 약점이 없는 온전한 아들이셨다.10 2:10절과 5:9절에서도 그리스도의 온전함에 대한 설명이 있었는데, 이 두 구절에서의 강조는 고난을 통한 온전함이었다. 그리스도는 시험과 치욕, 그리고 죽음의 고통 속에서도 순종하시고 위엄과 권능의 자리로 승귀하셨다. 그리스도의 승귀는 그리스도의 온전함을 구체적으로 보여주는 것이다.

묵상을 위한 도움

영원하신 그리스도의 중보의 탁월성을 교회를 예를 들어 설명해 보자. 영국 캔터베리에 있는 성 마틴 교회는 영어권 교회 중 현존하는 가장 오래된 교회다. 주후 500년대에도 이 교회가 있었다는 자료가 있다. 수 백 명의 사역자들이 있었다. 그들은 지금 어디 있는가? 이 세상에 존재하지 않는다. 일정 기간 역할을 감당하고 세상을 떠났다. 그런데 만약 수 백 년을 그 자리를 지킬 수 있는 사람이 있다면 어떨까? 아니 영원하신 그리스도께서 그 사역을 감당하신다면 어떨까? 그가 가진 경험적 지식과 대처능력은 자주 바뀜으로 처음부터 다시 배워야 하는 유한한 사역자들과는 비교불가능 할 것이다. 그리스도는 영원한 대제사장으로 우리를 하나님께로 이끌고 계신다.

핵심 포인트

1. 보증의 중요성은 무엇인가?
2. 그리스도께서 더 나은 언약의 보증이 되시는 세 가지 근거는 무엇인가?
3. 대제사장이신 그리스도를 의지하여 하나님께 나아가자.

6부

더 나은 제사장이 드린
더 나은 제사

18
더 좋은 언약

히브리서 8 : 1 - 13

¹지금 우리가 하는 말의 요점은 이러한 대제사장이 우리에게 있다는 것이라 그는 하늘에서 지극히 크신 이의 보좌 우편에 앉으셨으니 ²성소와 참 장막에서 섬기는 이시라 이 장막은 주께서 세우신 것이요 사람이 세운 것이 아니니라 ³대제사장마다 예물과 제사 드림을 위하여 세운 자니 그러므로 그도 무엇인가 드릴 것이 있어야 할지니라 ⁴예수께서 만일 땅에 계셨더라면 제사장이 되지 아니하셨을 것이니 이는 율법을 따라 예물을 드리는 제사장이 있음이라 ⁵그들이 섬기는 것은 하늘에 있는 것의 모형과 그림자라 모세가 장막을 지으려 할 때에 지시하심을 얻음과 같으니 이르시되 삼가 모든 것을 산에서 네게 보이던 본을 따라 지으라 하셨느니라 ⁶그러나 이제 그는 더 아름다운 직분을 얻으셨으니 그는 더 좋은 약속으로 세우신 더 좋은 언약의 중보자시라 ⁷저 첫 언약이 무흠하였더라면 둘째 것을 요구할 일이 없었으려니와 ⁸그들의 잘못을 지적하여 말씀하시되 주께서 이르시되 볼지어다 날이 이르리니 내가 이스라엘 집과 유다 집과 더불어 새 언약을 맺으리라 ⁹또 주께서 이르시기를 이 언약은 내가 그들의 열조의 손을 잡고 애굽 땅에서 인도하여 내던 날에 그들과 맺은 언약과 같지 아니하도다 그들은 내 언약 안에 머물러 있지 아니하므로 내가 그들을 돌보지 아니하였노라 ¹⁰또 주께서 이르시되 그 날 후에 내가 이스라엘 집과 맺을 언약은 이것이니 내 법을 그들의 생각에 두고 그들의 마음에 이것을 기록하리라 나는 그들에게 하나님이 되고 그들은 내게 백성이 되리라

¹¹또 각각 자기 나라 사람과 각각 자기 형제를 가르쳐 이르기를 주를 알라 하지 아니할 것은 그들이 작은 자로부터 큰 자까지 다 나를 앎이라 ¹²내가 그들의 불의를 긍휼히 여기고 그들의 죄를 다시 기억하지 아니하리라 하셨느니라 ¹³새 언약이라 말씀하셨으매 첫 것은 낡아지게 하신 것이니 낡아지고 쇠하는 것은 없어져 가는 것이니라

우리말 개역개정성경과 헬라어 본문 비교

* 개역개정성경 8:4절은 "예수께서 만일 땅에 계셨더라면"이라고 번역하였다. 그러나 원문에는 '예수'가 등장하지 않는다. 원문은 "그가 만일 땅에 계셨더라면"이다. 8장에서는 '예수'나 '그리스도'가 주어로 등장하지 않는다. 그러다보니 영어성경에서도 6절에 '그' 대신 '그리스도'로 바꾸어 번역한 경우들이 종종 있다. 그러나 8:6절의 원문에는 그리스도도 없다. 그러다가 9:11절에 비로소 그리스도가 등장한다. 개인적인 이름을 사용하는 것을 자제했다가 9:11절에 그리스도라는 칭호를 사용함으로 저자는 수사학적으로 극적인 느낌을 주려고 한 것 같다.[1]

본문으로 들어가기

히브리서의 핵심단락인 8:1-10:25절에서 저자는 옛 언약 하에서 드려진 동물제사는 효력이 없어 폐기되고 새 언약 하에서 그리스도께서 더 나은 제사를 드렸다는 것에 대해 다루고 있다. 이 단락은 삼중

구조 패턴 설교가 잘 드러난다. 8:1-10:18절은 본론, 10:19-21절은 결론, 그리고 10:22-25절이 권면이다. 8:1-10:25절에서 저자는 논증을 더 효과적으로 하기 위해서 옛/새(old/new), 하나/많은(one/many), 지상/천상(earthly/heavenly), 육/영(flesh/spirit), 외적/내적(external/internal) 등의 다양한 대조(antithesis)들을 사용하고 있다.[2] 옛 제사들보다 예수 그리스도께서 우월하다는 명백한 증거는 옛 제사들은 죄의 문제를 해결하는데 무능했지만, 예수 그리스도는 죄 문제를 완전히 해결하셨다는 사실에 있다.

8장은 삼중구조 패턴 설교의 본론(8:1-10:18)의 일부로서 새 언약의 중보자이신 그리스도와 새 언약의 특징에 대해 다룬다. 8:1-6절은 예레미야 31:31-34절의 긴 인용을 위한 도입 역할을 한다.[3] 8:1-13절은 크게 두 부분으로 나눌 수 있다. 1-6절에서는 예수 그리스도의 천상의 사역에 대해, 그리고 7-13절에서는 새 언약의 특징에 대해 다룬다. 이 단락에서의 히브리서 저자의 논증은 그리스도의 사역의 우월성을 설명하며 '제사,' '장막,' 그리고 '언약'이라는 핵심개념을 사용한다. 옛 것/새 것, 그리고 땅/하늘의 대조는 모형/원형의 개념과 긴밀한 상관성을 지니고 있다. 그리스도가 새로운 대제사장이라는 것은 결코 옛 제사장들과 비교할 때 후발주자라는 말은 아니다. 그리스도는 이 땅의 성소의 원형이 되는, 달리 말하면 먼저 존재했던 참된 성소의 제사장이다.[4] 이 단락을 살필 때 눈에 띄는 한 가지 사실이 있다. 그것은 히브리서 저자가 일관되게 강조했던 말씀하시는 하나님의 모습이 여기서도 나타난다는 것이다. 옛 언약의 폐지와 새 언약의 시작을 주장하시는 분이 바로 하나님이다. 8절에서 그들의 잘못을 지적하시는 분도 하나님이요, 새 언약을 말씀하시는 분도 하나님이고,

13절에서 첫 것을 낡아지게 하신 분도 하나님이시다. 원문에서 8절의 "말씀하시되(레게이 λέγει)"와 13절의 "낡아지게 하신 것이니(페팔라이오켄 πεπαλαίωκεν)"의 주어는 바로 하나님이시다. 하나님께서 친히 옛 언약이 폐지되게 하셨다. 새 언약은 단지 "예레미야서에 있는 증거본문에 근거한 주해적인 결론"이 아니라 "성경적인 증거를 동반하는 하나님의 새로운 행위(a new act of God)"다.5 옛 언약의 폐지와 새 언약의 선포를 통해 하나님이 어떤 분이신지, 그리고 새 언약의 특징이 무엇인지를 가르쳐 준다.

더 좋은 언약의 중보자(8:1-6)

8:1절은 7장에서 말했던 부분을 다시 요약하면서 시작한다: 이러한 대제사장이 우리에게 있다. 원문을 살려 말하면, "이러한 대제사장을 우리가 가지고 있다"가 된다. 7장에서 하나님의 아들이신 그리스도께서 영원한 대제사장이 되셨음을 분명히 밝힌 저자는 대제사장의 사역의 현장에 대해 말한다. 그분은 이 땅이 아니라 하늘에 계신다. 그분은 하나님 보좌 우편에 앉아계시는데, 성소와 참 장막에서 섬기신다. 여기서 예수님의 우월성은 하늘/땅의 대조에 의해서 드러난다.6 또한 하늘 시스템은 이 땅의 시스템과는 여러 면에서 다르다. 하늘 성소는 사람들에 의해 세워진 것이 아니라 하나님께서 세우신 것이다(8:2). 하늘 성소를 섬기는 자(8:4)와 죄를 해결하는 방식도 다르다(8:3). 히브리서 설교자는 시편 110:1절을 통해 그리스도의 위엄에 초점을 맞추기보다는 하늘에서의 그리스도의 위치와 직분에 대해서 설명한다.7 8:3-4절에서는 그리스도께서 드리신 것을 언급한다. 이

땅의 성소에서 대제사장들은 옛 언약에 속한 율법에 따라 예물과 제사를 드렸다. 예수님께서는 이 땅에서는 제사장이 될 수 없는 분이셨다. 그 이유는 옛 언약과 관련된 율법에 따라 제사를 관장하는 제사장들이 있었기 때문이다. 하늘 성소를 섬기는 제사장으로서 그리스도도 무언가 드릴 것이 필요했는데, 그것은 율법을 따라 드린 예물이나 제사와는 다른 것이었다. 4절에서 '그러므로 그도 무엇인가 드릴 것이 있어야 할지니라'는 구절은 히브리서를 읽는 독자로 하여금 궁금증을 가지게 한다. 꼼꼼한 청중이라면 이 구절이 예수님의 제사장직을 다룬 5:7절을 연상케 한다고 생각했을 것이다. 7:27절에서 저자는 그리스도께서 자신을 드리셨다는 것을 언급했기에, 이 구절에서 그 내용을 더 자세히 설명하지 않을까 하는 기대를 독자들이 가지게 한다. 그러나 히브리서 설교자는 당장 이 내용을 다루지 않고 9:11절까지 미루고 있다.[8] 이 땅의 성소와 관련해서는 예수께서 하실 일이 없었다는 것을 아는 유대인들은 아마 그리스도의 제사장직에 대한 주장에 대해 터무니없는 주장이라고 생각했을 수도 있다. 그러나 히브리서 설교자는 이 땅의 성소에서의 의식은 하늘에 있는 참 장막의 스케치(휘포데이그마 ὑπόδειγμα)[9]와 그림자(스키아 σκιά)[10]로 주어진 것이라고 말한다. 출애굽기 25:40절을 통해 지상의 성소는 하늘 성소의 스케치요 그림자 역할을 한다고 말한다. 그리스도는 옛 언약이 아닌 '더 좋은 언약의 중보자(메시테스 μεσίτης)'이신데, 그 이유는 더 좋은 약속으로 말미암아 세워졌기 때문이다. 그럼 더 좋은 약속이 무엇인가? 그것은 이어지는 예레미야서의 긴 인용을 통해 드러난다.

새 언약을 선포하시는 하나님(8:7-8, 13)

히브리서 8장에서는 예레미야 31:31-34절로부터 취한 긴 인용을 통해 새 언약과 약속들에 대해서 설명한다. 이 인용의 시작과 끝(7-8, 13절)에서 히브리서 저자는 첫 번째 언약에 대한 부정적인 평가를 한다. "저 첫 언약이 무흠하였더라면 둘째 것을 요구할 일이 없었으려니와 그들의 잘못을 지적하여." "새 언약이라 말씀하셨으매 첫 것은 낡아지게 하신 것이니 낡아지고 쇠하는 것은 없어져 가는 것이니라(엥귀스 아파니스무 ἐγγὺς ἀφανισμου)." 이러한 부정적인 평가는 율법에 대한 이전의 비판을 떠오르게 한다(7:11). 이 단락은 법정에서의 광경을 연상시킨다. 두 개의 불일치하는 언약이 존재할 때, 그 중 하나는 폐기되어야 한다. 새로운 언약이 발효되면 옛 언약은 사라지게 되어 있다.[11] 첫 언약의 폐기는 히브리서 12장에 나오는 하나님의 심판과도 관련이 있다. 첫 언약과 율법은 모든 보이는 것은 흔들리게 되고 사라지게 될 물질세계와 관련이 있는 것이다(12:26-28). 새로운 언약을 세우는 주체는 하나님이시다. 예레미야 구절을 단순히 인용하는 형태를 취하지 않고 하나님께서 직접 선포하시는 형식을 취하고 있다. 이 구절에서 첫 번째 언약의 본질적인 문제는 백성들이었다고 밝힌다. 그들이 하나님의 언약에 머물러 있지 않음으로 그들을 돌보시 않으셨는데, 하나님께서 이제 새로운 언약을 맺을 것이라고 선언하신다.

새 언약의 두 가지 특징들(8:8-12)

어떤 학자들은 이 단락에서 인용된 예레미야 31장 말씀은 단지 옛 언약과 제사 제도에 대한 비판적 기능을 하고 있다고 주장한다.[12] 그러나 이러한 이해는 동전의 한 면만을 보는 것이다. 인용된 예레미야서의 구절은 새 언약의 질적인 차이를 보여준다. 하나님께서 시내 산에서 이스라엘 백성들과 옛 언약이라 불리는 언약을 맺으실 때 하나님은 그들의 하나님이 되고 이스라엘은 하나님의 백성이 된다고 하셨다(출 19:5-6). 그것이 하나님과 이스라엘의 관계다. 새 언약을 통해서 이루시려는 관계도 옛 언약에서 말씀하신 것과 다르지 않다. 중요한 것은 그 관계를 이루는 방식이 다르다. 두 가지 차이가 있는데, 첫째는 새 언약은 외적(external)이지 않고 내적(internal)이라는 것을 보여준다(8:10-11; 10:16 참고). 하나님께서 시내 산에 있었던 이스라엘 백성들에게는 돌 판 위에 자신의 뜻을 담아 주셨다. 그러나 이스라엘 백성들은 마음의 부패함으로 인해 하나님의 뜻을 행할 수 없었다. 광야 세대 이스라엘의 불순종은 부패한 마음의 자연스러운 결과다(히 3-4장). 이러한 한계를 잘 아시는 하나님께서 새 언약을 주실 때는 돌 판이 아니라 그들의 생각과 마음에 새겨 주셨다. 하나님께서는 옛 언약은 해결할 수 없었던 문제인 양심과 마음을 깨끗하게 하실 것이란 약속을 주신다. 이 부분에서 설교자는 죄의 문제가 어떻게 해결될 것인지는 말하지 않는다. 그러나 생각, 마음과 같은 사람의 내적인 부분과 관련된 단어를 사용하는 것에 주목할 필요가 있다. 둘째는 하나님께서 사람들에 대한 자비로운 태도를 취하신다. 사람들의 불의를 긍휼히 여기시고 죄를 다시 기억하지 않으신다. 어떤 신학자는 "성도는 죄에 대해 대충 수색을 당한 사람들"이라고 규정한다. 만약 하나님께서 자신의 기준으로 우리의 죄를 샅샅이 살피신다면 단 한 사람도 그분 앞에 설 수 없을 것이다. 그러나 하나님께서는 새 언약의 중보자이신 그리스도 안에서 우리를 긍휼히 여기시고 죄 사함의 은총을 베풀어 주신다. 이 얼마나 큰 은혜인가?

묵상을 위한 도움

몇 년 전 읽은 신문기사다. 그 기사에는 중국에 있는 아파트 사진이 실려 있었다. 그것은 중국 산둥성 칭다오에 있는 저소득층을 위한 고층아파트였다. 아파트니까 당연히 창문이 많았다. 각각의 집들에도 창문이 있지만, 오르내리는 계단에도 창문이 있었다. 그런데 좀 이상하다는 생각이 들었다. 자세히 보니 창문이 벽에 그냥 그려져 있을 뿐이었다. 오르내리는 계단 쪽은 창문이 없고 모형만 그려져 있었다. 그 계단을 오르고 내려도 햇볕이 들지 않을 것이다. 왜? 진짜 창문이 아니니까. 모형이니까. 이 아파트 사진은 옛 언약 하에서의 제사 제도와 흡사하다. 아파트 복도 창문은 모형이지, 실제 창문의 역할을 하지 못한다. 그러나 우리에게는 하나님의 아들이신 위대한 대제사장이 계신다. 그분으로 인해 우리의 내면의 죄는 말끔히 해결되었고, 하나님은 더 이상 우리의 죄를 기억하지 않으신다. 이 얼마나 큰 은혜인가?

핵심 포인트

1. 더 좋은 언약의 중보자이신 그리스도
2. 새 언약의 두 가지 특징: 내면성과 하나님의 태도 변화
3. 새 언약을 선포하시는 하나님

19
옛 제사 제도의 한계: Members Only

히브리서 9:1-10

¹첫 언약에도 섬기는 예법과 세상에 속한 성소가 있더라 ²예비한 첫 장막이 있고 그 안에 등잔대와 상과 진설병이 있으니 이는 성소라 일컫고 ³또 둘째 휘장 뒤에 있는 장막을 지성소라 일컫나니 ⁴금 향로와 사면을 금으로 싼 언약궤가 있고 그 안에 만나를 담은 금 항아리와 아론의 싹난 지팡이와 언약의 돌판들이 있고 ⁵그 위에 속죄소를 덮는 영광의 그룹들이 있으니 이것들에 관하여는 이제 낱낱이 말할 수 없노라 ⁶이 모든 것을 이같이 예비하였으니 제사장들이 항상 첫 장막에 들어가 섬기는 예식을 행하고 ⁷오직 둘째 장막은 대제사장이 홀로 일 년에 한 번 들어가되 자기와 백성의 허물을 위하여 드리는 피 없이는 아니하나니 ⁸성령이 이로써 보이신 것은 첫 장막이 서 있을 동안에는 성소에 들어가는 길이 아직 나타나지 아니한 것이라 ⁹이 장막은 현재까지의 비유니 이에 따라 드리는 예물과 제사는 섬기는 자를 그 양심상 온전하게 할 수 없나니 ¹⁰이런 것은 먹고 마시는 것과 여러 가지 씻는 것과 함께 육체의 예법일 뿐이며 개혁할 때까지 맡겨 둔 것이니라

우리말 개역개정성경과 헬라어 본문 비교

* 9:1절에 '토 테 하기온 코스미콘(τό τε ἅγιον κοσμικόν)'이라는 표현이 나온다. 헬라어 '코스미콘'은 '우주의' 혹은 '세상의'라는 뜻이 있

다. 어떤 학자는 이 단어를 '우주적인 상징을 갖는'이라는 의미로 번역해야 한다고 주장하기도 한다. 그러나 그 번역은 적절하지 않다. 개역개정성경에서처럼 하늘과 대조되는 '세상의'라는 뜻으로 번역하는 것이 적절하다.[1]

본문으로 들어가기

이 단락에서는 옛 언약 제의의 한계들에 대해서 하늘/땅의 대조를 통해 잘 드러내고 있다. 설교자가 지적하는 한계는 두 가지다. 첫째는 이 땅의 성소의 구조는 하나님께 나아감에 있어서 차별화된 제한성을 드러낸다. 옛 언약 하의 성소는 두 개의 방으로 구성되어 있다. 그런데 그 방 사이에 휘장이 있었다. 이 휘장은 일반 제사장들이 하나님께 자유롭게 나아가지 못하게 막는 것이었고, 오직 대제사장만이 일 년에 한 번 대속죄일에 지성소에 들어갈 때 통과할 수 있었다. 둘째는 옛 언약 아래에서 드려진 예물과 제사는 섬기는 자들의 양심을 온전하게 할 수 없었다. 이것은 옛 제의 체계가 그 목적하는 바를 이룰 수 없었음을 보여준다. 흠이 많은 대제사장이 불완전한 제물을 가지고 하나님께 나아가는 것으로는 양심을 온전하게 할 수 없다고 말한다. 그렇다면 백성들 중에서 특별한 위치에 있었던 대제사장조차도 대속죄일에 지성소에 들어가 드리는 제사를 통해 백성들을 정결케 하거나 깨끗하게 할 수 없었다는 것을 의미한다. 이것을 통해 알 수 있는 내용은 정결법을 외적으로 지키는 것으로는 인간의 내적인 죄의 문제를 해결할 수 없었다는 것이다. 이 단락 이전에도 저자는 히브리서

3-4장에서 죄의 문제를 다루었다. 그는 청중들에게 맛사와 므리바에서 불순종하고 반역했던 광야 세대의 잘못을 상기시키며, 그들의 죄는 바로 살아계신 하나님으로부터 떠나므로 인해 악하고 믿지 않는 마음을 가지게 된 것이었다고 지적했다.

이 땅의 성소(9:1-5)

9:1절은 헬라어 원문에서는 접속사 '운(οὖν)'이 있다. 우리말 개역개정성경에서는 따로 번역하지 않았지만, 대부분의 영어성경에서는 'now'로 번역하였다. 이것을 통해 새로운 주제를 시작하고 있다는 것을 알려준다.[2] 그 내용은 무엇인가? 첫 언약 하의 섬기는 예법과 세상에 속한 성소에 관한 것이다(9:1). '세상에 속한 성소(토 하기온 코스미콘 τό ἅγιον κοσμικόν)'라는 표현에서 헬라어 '코스미콘'은 위에서 설명한 것처럼 '세상의' 혹은 '땅의'라는 말로 번역된다. 저자는 땅/하늘의 대조적인 영역 중에서 땅에 대한 부분을 다루려고 한다는 힌트를 얻게 된다. 땅의 성소는 8:5절에서 말한 대로 '하늘에 있는 것의 스케치와 그림자'로 하늘 성소와는 대조되는 것이다. 성소의 구조와 물품들에 대해 살펴보자. 성소의 첫 장막은 '성소'라고 불렸고, 성소 안 남쪽에 등잔대(출 25:31-39)가 있어 여섯 개의 가지로 이루어져 있었다. 북편에는 진설병이 있는 상(출 25:23-30)이 있었고, 열두 개의 떡이 두 줄로 각기 여섯 덩어리씩 진열되어 있었다. 그런데 성소에 있어야 할 품목이 금 향로인데 히브리서 설교자는 3절에서 이것이 지성소 안에 있었다고 말한다.[3] 둘째 휘장 뒤에 있는 장막을 '지성소'라 부른다. 그 안에는 금 향로와 금으로 싼 언약궤가 있고 그 안에 만나를 담

은 항아리와 아론의 싹난 지팡이와 언약의 돌판들이 있다. 그 위에 속죄소를 덮는 그룹들이 있다. 여기서 문제가 되는 것은 금 향로로 번역된 '두미아테리온(θυμιατήριον)'의 위치다. 두미아테리온이 향을 담아놓는 용기를 가리키는지, 아니면 분향단을 가리키는지는 분명하지 않다. 많은 영어 성경들은 분향단의 의미로 'altar of incense'로 번역하였다. 그런데 금 향단은 지성소 커튼 바로 앞 성소에 자리하고 있었던 것으로 알려져 있다(출 30:6; 40:26).[4] 또 다른 문제는 구약성경에 보면 만나를 담은 항아리와 아론의 싹난 지팡이는 언약궤 앞에 두었던 것으로 기록되어 있다(출 16:33-34; 민 17:10).[5] 그러나 히브리서에서는 언약궤 안에 두었다고 한다. 그 이유는 자세히 알 수 없지만, 혹시 안전을 위해서 이후에 언약궤 안에 두었을까? 생각해 볼 수도 있다. 히브리서 저자는 이러한 우리의 고민을 알기라도 한 듯이 이것들에 관하여는 낱낱이 말하지 않겠다고 한다. 이 말을 통해서 설교자는 지성소와 성소 안에 어떤 물건들이 있었는지, 그리고 그 의미가 무엇인지에 대해서는 큰 관심이 없었다는 것을 알 수 있다. 그러면 무엇이 관심이었을까? 이어지는 구절에 잘 나온다.

제사장과 대제사장(9:6-7)

이 땅의 성소가 '성소'와 '지성소'로 구분이 되는 것처럼, 하나님의 부름을 받은 제사장들 사이에도 구분이 있었다. 제사장들은 첫 장막인 성소에 들어가서 임무를 수행하였다. '항상(디아 판토스 διὰ παντός)'이라는 말을 통해 제사장들은 매일 자주 성소에 들어갔다는 것을 알 수 있다. 그들은 아침과 저녁에 들어가 등대를 깨끗이 닦고 등잔의 불이 켜져 있는지를 살폈고, 향로에 불을 붙이는 일을 했다(출 27:20-21; 30:7-8). 일주일에 한 번씩 봉사 순서에 따라 상 위에 있는 진설병을 교체하는 일도 하였다(레 24:8-9). 이와 같은 일은 제사장이면 누구든지 할 수 있었다.6 그러나 제사장들은 지성소에는 들어갈 수 없었다. 지성소에는 오직 대제사장만 들어갈 수 있었는데, 그것도 일 년에 한 번, 대속죄일에 들어갈 수 있었다(레 16장). 먼저는 자신을 위해, 다음은 백성들을 위해 제사를 드렸다. 이 제사는 반드시 피를 드리는 제사여야 했다.7 그러기에 지성소는 매우 특별한 공간으로 여겨져 "하늘과 땅이 만나는 곳이요, 하나님의 보좌로 바로 올라가는 곳"이라고 생각했다.8 그러나 히브리서 저자에 따르면 대속죄일에 대제사장이 일 년에 한 번 지성소에서 드리는 동물제사는 결코 백성들의 죄를 깨끗이 할 수 없었고, 영문 밖에서(13:12) 있었던 예수님의 죽음은 예배드리는 자의 양심을 깨끗하게 함으로 죄의 문제를 해결했다고 지적한다. 성소의 공간과 제사장들 사이의 구분은 옛 언약 하에서 하나님께 나아가는 것이 제한과 차별이 있었다는 것을 잘 보여준다. 이러한 차별을 가져다 준 것은 '거룩' 개념이다. 공간적으로 지성소는 가장 거룩하고 성소는 그 다음이며, 제사장들에게 있어서도 이러한 거룩의 차이는 존재했다. 뿐만 아니라 이러한 거룩 개념은 백성들의 실제적인 삶과도 연결되어 있었다.

참고로 제사장들은 예수님 당시에도 존재했는데, 부정한 것으로부터 거룩을 지키는 것이 그들의 임무 중에 하나였다. 그것은 성전이나 성막의 구조와도 긴밀한 관계를 지니고 있었다. 예루살렘 성전도 신성한 것과 신성하지 않은 것, 제사장직과 평신도 사이의 구분을 반영하고 있다.9 브루스 말리나는 예수님 당시에 거룩 혹은 정/부정의 정도에 따라 14등급으로 사람들을 구분했다고 본다. 필자는 그와 같은 엄밀한 구분에는 동의하지 않지만, 거룩 개념이 그 당시 사회에서 중요했고, 그것으로 인해 사람들 간에 분명한 차별이 있었다는 것은 인정한다. 참고로 말리나의 계층 구분을 소개하면 다음과 같다.[10]

1. 제사장들
2. 레위인들
3. 양부모가 유대인인 사람들
4. 제사장들의 비합법적인 아이들
5. 유대교로 개종한 자들
6. 한 때 노예였지만 자유인이 된 개종자들
7. 혼외 관계를 통해 태어난 아이들
8. 아버지 없는 아이들 (창녀에게서 태어남)
9. 고아들
10. 사람들에 의해서 만들어진 고자
11. 타고난 고자
12. 기형적인 성기를 지닌 자
13. 양성자
14. 이방인들

이 리스트에서 제사장들은 가장 위쪽에 위치하며 하나님/사람들 사이에, 그리고 거룩/거룩하지 않은 것 사이의 중재자로서 신성을 보호하는 중요한 역할을 감당한다. 제사장들은 하나님 앞에 나아감에 있어서 특권과 동시에 위험을 가지고 있었다.[11] 만약 어떤 사람이 출입이 허용되지 않는 장소에 들어가려고 하면 성전을 지키는 자들에 의해서 죽임을 당했다. 옛 언약 하의 제의법은 하나님의 거룩을 유지하기 위한 목적과 동시에, 더 정확하게 말하면 하나님의 거룩으로부터 백성들을 보호하기 위해 그들을 하나님으로부터 멀리 떨어져 있게 했다.[12]

육체의 예법(9:8-10)

하나님께 나아가는 것이 제한적이었던 옛 언약의 성도들에게는 보이지 않았던 것이 성령을 통해서 드러나게 되었다. 그것은 장막의 첫 구획이 제의적인 역할을 하는 한, 하나님께로 나아가는 것이 불가능하다고 말한다. 여기서 '첫 장막이 서 있을 동안에(에티 테스 프로테스 스케네스 에쿠세스 스타신 ἔτι τῆς πρώτης σκηνῆς ἐχούσης στάσιν)'는 이해하기 어려운 부분이다. 어떤 학자들은 2절과 6절에서의 첫 장막은 이 땅의 성소의 외부 장막을 의미하고 8절에서는 이 땅의 성소 자체를 의미한다고 이해한다.[13] 그러나 다른 학자들은 공간적인 의미를 지닌 것으로 2절과 6절에서의 사용과 동일하게 이 땅의 성소의 외부 장막을 의미한다고 주장한다.[14] 필자는 두 번째 견해에 동의하는데, 같은 단락에서 동일한 단어를 다르게 이해할 이유가 없어 보인다. 옛 언약이 여전히 하나님께 나아가는 역할을 지니고 있는 한 하나님이 계시는 거룩한 장소로 나아감은 가능하지 않다. 첫 장막, 즉 제의적인 활동의 영역인 성소가 폐지되어야만 접근할 수 있다. 그런 의미에서 첫 장막은 하나님의 존전으로 나아가는 것을 막고 있는 것이다.[15] 장막의 첫 구획은 현재까지의 비유[16]로 개혁의 때가 옴으로 다른 것으로 대체되었다.17 개혁이 필요했던 이유는 옛 언약 하에서 드린 예물과 제사는 섬기는 자의 양심을 온전하게 할 수 없었다는 명백한 약점이 있었기 때문이다. 인간의 죄의 근본적인 문제는 양심의 문제였는데, 이 땅의 성막에서 드려진 동물제사로는 그 문제를 해결할 수 없었고, 기껏해야 육체와 관계해서 정결을 가져다주는 정도였다. 이 부분에서는 옛 언약 제사의 한계를 지적하며 양심과 육체의 대조를 다룬다. 이러한 대조는 히브리서 8장에서 새 언약에 대해 설명하며 내적/외적 대조를 했던 것과 연관이 있다. 이러한 저자의 지적은 히브리서가 정결 규정의 외적이고 형식적 위반보다 죄의 내면적인 요소에 더 많은 관심이 있음을 잘 보여준다.18

묵상을 위한 도움

영국 옥스퍼드 대학교에는 40여 개의 칼리지가 있다. 칼리지마다 독립적인 캠퍼스를 가지고 있다. 우리나라 미국과 달리 칼리지 이름을 크게 건물에 써놓은 경우가 거의 없다. 뿐만 아니라 칼리지 캠퍼스에 들어가는 정문에 나무판을 세워 놓은 경우가 많다. 그 판 위에 이 말이 적혀 있다. "Members Only." 칼리지 멤버만 들어올 수 있다는 표시다. 관광객들은 정문을 통과할 수 없도록 수위 아저씨(porter)가 지키고 있다. 칼리지에 들어가는 것이 제한적이다. 그 문구를 보면서 예수님 당시의 성전이 떠올랐다. 성전에는 여러 뜰들이 있었다. 제사장들의 뜰, 유대인 남자들의 뜰, 유대인 여자들의 뜰, 이방인들의 뜰 등등이다. 그 뜰에는 아무나 들어갈 수 없었다. Members Only다. 사도행전 21장에 보면 바울이 예루살렘 성전에 에베소 사람 드로비모를 데리고 들어갔다. 바울은 이방인인 그를 이방인의 뜰까지 데리고 갔을 텐데, 바울의 대적자들은 유대인 남자들의 뜰에 이방인인 드로비모를 데리고 들어갔다고 트집을 잡았다. 그들은 바울이 거룩한 곳을 더럽혔다고 생각했다. 결국 그 일로 바울은 잡혀 재판까지 받게 되었다. 옛 언약에 있었던 제한적인 나아감이 새 언약에서는 무제한적인 나아감으로 바뀌었다.

핵심 메시지

1. 성소와 지성소, 제사장과 대제사장의 구분
2. 거룩 개념에 의한 차별
3. 옛 언약 제사의 한계

20
새 언약의 제사

히브리서 9:11-22

¹¹그리스도께서는 장래 좋은 일의 대제사장으로 오사 손으로 짓지 아니한 것 곧 이 창조에 속하지 아니한 더 크고 온전한 장막으로 말미암아 ¹²염소와 송아지의 피로 하지 아니하고 오직 자기의 피로 영원한 속죄를 이루사 단번에 성소에 들어가셨느니라 ¹³염소와 황소의 피와 및 암송아지의 재를 부정한 자에게 뿌려 그 육체를 정결하게 하여 거룩하게 하거든 ¹⁴하물며 영원하신 성령으로 말미암아 흠 없는 자기를 하나님께 드린 그리스도의 피가 어찌 너희 양심을 죽은 행실에서 깨끗하게 하고 살아 계신 하나님을 섬기게 하지 못하겠느냐 ¹⁵이로 말미암아 그는 새 언약의 중보자시니 이는 첫 언약 때에 범한 죄에서 속량하려고 죽으사 부르심을 입은 자로 하여금 영원한 기업의 약속을 얻게 하려 하심이라 ¹⁶유언은 유언한 자가 죽어야 되나니 ¹⁷유언은 그 사람이 죽은 후에야 유효한즉 유언한 자가 살아 있는 동안에는 효력이 없느니라 ¹⁸이러므로 첫 언약도 피 없이 세운 것이 아니니 ¹⁹모세가 율법대로 모든 계명을 온 백성에게 말한 후에 송아지와 염소의 피 및 물과 붉은 양털과 우슬초를 취하여 그 두루마리와 온 백성에게 뿌리며 ²⁰이르되 이는 하나님이 너희에게 명하신 언약의 피라 하고 ²¹또한 이와 같이 피를 장막과 섬기는 일에 쓰는 모든 그릇에 뿌렸느니라 ²²율법을 따라 거의 모든 물건이 피로써 정결하게 되나니 피흘림이 없은즉 사함이 없느니라

우리말 개역개정성경과 헬라어 본문 비교

* 9:14절에서 '디아 프뉴마토스 아이오니우(διὰ πνεύματος αἰωνίου)' 에 대한 논의가 많은데 본문을 살필 때 자세하게 다룰 것이다.

* 9:16-17절의 '디아데케(διαθήκη)'는 '언약' 혹은 '유언'으로 번역 가능하다. 어떤 단어가 좋을지는 본문에서 상세하게 다룰 것이다.

본문으로 들어가기

옛 언약에 속한 땅의 성소에서 이 땅의 대제사장이 드린 제사는 양심의 문제를 해결할 수 없었다. 그러면 새로운 대제사장이신 그리스도의 제사는 어떨까? 이 단락에서는 이 물음에 대한 답을 주고 있다. 그리스도는 손으로 짓지 않은 하늘 성소에서 염소와 송아지의 피가 아닌 자신의 피를 드림으로 영원한 속죄를 이루셨다. 이 영원한 속죄는 사람들의 양심을 깨끗케함으로써 그들이 하나님을 섬기는 것이 가능하게 해주었다. 이것으로 인해 그리스도는 새 언약의 중보자가 되셨다. 그런데 그리스도의 제사는 단순히 새 언약과만 관련된 것이 아니라, 첫 언약 때 범한 죄를 속량하는 제사였다. 그런데 죄 사함을 위해서는 피흘림이 필요하다(9:22). 이것은 옛 언약의 속죄의 원칙이었고 새 언약의 제사에도 그대로 적용된다.

양심을 깨끗하게 하는 제사(9:11-14)

이 땅의 대제사장이 대속죄일에 동물의 피를 가지고 지성소에 들어가는 것처럼 예수께서도 하늘 성소에서 피의 제사를 드리셨다. 그런데 옛 제사와 그리스도의 제사의 평행이 여기서 깨뜨려진다. 왜냐하면 그리스도는 제사장임과 동시에 친히 제물이 되시기 때문이다.[1] 이 단락에서 그리스도의 피에 대해 언급하는데, 피가 무엇을 의미하는지는 이어지는 내용을 통해서 더 분명하게 설명될 필요가 있다. 옛 언약 하에서 드렸던 대속죄일 희생제사의 피는 성소 밖에서의 제물의 죽음과 성소 안에서 일어나는 속죄의 행위를 연결하는 특성을 지니고 있다. 그리스도의 피도 그와 같은 역할을 한다고 생각할 수 있다.[2] 9:13-14절은 9:9-10절과 대조를 이룬다. 히브리서 저자는 동물의 피와 그리스도의 피의 차이를 설명하면서 '가벼운 것과 무거운 것'이라는 칼 와호머(Qal Wahomer) 기법을 취하고 있다. 논증의 가벼운 부분은 육체를 정결케 하는 부분과 관련이 있고, 무거운 부분은 새 언약의 내적인 속성과 관련되어져서(8:10-11; 10:16) 마음을 깨끗하게 하고 죄를 사하는 효과가 있는 그리스도의 제사와 연관된다.[3] 9:13절에서의 '가벼운 것'에 해당하는 논증은 언뜻 보면, 이전에 히브리서 설교자가 했던 논증들(7:11, 18; 8:7-8, 13; 9:9)을 약화시키고, 앞으로 언급하게 될 내용들 (10:1, 4)과도 어울리지 않는다고 생각할 수도 있다. 그러나 히브리서 설교자는 그리스도의 제사가 내적인 문제를 해결할 수 있다는 것을 더 효과적으로 드러내기 위해 외적/내적, 육/영의 대조를 취하고 있는 것으로 이해하는 것이 좋을 것 같다. 예수 그리스도의 자기를 드리심은 죽은 행실로부터 우리의 양심을 깨끗하게 하여 하나님을 섬기게 한다.[4] 이 구절에서 '디아 프뉴마토스 아이오니우(διὰ πνεύματος αἰωνίου)'가 무엇을 의미하는지에 대해서는 많은 논의가 있었다. 우리말 성경에서는 '영원하신 성령으로 말미암아'라고 번역되어 있다. 그리고 많은 영어성경들도 성령으로 이해하여 'through the eternal Spirit'으로 번역하는 경우가 대다수다.[5] 그러나 히브리서의 전체적인 논증으로 볼 때 오히려 예수 그리스도의 자기를 하나님께 드리는 제사가 영적인 영역, 즉 예수 그리스도의 제사의 내적인 속성을 설명하는 내용으로 보는 것도 괜찮을 것 같다. 예수 그리스도의 제사가 인간의 내적인 부분인 양심, 마음, 생각에 있는 죄의 문제를 해결하는 능력이 있도록 하기 위해 예수 그리스도의 제사도 영원한 영으로 드려지신 것으로 이해할 수 있다.[6] 이러한 이해는 이어서 10장에서 순종의 제사로서의 예수 그리스도의 죽음을 말하는 단락과도 잘 조화를 이룬다고 볼 수 있다.

새 언약의 중보자(9:15-17)

이 단락을 이해할 때 중요한 내용 중의 하나는 새 언약의 중보자이신 그리스도의 새 언약의 제사와 피를 설명하는 부분이다. 이 부분이 필요한 이유는 히브리서 8장에서 새 언약에 대해 말하면서 하나님이 죄를 더 이상 기억하지 않으신다고 하셨기 때문이다. 그러나 저자는 그것이 어떤 방식으로 이루어질 것인지에 대해서는 설명하지 않았다. 이제 비로소 그 내용을 다룬다. 이 단락을 이해하는데 9:16-17절의 '디아데케(διαθήκη)'를 어떻게 번역하는가 하는 것은 중요하다. 이 단어는 언약(covenant), 유언(testament 혹은 will)로 번역될 수 있다. 대체로 이 단어를 영어로 번역할 때 15, 18, 20절에서는 '언약'으로 번역하는 경우가 많다. 그러나 16-17절을 번역하면서는 NAS, NAU, YLT 등 아주 소수의 영어성경만이 언약(covenant)으로 번역할 뿐 대다수의 경우는 유언(will이나 testament)으로 번역한다. 우리말 성경인 개역개정성경도 '유언'으로 번역했다. 같은 단락 안에 등장하는 단어를 다르게 번역하는 이유가 무엇일까? 아마도 그것을 만든 자가 죽어야 효력이 발생하고 살아 있는 동안에는 효력이 없다는 내용에 근거하여 17-18절에서 대부분의 영어성경번역자들이 '유언'으로 번역한 것 같다.[7] 16-17절은 유언으로 번역하고 18절에서는 다시 언약으로 번역한다. 분명한 이유 없이 같은 단어가 같은 단락에서 다르게 번역된다. 필자는 이 단락에서 사용된 디아데케(διαθήκη)는 모든 구절에서 '언약'으로 번역되어야 한다고 생각한다.[8] 왜 그럴까? 9:15-22절의 단락은 일반적인 언약체결의 배경에서 이해할 것이 아니라, 깨뜨려진 시내 산 언약의 관점에서 이해해야 되기 때문이다. 첫 번째 언약이 깨뜨려졌으므로 죽음의 저주가 실행되어야 한다는 것이다. 첫 언약이 죄를 사할 수 없었다는 것은 분명하며 앞의 단락에서 말한 광야 세대 이스라엘 백성들의 불순종의 예가 하나의 실마리가 될 수 있다. 그러므로 예수 그리스도의 죽음은 옛 언약을 인준했던 사람들에 의해 저질러진 죄에 의해서 야기된 저주의 모든 요구사항들을 다 충족시키는 제사임에 틀림없다.[9]

언약의 피(9:18-22)

이 구절에서는 언약 절차에 대한 간략한 소개가 나온다. 시내 산에서 이스라엘과 맺은 언약 체결에 대해서 언급하는데, 여기서 두드러진 것은 언약과 희생제사의 피의 상관관계다. 첫 언약도 피를 통해 세워졌다. 모세가 피를 제단과 백성들에게 뿌림으로 하나님과 이스라엘과의 언약이 맺어진 것을 설명한 출애굽기 24:3-8절에 기반을 두고 있다.[10] 9:19-21절에 나오는 물, 붉은 양털과 우슬초는 출애굽기 24장에서는 등장하지 않는데, 물과 우슬초는 민수기 19장의 암송아지 제사에 나오고, 물, 붉은 양털과 우슬초는 레위기 14:4-7절에서 문둥병자를 정결케 하는데 사용되었다.[11] 많은 학자들은 9:22절의 원칙이 옛 언약에만 적용되는 것인지 아니면 옛 언약과 새 언약 둘 다에 적용되는 것인지에 대해서 많은 논의를 펼쳤다. 대부분의 학자들이 이 원칙은 두 언약에 다 적용된다고 주장한다.[12] 이 구절은 죄를 없애는데 있어서 희생제물의 피가 중요하다는 구약성경의 일반적인 인식(레 17:11)을 반영하고 있으며, 그것은 또한 새 언약에도 적용이 된다. 그러나 새 언약에서의 차이점은 예수 그리스도의 피가 더 낫다는 것이다.[13] 그러면 예수 그리스도의 피가 더 낫다는 것이 무슨 의미일까? 이 단락에서 그것을 설명하지는 않는다. 10장에 가면 더 분명해진다.

묵상을 위한 도움

감리교 창시자인 존 웨슬리는 하나님이 자신을 받아주셨다는 확신을 얻기 위해 오랜 기간 고민했다. 인디언을 회심시키기 위해 미국으로 건너가는 열심이 있었지만, 그의 마음속에는 계속되는 물음이 있었다. "나는 인디언을 회심시키기 위해 미국으로 왔다. 그런데 나를 회심시킬 사람은 누구인가?" 그러던 중 1738년 런던에서 성경공부를 하던 중 진리의 빛이 그를 비추는 경험을 했다. 그때 자신에게 일어난 변화를 이렇게 설명한다. "나는 마지못해 그날 밤 엘더스게이트에서 있었던 모임에 참석했다. 거기서 한 사람이 루터가 쓴 로마서 주석 서문을 읽어주었다. 9시 15분 전, 그리스도를 믿음을 통해 하나님께서 사람들 마음속에 일으킨 변화에 대해 그가 설명하는 동안 나는 마음이 이상하게 따뜻해지는 것을 느꼈다. 그리고 나는 구원을 위해 그리스도를, 오직 그리스도만 신뢰해야 한다는 것을 알게 되었다. 그리고 그분이 나의 죄를 제거해 주시고 죄와 죽음의 법에서 나를 구원해 주셨다는 확신을 가질 수 있었다." 여러분은 어떤가? 예수 그리스도를 통한 심령의 변화를 경험했는가?

핵심 포인트

1. 양심을 깨끗케 하는 그리스도의 제사
2. 16-17절의 '언약'
3. 언약 제사에 있어서 피의 중요성

21
새 언약의 천상의 제사

히브리서 9:23-28

²³그러므로 하늘에 있는 것들의 모형은 이런 것들로써 정결하게 할 필요가 있었으나 하늘에 있는 그것들은 이런 것들보다 더 좋은 제물로 할지니라 ²⁴그리스도께서는 참 것의 그림자인 손으로 만든 성소에 들어가지 아니하시고 바로 그 하늘에 들어가사 이제 우리를 위하여 하나님 앞에 나타나시고 ²⁵대제사장이 해마다 다른 것의 피로써 성소에 들어가는 것 같이 자주 자기를 드리려고 아니하실지니 ²⁶그리하면 그가 세상을 창조한 때부터 자주 고난을 받았어야 할 것이로되 이제 자기를 단번에 제물로 드려 죄를 없이 하시려고 세상 끝에 나타나셨느니라 ²⁷한번 죽는 것은 사람에게 정해진 것이요 그 후에는 심판이 있으리니 ²⁸이와 같이 그리스도도 많은 사람의 죄를 담당하시려고 단번에 드리신 바 되셨고 구원에 이르게 하기 위하여 죄와 상관 없이 자기를 바라는 자들에게 두 번째 나타나시리라

우리말 개역개정성경과 헬라어 본문 비교

* 9:24절에서 '안티튀포스(ἀντίτυπος)'가 사용되고 있다. 개역개정성경에서는 '그림자'로 번역하고 있다. 영어성경에서는 copy로 번역하는 경우가 가장 많고, 그 외 pattern, figure, similitude, model 등으로 번역하고 있다.[1]

본문으로 들어가기

9:23-28절에서는 9:11-12절의 대제사장으로서의 그리스도의 사역에 대해 더 세밀하게 설명한다. 하늘 성소에서의 제사와 그의 속죄사역의 완성에 있어서 그리스도의 피가 가지는 효력에 대해 구체적으로 다루고 있다.[2] "피흘림이 없이는 죄 사함이 없다"는 원칙(9:22)에 의해 자연스러운 추론이 성립된다. 하늘의 그림자에 해당하는 땅에 있는 것들이 동물의 피와 물, 붉은 양털과 우슬초를 통해 깨끗하게 되었다면(9:19-22), 하늘에 있는 것들은 이런 것들보다 더 좋은 제물에 의해서 정결케 될 필요가 있다. 이 단락에서는 땅/하늘의 대조 중에 하늘 부분이 다루어진다. 그래서 예수 그리스도께서는 참 것의 그림자인 땅의 성소에 들어가지 않으시고 하늘에 들어가셔서 우리를 위하여 하나님 앞에 나타나셨다. 이 땅의 제사장들은 자기의 것이 아닌 동물의 피를 들고 하나님께 나아갔지만, 그리스도께서는 세상의 끝에 나타나셔서 많은 사람들의 죄를 없이 하시려고 단번에 자기를 드리셨다. 여기서 한 가지 궁금한 것이 생긴다. 예수께서 깨끗하게 하신 하늘에 속한 것들은 무엇을 의미할까?

하늘에 있는 것들(9:23)

'하늘에 있는 것들'이 무엇을 의미하는지 학자들 사이에서 많은 논쟁이 있었다. 크게 두 가지 의견으로 모아진다. 첫째는 그것들은 '하늘 자체'라는 의견이다. 사람들의 죄가 이 땅의 영역은 물론 하늘 성소까지 더럽혔기에 결정적으로 정결케 하는 것이 필요하다는 것이다.[3] 둘째는 '하늘의 것들'은 사람을 의미한다는 견해다. 이러한 입장을 견지하는 학자들은 이 하늘의 것들은 하나님의 집인 하나님의 백성을 의미한다고 설명한다. 하나님의 거하실 처소가 되기 위해(엡 2:22; 히 3:6 참고) 그들은 정결해져야 한다고 이해할 수 있다.[4] 이 입장을 지지하는 학자들로는 루터, F. F. 브루스, 몽테피오레 등을 들 수 있다. 이 두 번째 입장 중에서도 에트리지 교수는 약간 다른데, 그는 9:13-14절에 근거해서 인간 존재의 영/육의 대조가 하늘/땅의 대조와 연관되는 것으로 이해한다. 그리하여 그리스도께서 하늘에 속한 것들을 정결하게 하신다는 것은 바로 인간의 내적인 부분, 즉 양심과 마음이라고 주장한다.[5] 이러한 몸-성전 유형론(body-temple typology)은 필로(Philo)나 다른 유대문헌에도 등장한다.[6] 필자는 위의 입장 중 두 번째 견해를 따른다.

자주 vs 단번에(9:24-26)

하늘에 있는 것들을 깨끗케 하기 위해 그리스도는 하늘에 들어가서 하나님 앞에 나타나셨다. 이 땅에서는 제사장이 될 수 없는 분이었지만, 하늘 성소의 대제사장으로 사역을 감당하신다. 이 땅의 대제사장들처럼 그도 무엇인가 드려야 했다. 8:3절에서 저자는 그리스도의 제사에 대해 자세하게 다루지 않았지만, 이 단락에 와서 상세하게 다룬다. 천상의 대제사장이신 그리스도의 제사를 설명하기 위해 이 땅의 대속죄일 제사 의식을 가져와 설명한다. 그러나 그리스도의 천상의 제사와 대속죄일 제사 사이에는 세 가지 두드러진 차이가 있다.[7] 첫째, 그리스도는 손으로 지은 성전이 아니라 하늘(성소)에 들어가셨다. 둘째, 그리스도는 동물의 피가 아니라 자기를 드리셨다. 9:25절에서 '다른 것의 피'라는 표현은 짐승의 피를 통한 제사를 가리킨다. 독자들은 자연스럽게 짐승의 피에 대응하는 것으로 그리스도의 피의 제사를 언급할 것을 기대할 수 있다. 그러나 저자는 피라는 표현 대신에 고난이라는 말을 사용한다. 이것을 통해 그리스도의 피로 드린 제사는 단순히 피에 대한 강조만이 아니라 그것이 무엇을 의미하는가를 설명하고자 한다는 것을 알 수 있다. 셋째, 그리스도는 세상 끝에 나타나셔서 단번(하팍스 ἅπαξ)에 자기를 드리셨다. 이것은 레위 대제사장들이 드린 제사를 설명할 때 사용한 '자주/여러 번(폴라키스 πολλάκις)'과 대조된다. 이 구절에서 '여러/하나(many/one)' 대조가 두드러지게 나타난다.[8]

재림과 구원의 확실성(9:27-28)

27절에서 "한번 죽는 것은 사람에게 정해진 것이요 그 이후에는 심판이 있다"는 말은 문맥에 어울리지 않는 말처럼 보이기도 한다. 그러나 이 구절에서 사람이 '한번' 죽는다는 것은 역사적인 절정에 한번 발생한 그리스도의 희생제사의 유일성과 연결된다.[9] 이어서 심판의 주제가 등장하는데, 이것은 앞으로 히브리서에서 다루어질 권면을 준비하는 역할을 한다(10:27-31; 12:18-24).[10] 많은 사람들의 죄를 없애려고 그리스도가 첫 번째 나타나셨고, 죄와 상관없이 두 번째 나타나실 것이다. 이 구절은 분명 예수 그리스도의 재림을 의미한다. 그런데 흥미롭게 저자는 이것을 제의적인 배경에서 설명한다. 자기를 기다리는 자들에게 두 번째 나타나신다는 말은 속죄일에 일어난 장면을 통해 이해할 수 있다. 백성들은 대제사장이 죄 문제를 해결하기 위해 지성소에 들어간 후 그가 다시 나올 때까지 성막 밖에서 기다렸다. 대제사장의 등장은 하나님께서 그가 드린 제물을 받으셨다는 확신을 주었다. 히브리서 설교자는 대제사장이 직무를 마치고 지성소에서 나오는 것을 그리스도의 재림과 연관시키고 있다.[11] 9:24-28절은 대제사장이신 그리스도의 움직임을 담고 있는데, 그가 하나님께 나아가 자신을 드림으로 백성들의 죄가 깨끗케 되었다. 그리스도는 그 일을 다 마치신 후 다시 그의 백성들에게 나타나시는데, 이 재림은 그리스도가 행하신 희생제사의 효력에 다른 어떤 것을 추가하는 것이 아니라, 지극히 자연스러운 것이다. 그리스도의 죽음은 죄의 세력을 멸하고(2:14), 죄의 세력에 사로잡혀 있던 자들은 해방시켰다. 그의 다시 나타나심은 그의 희생제사가 인정되었고 그의 백성들에게 구원이 주어진다는 증거가 된다. 구원의 상속자가 된 자들에게 그리스도의 재림은 그들의 기업을 온전히 누리는 것을 의미한다.[12]

묵상을 위한 도움

죽음 후의 심판에 대해 사람들은 다양하게 반응한다. 죽음을 소멸로 생각하는 사람들은 "그 어떤 열정이나 영웅적인 행동, 아무리 강력한 사상과 감정이라 할지라도 그것들이 개인의 삶을 무덤 너머까지 계속 유지시켜 줄 수는 없다"(버트란트 러셀)고 말한다. 그러나 죽음 후의 심판을 믿는 자는 다르게 반응한다. 믿음의 사람 벤자민 프랭클린(Benjamin Franklin)의 묘비 글은 이 진리를 담고 있다.

인쇄업자 B. 프랭클린의 육신이

(내용은 찢어지고 글자와 금박이 벗겨져 버린 오래된 책처럼)

벌레들의 먹이가 되어, 여기 잠들다.

그러나 그의 책은 사라지지 않으리라.

그것은 (그가 믿었듯이) 새롭고 더 우아한 제본으로

저자에 의해

개정되고 수정되어

또 다시 나타날 것이므로 ….

핵심 메시지

1. 그리스도의 단번의 제사와 하늘의 것들
2. 재림과 심판

22
그리스도의 순종의 제사

히브리서 10:1-10

¹율법은 장차 올 좋은 일의 그림자일 뿐이요 참 형상이 아니므로 해마다 늘 드리는 같은 제사로는 나아오는 자들을 언제나 온전하게 할 수 없느니라 ²그렇지 아니하면 섬기는 자들이 단번에 정결하게 되어 다시 죄를 깨닫는 일이 없으리니 어찌 제사 드리는 일을 그치지 아니하였으리요 ³그러나 이 제사들에는 해마다 죄를 기억하게 하는 것이 있나니 ⁴이는 황소와 염소의 피가 능히 죄를 없이 하지 못함이라 ⁵그러므로 주께서 세상에 임하실 때에 이르시되 하나님이 제사와 예물을 원하지 아니하시고 오직 나를 위하여 한 몸을 예비하셨도다 ⁶번제와 속죄제는 기뻐하지 아니하시나니 ⁷이에 내가 말하기를 하나님이여 보시옵소서 두루마리 책에 나를 가리켜 기록된 것과 같이 하나님의 뜻을 행하러 왔나이다 하셨느니라 ⁸위에 말씀하시기를 주께서는 제사와 예물과 번제와 속죄제는 원하지도 아니하고 기뻐하지도 아니하신다 하셨고 (이는 다 율법을 따라 드리는 것이라) ⁹그 후에 말씀하시기를 보시옵소서 내가 하나님의 뜻을 행하러 왔나이다 하셨으니 그 첫째 것을 폐하심은 둘째 것을 세우려 하심이라 ¹⁰이 뜻을 따라 예수 그리스도의 몸을 단번에 드리심으로 말미암아 우리가 거룩함을 얻었노라

우리말 개역개정성경과 헬라어 본문 비교

* 10:4절에서 '아뒤나톤(ἀδύνατον)'이 사용되었다. 개역개정성경에서는 "하지 못함이라"고 번역했으나 이 단어는 훨씬 더 강한 의미를 지니고 있다. 대부분의 영어 번역은 '불가능하다'는 의미의 'it is impossible'을 취한다.

* 개역개정성경에서는 10:5절이 "주께서 … 이르시되"로 되어 있다. 그러나 원문에는 '주'라고 명시적으로 주어가 등장하지 않는다. 그냥 레게이(λέγει) 동사 속에 '그'가 주어다. 영어성경에서는 주어를 '그' 대신 '그리스도'로 표시하는 경우도 간혹 있다. 그리스도에 대한 언급은 9:28절에도 있었다.

* 10:6절과 8절에서 '페리 하마르티아스(περὶ ἁμαρτίας)'라는 표현이 등장한다. 이것은 '죄에 관하여'라는 뜻이 아니고 '속죄제'를 의미한다. 칠십인경에서 주로 등장하는 용법이다. 개역개정성경은 적절하게 번역하였다.

본문으로 들어가기

10:1-18절은 삼중구조 패턴 설교의 본론의 끝 부분이다. 이 단락은 새 언약에 근거한 이 땅에서의 제사(1-10절)와 그리스도의 제사의 결과(11-18절)에 대해서 다루고 있으며, 네 부분으로 된 교차대칭구조를 이루고 있다.[1]

A 반복되는 제사를 규정하는 율법 조항의 부적절성(1-4절)
　　　　B 하나님의 뜻을 따르는 그리스도의 단번의 제사로 반복되는 제사를 대체함(5-10절)
　　　　B′ 하나님의 우편에 앉으신 유일한 제사장이 레위 제사장들을 대체함(11-14절)
　　A′ 더 이상의 제사를 필요치 않는 새 언약의 규정들의 적절성 (15-18절)

　　9:1-4절에서는 율법과 옛 언약 하에서 드려진 동물제사의 한계에 대해 말한다. '반복'과 '기억'이라는 모티프를 들어 설명한다. 해마다 늘 같은 제사를 드린다는 것 자체가 그 제사가 효력이 없다는 것을 의미한다. 만약 그 제사가 '단번'에 정결하게 되고 죄를 없앨 수 있었다면 '해마다' '같은' 제사를 드릴 필요가 없기 때문이다. 단번의 제사로 죄의 문제가 해결되었다면, 다시 자신이 범한 죄에 대해 죄책감을 가질 필요가 없었을 것이다. 그러나 매년 드리는 제사는 그가 범한 죄를 기억나게 하였다. 그러기에 매년 드리는 동물의 피의 제사는 죄를 제거하는 것이 불가능했다. 그러므로 제사 드리는 사람이 제사를 통해 얻고자 하는 온전함에 이를 수가 없었다. 그러면 '이런 상황에서 다른 대안이 무엇인가?' 하는 쪽으로 생각이 나아간다. 저자는 5절을 '그러므로'라는 말로 시작함으로 앞에서 했던 내용과 연결시킨다. 이러한 동물제사의 무능함을 잘 아시는 주님이 해결사로 등장한다. 시편 40편의 말씀을 단순히 인용하는 식으로 나열하지 않고, 그리스도가 그 내용을 자신이 직접 성부 하나님께 말씀드리는 형식을 취하고 있다. 제사와 예물로는 하나님을 기쁘시게 할 수 없다는 것을 알고, 자기의

몸을 드려 하나님의 뜻을 행하러 왔다고 고백한다. 하나님의 뜻에 순종하여 드린 이 단번의 제사는 동물제사가 이룰 수 없었던 온전함을 사람들에게 가져다주었다.

동물제사의 무능함(10:1-4)

매년 계속해서 희생제사를 드려야 한다는 것은 율법이 정한 희생제사가 효력이 없음을 드러내는 것이다. 반복되는 희생제사는 하나님께 나아가서 온전함을 얻는 데도 실패했다는 증거가 된다. 무엇이 문제인가? 율법과 동물제사의 한계는 이 땅의 제사장들이 섬기는 장소인 성소와 관련이 있다. 그들은 참 형상이 아닌 하늘 성소의 스케치와 그림자에 불과한 이 땅의 성소에서 사역을 감당한다. 율법 또한 '장차 올 좋은 일의 그림자(스키아 σκιά)'일 뿐이다. '스키아'는 불완전 혹은 미완성을 의미하는데, '장차 올 좋은 일'이라는 표현에서 짐작할 수 있듯이 완전한 것을 가리키는 역할을 한다.[2] 이 단락에서 저자는 '스키아'와 '에이콘(εἰκών)'을 예리하게 대조하고 있다. 불완전을 의미하는 '스키아'와 달리 '에이콘'은 '실현' 혹은 '실제 존재'의 의미를 가지고 있다. 실제로 어떤 물건이 있을 때 그림자가 만들어지는 장면을 그려보면 이해가 쉽다. 그림자는 모양은 있으나 기능은 하지 못한다. '장차 올 좋은 일'과 '참 형상'은 새 시대의 특징이며, 9:11절에서는 그리스도를 '장래 좋은 일의 대제사장'으로 묘사했다.[3] 옛 언약 하에서 드려졌던 제사는 예배자들을 온전케 할 수 없었다. 매년 한차례 속죄일 제사를 드려야 한다는 율법 규정은 그 제사의 효력 없음을 잘 드러내고 있다. 이러한 동물제사의 한계를 예배자의 입장에서 저자는 설명한다. 만약 제사 드리는 사람이 제사를 통해서 죄의 문제가 완전히 해결되는 경험을 했다면 어떻게 했을까? 그는 제사를 다시 드리려고 하지 않았을 것이다. 이미 죄 문제가 해결되었는데 다시 그 문제를 붙잡고 있는 것 자체가 맞지 않다. 그러나 불행하게도 동물제사는 죄 문제를 완전히 해결해 주지 못했다. 그래서 반복적으로 제사가 드려질 수밖에 없었다. 완전한 제사가 드려지면 죄책감으로부터 자유로워지게 되는데, 아이러니하게도 제사를 드릴수록 죄에 대한 기억만 더 분명해진다. 매년 대속제일에 제사를 드릴 때마다 자신의 죄가 기억나고 그로 인한 죄책감은 깊어져 양심과 마음에 자유함이 없었다. 그러므로 당연히 하나님께 앞으로 나아가 하나님을 섬기는 것은 불가능했다. 히브리서 저자가 죄에 대한 기억에 대해 언급하는 것은 레위기 16장 20-22절에서 대속죄일을 '죄 고백의 날'로 묘사하는 것과 연관이 있는 것 같다.[4] 10:1절에서 옛 언약 제사의 한계를 설명하며 온전하게 '할 수 없다(우데포테 뒤나타이 οὐδέποτε δύναται)'라는 표현을 사용했는데, 4절에서도 '할 수 없다(아뒤나톤 ἀδύνατον)'는 표현을 쓴다. 다르게 표현하면 '불가능하다'는 의미다. 대부분의 영어성경들이 'it is impossible'로 번역한다. 황소와 염소의 피로 죄를 없애는 것은 불가능하다는 말이다. 히브리서 설교자는 이 구절에서 옛 언약 제사에 대한 매우 부정적인 입장을 드러낸다. 이것은 7:11, 19; 8:7, 13; 10:1절의 주장과 일맥상통한다. 9:13절에서 옛 제사의 효력이 육체를 깨끗하게 하는 것으로 긍정적으로 그려지지만, 실제적인 관심은 외적인 것이 아니라 내적인 온전함, 즉 양심과 마음을 깨끗하게 하는 것이었다. 내면의 죄를 없애는 일에 동물의 피로 드리는 제사는 아무런 소용이 없었다고 분명하게 밝힌다.

한 가지 재미있는 것은 동물제사가 죄를 없이 하는데 아무런 도움이 되지 않는다고 선언하면서도, 저자는 그리스도의 제사를 대속죄일 제사를 배경으로 설명하고 있다. 독자들은 이 두 설명이 조화를 이루고 있지 않다고 생각할 수 있다. 저자가 어떤 구절에서는 대속죄일 제사의 무능함에 대해 말하고, 또 다른 구절에서는 그것을 배경으로 그리스도의 제사를 설명한다고 생각할 수 있다. 그래서 히브리서 저자의 생각이 일관되지 않다고 생각할 수도 있다. 실제로 로버트 댈리(Robert Daly)는 똑같은 이유로 히브리서 저자가 일관된 입장을 견지하지 않고 있다고 비난하기도 했다.[5] 그러나 그러한 생각은 그리스도의 죽음에 대한 히브리서 설교자의 논증을 오해하고 있는 것이다. 히브리서에서 그리스도는 옛 언약 제사와 율법의 부분적인 잘못을 수정하는 자로 묘사되고 있지 않다. 그는 옛 제의 체계와는 완전히 다른 새로운 시스템을 가져오는 분으로 히브리서에서 묘사되고 있다. 그런데 히브리서 9장에서도 살펴본 것처럼 그리스도의 제사는 옛 언약의 제사를 종식시키는 제사였다. 깨어진 옛 언약으로 인해 누군가는 죽음으로 대가를 지불해야 하는 상황에서 그리스도는 자기를 제물로 드리는 제사를 드렸다. 그래서 그리스도의 제사는 대속죄일 제사의 배경에서 묘사되지만, 대속죄일 제사의 규정과 다른 요소들도 그리스도의 제사에 있다. 그는 대속죄일 제사 규정과는 다른 제물로, 또 다른 장소에서 제사를 드렸다. 이어지는 단락에서 이 내용을 자세히 다룬다.

하나님의 뜻을 행하는 제사(10:5-10)

이 단락에서 저자는 그리스도의 제사가 동물제사와 다른 점을 뚜렷이 설명하기 위해 시편 40:7-9절을 인용하고 이어서 해석하는데, 우리는 여기서 두 가지를 유의할 필요가 있다. 첫째는 10:5절에 등장하는 시편 40편은 '나를 위하여 듣는 귀를 파다'의 맛소라 본문이 아니라 '나를 위하여 몸을 준비했다'의 칠십인경으로부터 인용된 것이다. 둘째는 하늘/땅과 영/육의 대립이 초월적인 영역에서 발생한 어떤 사건에 의해서가 아니라 하나님의 뜻을 따르는 그리스도의 몸의 행위에 의해서 해소된다는 것이다.[6] 이 내용은 예수님의 죽음과 제사를 이해하는데 매우 중요한 부분이다. 실제로 히브리서 저자는 하늘/땅과 영/육의 대조를 계속해서 해왔다. 하늘에 속한 것은 참 형상으로 완전하고, 땅엣 것은 그림자로 불완전하다. 동물제사는 영의 문제는 해결할 수 없고 육체의 부분만 정결케 할 수 있었다. 히브리서 저자의 논증은 계속 평행선을 달리는 것처럼 느껴진다. 그러면 이 둘의 대립은 해소될 수 없는 것인가? 고민이 생기기도 한다. 그런데 저자는 이 단락에 와서 이 문제를 분명하게 다룬다. 예수 그리스도의 이 땅에서의 죽음, 달리 표현하면 영문 밖에서의 죽음(13:12)이 우리 인간의 죄의 본질인 내면의 문제를 해결했다고 지적한다. 지상에서의 예수 그리스도의 사역은 하늘과 땅을 포함하는 온 우주에 하나님의 의를 세우는 사건이었다. 또한 동물제사는 할 수 없었던 마음과 양심을 깨끗케 함으로 영육이 온전해지는 것이 가능하게 하였다.

이 단락에서는 율법에 의해서 드려진 제사와 하나님의 뜻을 따라 드려진 순종의 제사(10:7) 사이의 대조가 두드러진다. 이 순종의 제사는 몸을 거룩한 산제사로 드리라는 내용이 담긴 로마서 12:1절을 연상시킨다. 시편 40편의 히브리어 맛소라 본문을 따라 '듣는 귀를 파는 것'이 아니라 '몸을 준비하는 것'을 말하는 칠십인경의 내용은 히브리서 저자의 의도와도 잘 일치한다. '나를 위해 한 몸을 예비하셨도다'는 말은 하나님의 뜻에 순종하는 행위로서의 성육신을 의미한다. 이것은 마음으로부터 우러나는 헌신과 순종이어서 하나님이 받으시는 행동이었다. 이러한 순종과 헌신은 동물제사에서는 결여된 부분이었다.[7] 또한 이것은 인간을 거룩하게 하기 원하시는 하나님의 뜻을 이루는 것이었다(2:10-18). 그리스도의 성육신과 죽음으로 말미암아 하나님과 그의 백성 사이에 올바른 관계가 이루어지게 되었다. 히브리서는 이것을 '온전함'이라고 설명한다. 그리스도의 순종의 제사는 이전의 동물제사와는 차별되는 것으로, 그리스도의 마음으로부터의 순종은 이전의 동물제사로서는 해결할 수 없었던 양심과 마음의 죄의 문제를 해결할 수 있게 되었다.[8] 하나님의 뜻에 예수께서 자발적으로 따르는 것을 통해 예레미야 31장에서 약속했던 영적인 정결과 내적인 갱신이 가능하게 되었다.[9] 10:8-10절의 석의에서는 '율법을 따르는 것'과 '하나님의 뜻을 행하는 것'이 대조를 이룬다. 저자는 제의 규정에 따라 외적인 행동을 하는 것과 마음으로 하는 내적인 순종의 차이를 분명히 설명함으로써 외적인 제사와 예물을 요구하는 제의 체계는 폐하게 되고 하나님의 뜻을 따르는 순종의 새로운 원칙이 수립되었음을 천명한다(10:9). 두 개의 속죄 체계가 함께 공존할 수 없다. 죄를 없앨 수 없고 그로 인해 하나님께 나아가는 것도 불가능하게 했던 옛 제의 시스템은 그리스도의 순종의 행위로 인해 폐지될 수밖에 없었음을 강조한다.[10]

10:10절에 나오는 '이 뜻을 따라(엔 호 델레마티 ἐν ᾧ θελήματι)'는

누구의 뜻을 말하는 것인지 명확하지 않다. 하나님의 뜻인가? 아니면 예수님의 뜻인가? 그러나 문제가 되지 않는 것은 두 분의 뜻에 차이가 없다.[11] 예수님의 죽음은 결코 강압적인 것이 아니라 자발적으로 하나님께 자기를 드렸다.[12] 십자가에서 보여준 예수님의 모습은 하나님께 순종하지 않고 자기의 유익을 위해 자기의 뜻대로 행하며 사는 자들의 양심을 깨끗하게 했다.[13] 물론 그리스도가 드린 피의 제사는 몸의 제사임과 동시에 하나님의 뜻을 따라 다른 사람을 위해 자기를 내어주는 전적인 헌신을 의미한다.[14] 18세기의 벵겔(J. A. Bengel; 1687-1752)은 그리스도의 수난과 죽음에 대해 철저한 문자적인 해석만을 했다. 그는 그리스도의 피가 마지막 한 방울까지 남김없이 다 부어졌다고 생각한다.[15] 여기까지는 문제가 없다. 벵겔은 그리스도가 자기 피를 가지고 성소에 들어갔다는 히브리서 9:12절에 대해 이렇게 설명한다. 그리스도는 대제사장으로서 하늘 성소에 자기 피를 들고 가셨다. 그의 몸에는 피가 한 방울도 없었다. 그리스도의 피는 그의 부활을 통해 영화롭게 된 몸과는 영원히 분리되어 있다. 이것에 대한 증거로 "그의 머리와 털의 희기가 흰 양털 같고"라고 말하는 요한계시록 1:14절을 든다. 그리스도께서는 피를 다 쏟으셨기에 그의 몸에는 피가 없어 머리도 하얗다는 것이다. 또한 "내 손과 발을 보고 나인 줄 알라 또 나를 만져보라 영은 살과 뼈가 없으되 너희가 보는 바와 같이 나는 있느니라"(눅 24:39)고 하신 예수님의 말씀을 통해 예수님의 몸에는 살과 뼈는 있지만 피는 없다고 주장한다.[16] 이렇게 문자적으로만 그리스도의 피를 이해하는 것은 잘못이다. 예수님의 피흘림은 분명 실제적인 사건이었지만, 그것은 또한 하나님을 향한 전적인 순종을 의미한다. 또한 예수를 통해 구원받은 성도들이 매일의 삶에서 본받기 원하는 모습이다(10:36; 13:21).

묵상을 위한 도움

필자가 영국에 있을 때 칼리지 기숙사에 산 적이 있다. 어느 토요일 밤에 비바람이 아주 많이 불었다. 주일 아침에 뉴스를 보니 옥스퍼드 시내를 걷던 행인이 바람에 떨어진 광고판에 많이 다쳤고, 어떤 사람은 길을 걷다 담이 무너져 다쳤다고 했다. 바람의 세기를 실감케 한 소식이었다. 주일 오전은 언제 그랬냐는 듯이 바람이 거의 불지 않았다. 교회 가는 길에 큰 나무가 쓰러진 것을 보았다. 아름드리 나무였다. 그런데 쓰러져 있었다. 비바람에 꺾인 것도 아니고 아예 뿌리째 뽑혀 있었다. 금방 이해가 되지 않았다. 흔히 나무의 키만큼 뿌리가 땅 속으로 내려간다고 한다. 키가 엄청나게 큰 나무가 바람에 이렇게 뽑히다니 궁금했다. 하지만 금새 나무를 자세히 살펴보다가 그 이유를 알게 되었다. 나무의 키는 10m를 훌쩍 넘는데 뿌리는 1m도 채 되지 않았다. 겉은 크고 화려한데 눈에 보이지 않는 부분은 아주 작고 초라했다. 그 모습을 보며 나의 삶도 생각해 보게 되었다. 외양은 번지레한데 속은 썩어있지 않은지 말이다. 외양(appearance)과 실제(reality)가 별로 다르지 않는 삶을 살면 좋겠다. 성도로서 겉으로의 척하는 순종보다 속으로 진정으로 하나님을 섬기는 모습들이 있으면 좋겠다. 하나님의 뜻에 순종하여 자신을 드린 그리스도처럼 말이다.

핵심 포인트

1. 동물제사의 무능함

2. 그리스도의 순종의 제사

3. 그리스도의 피

23
그리스도의 제사의 결과

히브리서 10:11-18

¹¹제사장마다 매일 서서 섬기며 자주 같은 제사를 드리되 이 제사는 언제나 죄를 없게 하지 못하거니와 ¹²오직 그리스도는 죄를 위하여 한 영원한 제사를 드리시고 하나님 우편에 앉으사 ¹³그 후에 자기 원수들을 자기 발등상이 되게 하실 때까지 기다리시나니 ¹⁴그가 거룩하게 된 자들을 한번의 제사로 영원히 온전하게 하셨느니라 ¹⁵또한 성령이 우리에게 증언하시되 ¹⁶주께서 이르시되 그 날 후로는 그들과 맺을 언약이 이것이라 하시고 내 법을 그들의 마음에 두고 그들의 생각에 기록하리라 하신 후에 ¹⁷또 그들의 죄와 그들의 불법을 내가 다시 기억하지 아니하리라 하셨으니 ¹⁸이것들을 사하셨은즉 다시 죄를 위하여 제사 드릴 것이 없느니라

우리말 개역개정성경과 헬라어 본문 비교

* 10:11절에서 이 땅의 제사장들의 제사를 설명하면서 '같은 제사를 드리되'라고 적고 있다. 여기서 '드리되(프로스페론 προσφέρων)'은 현재분사형이다. 반면에 10:12절에서 그리스도의 제사를 설명하면서 개역개정성경에서는 '드리시고'라고 되어 있어 구분이 되지 않는다. 그러나 원문에서는 부정과거 분사형인 '프로세넹카스(προσενέγκας)'를 사용한다. 이 땅의 제사장들의 드림은 반복과 진행의 의미를 담고

있으나, 그리스도의 경우에는 동작이 완료되었음을 보여준다.[1]

* 10:18절에서 개역개정성경은 "이것들을 사하셨은즉"으로 되어 있다. 헬라어 원문에는 '호푸(ὅπου)'로 시작한다. 이 단어는 영어로는 where로 번역하는 경우가 많다. 개역개정성경처럼 인과관계로 번역한 것도 잘 한 것이지만, 많은 영어성경들이 하듯이 장소적인 의미를 취하여 "이것들을 사한 곳에는 다시 죄를 위하여 드릴 것이 없느니라"고 번역할 수도 있다.

본문으로 들어가기

10:11-18절은 삼중구조 패턴 설교의 본론(8:1-10:18)의 마지막 부분이다. 이 단락에서 저자는 본론에서 말했던 내용들을 다시 요약하고 있다. 10:1-10절을 설명할 때 사용했던 교차대칭구조에서 드러난 것처럼 11-14절은 그리스도가 한번의 완전한 제사를 드림으로 레위 제사장들을 대체한 것에 대해 다룬다. 10:15-18절은 그리스도의 순종에 기반을 둔 새 언약의 법이 옛 제사 규정들을 대체했음을 보여준다. 예수 그리스도의 하나님 보좌 우편에 앉으심은 그리스도의 높아진 지위를 묘사하기보다는 죄가 효과적으로 제거되었음에 대한 증거가 된다. 이 모습은 10:11절에서 옛 성소에서 섬기던 제사장들이 자주 같은 제사를 드리는 모습과 대조된다. 그리스도의 제사는 온전함을 주는 제사였는데, 이것은 반복해서 드려진 동물제사가 이룰 수 없었던 것이다. 10:16-17절은 예레미야 31장을 단순히 다시 인용하는

데 목적이 있지 않다. 오히려 새 언약에서 말한 대로 하나님의 법이 백성들에게 어떻게 새겨지게 되었고, 마음과 생각에 새겨지게 된 법이 무엇인지를 설명하고 있다.

레위 제사장들 vs 대제사장이신 그리스도(10:11-14)

10:11절은 10:1-4절의 내용을 압축적으로 요약한다. 두드러진 요소는 반복이다. '매일' '자주' '같은 제사'와 같은 단어들이 끊임없이 드려진 옛 제사를 설명한다. 제사장들의 모습 또한 이러한 내용을 잘 담고 있다. 제사장들은 서서 섬긴다. 이것은 그들의 일이 끝나지 않았음을 말한다.[2] 단순히 하루의 일과가 끝나지 않았음을 말하는 것이 아니라, 그들이 제사를 통해 가지고자 하는 결과를 얻지 못했음을 의미한다. "이 제사는 언제나 죄를 없게 하지 못하거니와"라는 말은 그들의 실패를 분명히 언급한 것이다. 반면에 그리스도에게 사용된 단어들은 제사장들의 경우와 아주 다르다. '한 혹은 하나의' '영원한' '한 번'과 같은 단어들은 일관성 있게 그리스도의 사역을 설명한다. 그리스도는 한 제사를 드리셨다. 이 제사는 더 이상 반복될 필요가 없다. 그래서 '영원한'이라는 수식어가 붙는다. 앞에서도 언급한 것처럼 그리스도의 제사는 계속 진행되고 반복될 필요가 없음을 과거완료 시제나 부정과거 시제를 사용함으로 잘 설명하고 있다.[3] 예수 그리스도의 제사는 거룩하게 된 자들을 단번의 제사로 영원히 온전하게 하였다. '온전하게 하였다'에 해당하는 헬라어 동사는 '테텔레이오켄(τετελείωκεν)'으로 완료시제로 사용되어 그의 사역이 다 이루어졌다는 것을 드러낸다.[4] 이 동사의 시제는 '영원히(에이스 토 디에네케스 εἰς τὸ διηνεκὲς)'라는 말과 잘 어울린다.⁵ 거룩하게 된 그의 백성들은 그리스도의 재림을 간절히 기다리고 있는 반면에(9:28; 10:25), 그리스도는 그의 원수들이 그의 발등상이 될 때를 기다리신다. 이러한 그림은 그리스도의 주권의 완성과 9:28절에 소개된 재림을 생각나게 하고, 이후에 이어질 종말론적인 전망과 잘 연결되고 있다(10:25, 30-31, 37-38; 12:27).⁶ 그리스도의 모습 또한 레위 제사장들과 대별된다. 그들은 서서 섬겼지만, 그리스도는 하나님 우편에 앉으셨다. 제사와 관련된 그의 사역이 종결된 것이다. 그리스도는 자기 원수들이 자기 발등상이 될 때까지 기다린다. 이것은 그리스도의 수동적인 모습을 그리는 것이 아니다. 그는 하나님의 구원계획에 저항하는 세력들이 다 굴복될 때까지 기다리고 계신다. 히브리서 7:25절의 내용처럼 그리스도는 자기를 힘입어 하나님께 나아오는 자들을 위해 중보하신다. 그리스도의 완전한 제사는 그 효과에 있어서도 확실하다. 그는 거룩하게 된 자들을 한번의 제사로 일시적이 아니라 영원히 온전하게 하셨다. '거룩하게 된 자들'이라는 말은 2:10-11절을 연상시킨다. 하나님께서는 구원백성이 될 자기 자녀들을 이끌어 영광에 들어가게 하시는 계획을 가지고 계신다. 그런데 구원백성이 될 자들의 모습은 영광과는 거리가 멀다. 그래서 거룩해질 필요가 있다. 하나님께서는 거룩하게 하는 일을 그리스도에게 맡기셨다. 흥미로운 것은 2:11절의 '거룩하게 함을 입은 자들(호이 하기아조메노이 οἱ ἁγιαζόμενοι)'과 10:14절의 '거룩하게 된 자들(투스 하기아조메누스 τοὺς ἁγιαζομένους)'은 헬라어로 같은 단어다. 2:11절은 문장에서 주격이고, 10:14절은 목적격이다. 개역개정성경에서는 두 가지 표현을 쓰지만, 둘 중 하나로 통일하는 것이 좋을 것 같다. 그런데 이 말은 현재분사형이다. "온

전하게 하셨느니라(테텔레이오켄 τετελείωκεν)"고 할 때는 완료형을 쓰고 있다. 히브리서 저자는 성도의 삶에서 거룩하게 되는 것은 '진행 중인 현재적 실재(an on-going reality)'로 이해하고 있다는 것을 알 수 있다.[7] 이것은 그리스도의 단번의 제사를 통해 누리게 되는 성도의 특권이자 의무다.

백성들의 마음에 새겨질 법(10:15-18)

이 구절에서는 저자는 예레미야 31:33-34절을 부분적으로 다시 인용함으로써 새 언약은 영원하고 그리스도의 제사는 완전하고 최종적이라는 것을 드러내고 있다. 예레미야 31장은 히브리서 8:8-12절에서는 길게 인용되었다. 혹자는 이 구절에서의 구약인용은 별 다른 내용을 담지 못한 단순 반복이라고 생각할 수도 있다. 그러나 그러한 이해는 잘못된 것이다. 8:8-12절에서는 옛 언약이 폐지되었다는 것을 논증하기 위해 예레미야 31:31-34절을 길게 인용하였지만, 이 구절에서는 두 구절들(렘 31:33-34) 중 일부만을 인용하고 있다. 여기서도 다른 히브리서 구절들에서와 마찬가지로 예레미야의 이름은 등장하지 않고 성령께서 증언하시는 분으로 등장한다. 성령께서는 살아 있는 증언으로 현재 그 언약의 내용을 말씀하신다. 성령의 증언은 언약의 내용이 구약에 선포된 과거의 예언이 현재가 되게 하고, 또한 이 증언을 듣는 현재의 독자들과 연결시킨다.[8] 히브리서 8장에서는 미래적이었던 언약이 이 구절에 와서는 그리스도의 성취로 현재가 되게 한다.[9] 성령은 두 가지 교훈을 환기시킨다. 먼저는 하나님은 자신의 법을 백성들의 마음과 생각에 새기셨다는 것이다. 이 구절에 인용된 예레미야의 구절과 8:10절의 인용 사이에 차이가 있다. 히브리서 8장에서는 '이스라엘 집과 맺을 언약'이라고 했는데, 10:16절에서는 '그들과 맺을 언약'이라고 말한다. 새 언약이 단지 이스라엘 백성들만을 위한 것이 아니라 이방인까지 포함하는 더 포괄적인 것임을 말하고 있다.[10] 또한 하나님의 백성들의 마음에 새겨질 법은 이전의 율법이 아니라 성도들이 삶에서 본받아야 하는 그리스도의 순종의 법이다.[11] 독자들은 하나님의 아들이신 그리스도께서 하나님께 순종하셨던 것처럼(10:7, 9), 외적인 강요가 아닌 자원하는 심령으로 하나님의 뜻을 행할 수 있다는 것을 기억할 것이다. 둘째는 이러한 일은 하나님께서 그들의 죄를 더 이상 기억하시지 않는 것을 통해서 가능하게 되었다. 옛 언약 하에서 드려졌던 제사는 이전에 지은 죄를 기억나게 했지만(10:3), 새 언약에서는 하나님의 용서로 말미암아 그들의 죄가 하나님의 기억에서 영원히 사라지게 되었다는 것을 지적한다.[12] 이러한 그리스도 제사의 완전성과 영원성은 성도들의 삶에 또 다른 형태로 의미를 지닌다. 더 이상 반복적인 제사가 없는 상황에서 그 구원의 은혜를 더 이상 저버리지 않는 것이 중요하다. 왜냐하면 그 은혜를 맛보고 나서 고의적인 죄를 지속적으로 범하게 되면 다시 속죄하는 제사가 없기 때문이다(10:26).

묵상을 위한 도움

라브리 공동체를 설립한 프란시스 쉐퍼 박사는 자기에게 복음전할 1시간이 있다면, 45분 동안은 죄와 심판에 대해서 말하고, 나머지 15분은 그리스도를 통해 주어진 복된 소식에 대해 전하겠다고 말했다.

그의 말은 현대의 기독교인들이 잘 새길 필요가 있다. 신앙생활에서 죄와 심판은 자주 말하지 말아야 할 금기어가 되어버린 것 같다. 분명 기분 좋게 하는 단어는 아니다. 특히 초신자나 예수님에 대해 관심을 가지려고 하는 사람에게는 불편할 수도 있는 단어다. 그런데 이 단어들을 사용하지 않고 그리스도의 복음을 전할 수 있겠는가? 죄와 심판이라는 인간의 비참함을 설명하지 않고 복된 소식이 의미가 있겠는가? 그리스도 안에서 누리게 된 자유를 만끽하기 위해서는 우리가 이전에 정죄 받을 처지에 있었다는 것을 분명히 알아야 한다. 그럴 때 비로소 은혜가 은혜로 다가온다. 바울 사도가 로마서 8장 2절에서 "이는 그리스도 예수 안에 있는 생명의 성령의 법이 죄와 사망의 법에서 너를 해방하였음이라"라고 할 때 그 '생명의 성령의 법'이 그리스도의 순종의 제사로 말미암았음을 다시 한 번 묵상하며 감사하는 시간이 되길 바란다.

핵심 포인트

1. 성령의 증언
2. 마음에 새겨진 그리스도의 법
3. 더 중한 성도의 책임

24
하나님께 나아가자

히브리서 10 : 19-25

¹⁹그러므로 형제들아 우리가 예수의 피를 힘입어 성소에 들어갈 담력을 얻었나니 ²⁰그 길은 우리를 위하여 휘장 가운데로 열어 놓으신 새로운 살 길이요 휘장은 곧 그의 육체니라 ²¹또 하나님의 집 다스리는 큰 제사장이 계시매 ²²우리가 마음에 뿌림을 받아 악한 양심으로부터 벗어나고 몸은 맑은 물로 씻음을 받았으니 참 마음과 온전한 믿음으로 하나님께 나아가자 ²³또 약속하신 이는 미쁘시니 우리가 믿는 도리의 소망을 움직이지 말며 굳게 잡고 ²⁴서로 돌아보아 사랑과 선행을 격려하며 ²⁵모이기를 폐하는 어떤 사람들의 습관과 같이 하지 말고 오직 권하여 그 날이 가까움을 볼수록 더욱 그리하자

우리말 개역개정성경과 헬라어 본문 비교

* 원문에서 '가지고 있다(에콘테스 ἔχοντες)'는 분사는 두 개의 목적어를 가지는데, 하나는 '담력(파레시아 παρρησία),' 즉 예수 그리스도의 피를 힘입어 하늘 성소에 들어갈 담력이요(19절), 다른 하나는 하나님의 집을 다스리는 '위대한 제사장(21절; 히에라 메간 ἱερέα μέγαν)'이다. 담대하고 자유롭게 성소에 들어가는 것은 옛 언약에서는 생각도 할 수 없는 일이었다. 그러나 그것은 예수 그리스도의 순종의 제사로

말미암아 가능하게 되었다.[1]

본문으로 들어가기

이 단락은 삼중구조 패턴 설교(8:1-10:25)의 결론과 권면에 해당한다. 본론(8:1-10:18)에 근거해서 결론(10:19-21)을 내리고, 이어서 권면한다(10:22-25). 10:19절은 '그러므로(운 οὖν)'라는 인과관계를 나타내는 접속사로 시작한다.[2] 이것은 삼중구조 패턴 설교의 형식에 대해서 로렌스 윌즈(Lawrence Wills)가 언급한 것과 잘 맞다. 결론 부분인 10:19-21절에서는 새 언약의 백성인 성도들이 담대함(파레시아 παρρησία), 개역개정의 표현대로 하면 담력과 큰 제사장이신 예수 그리스도를 가지고 있다고 말한다. 이 둘은 긴밀하게 연결되는데 그 이유는 그리스도로 말미암아 성도들이 담력을 가지게 되었기 때문이다. 어떤 담력인가? 성도가 성소로 들어가는 담력이다. 앞의 본론 단락을 살필 때 이미 설명했듯이 다른 짐승의 피에 힘입어 들어가는 것이 아니라 예수의 피를 힘입어 들어간다. 먼저 거기로 들어가심으로써 생명의 살 길을 여신 예수님의 육체를 의지하여 성소로 들어간다. 이어지는 권면 부분에서는 세 개의 권면을 한다. "참 마음과 온전한 믿음으로 하나님께 나아가자(10:22)," "믿는 도리의 소망을 움직이지 말고 굳게 잡자(10:23)," 그리고 "서로 돌아보아 사랑과 선행을 격려하자(10:24)"는 청유형으로 구성되어 있다.

삼중구조 패턴 설교의 결론(10:19-21)

새 언약의 백성은 새로운 대제사장이신 그리스도를 통해 하나님께 담대히 나아가는 특권을 가지게 되었다. 담대하고 자유롭게 성소에 들어가는 것은 옛 언약에서는 생각도 할 수 없는 일이었다. 담대함을 가질 필요성이 있음에 대해서는 저자가 히브리서 3:6절과 4:16절에서도 밝혔고, 이러한 담대함은 예수 그리스도의 순종의 제사로 말미암아 가능하게 되었다. 하늘 성소로 나아가는 것은 휘장 가운데로 열어 놓은 '새로운 살 길'로 규정된다. 휘장은 제사장들이 이 땅의 성소에서 하나님의 임재의 상징인 지성소로 들어가는 것을 막고 있었던 것으로[3] 이제는 찢어지게 되었다. 그리스도를 따르는 자들은 그리스도께서 그들을 위해 행하신 것에 의지하여 하나님께 자유롭게 나아갈 수 있게 되었다. '새로운'이라는 의미는 옛 언약 하에서는 불가능했던 것으로 이것이 '최근에 열리게 되었다'는 의미를 지니고, 또한 새 언약이 옛 언약과 비교할 때 질적으로 완전히 새롭다는 것을 나타낸다.[4] 또한 그 길은 '살 길'인데, 이 말은 성도들이 멸망하지 않는 생명을 소유하게 되었음을, 즉 새로운 생명의 삶의 방식이 예수 그리스도의 죽음을 통해 가능하게 되었음을 역설적으로 보여주는 것이다.[5] 저자는 그리스도께서 하나님의 임재로 나아가는 것을 성소로 나아가는 제의적인 그림과 연결시켜 설명하고 있다. 그리스도께서 하나님 존전으로 나아가는 것은 그를 따르는 성도들이 하나님께 나아가는 것과 긴밀한 관계가 있다. 왜냐하면 그가 우리를 위하여 열어 놓으신 길이기 때문이다. 베드로전서 2:5절, 요한계시록 1:6; 20:6; 5:10절에서는 만인제사장설을 지지하는 표현들이 등장한다. 그러나 히브리서에서는 성도가 제사장이라는 만인제사장설을 명시적으로 지지하는 구절은 없다. 그 이유에 대해 궁금해 하며 연구한 학자들도 있다. 그 중의 한 사람이 플로어(L. Floor)인데, 그는 스피크(Spicq)의 입장을 따라 히브리서의 일차 독자들은 예루살렘에서 쫓겨난 제사장 그룹이어서 만인제사장설을 명시적으로 지지하는데 어려움이 있었을 것이라고 주장한다.[6] 그러나 분명한 것은 옛 언약 하에서 제사장들에게만 부여되었던 하나님 앞에 나아가는 것이 그리스도를 통해 모든 성도에게 가능하게 된 것이다. 예수 그리스도의 하나님 임재 앞으로 나아가는 것은 성도들의 나아감과 연결될 뿐만 아니라, 3:1-4:13절과 10:19-12:29절에서 두드러지게 등장하는 약속의 땅으로 들어가는 것과도 결부된다. 여기서 하나님의 백성은 이동 중인 것으로 그려진다. 순례의 이미지가 강하게 나타난다. 순례의 모티프는 히브리서 여러 구절에 등장하는데, 집으로부터의 분리나 떠남(6:2; 11:8, 15), 하나님이 계시는 거룩한 곳으로의 여정(10:12, 22; 11:10, 16; 12:22; 13:14), 안식이라는 확고한 목적(4:1, 9)과 그 길에서의 어려움(3:12-18; 5:11-6:12; 10:23-26; 11:25-27, 33-38; 12:4) 등으로 나타난다.[7] 앞으로 살피게 될 11:1-40절에서도 분명하게 드러나겠지만, 순례 중에 있는 믿음의 사람들은 남자들뿐만 아니라 여자도 포함된다. 그 중의 하나가 라합이다. 그는 이스라엘 백성이 아니었고 창녀였다. 이런 점으로 미루어 볼 때 차별화에 의해서 소수만이 배타적인 특권을 누렸던 옛 언약 하에서의 제사장적 질서는 히브리서가 말하는 새 언약 공동체 안에서는 설 자리를 찾을 수 없다.[8] 히브리서의 저자는 '피' '성소로 들어감' '휘장'과 같은 단어들을 사용하고 제의적인 이미지를 사용하지만, 결코 허물었던 옛 언약의 제의 체계를 다시 세우고자 하는 것은 아니다. 오히려 앞으로 주어지게 될 권면을 위해 중요한 디

딤돌 역할을 한다.

삼중구조 패턴 설교의 권면(10:22-25)

이 단락은 세 개의 청유문으로 구성되어 있다: 하나님께 나아가자(프로세르코메다 προσερχώμεθα, 10:22), 굳게 잡자(카테코멘 κατέχωμεν, 10:23), 서로 돌아보자(카타노오멘 κατανοῶμεν, 10:24). 10:22절에서 마음과 양심이 깨끗해져서 하나님께 나아가자는 의미는 무엇일까? '나아가자(προσερχώμεθα)'는 동사는 히브리서에서 여러 번 사용되었다(4:16; 7:25; 10:1,22; 11:6; 12:18-24). 이 헬라어 단어가 칠십인경에서 사용될 때는 제사장들이 성소에 들어갈 때나 백성들이 기도와 예배를 통해 하나님께 나아갈 때 사용되었다(출 16:9; 레 9:5; 민 18:4). 이 단어가 제사장들의 제의적인 활동과 관련해서 사용될 때는 주로 전치사 프로스(πρός)와 접근하는 대상이 되는 물건과 더불어 사용되는 경우가 많다.[9] 이 헬라어 단어가 히브리서에서 사용된 문맥을 고려해 보면 이 단어는 기독교 공동체에서의 기도와 예배를 의미하는 것 같다.[10] 이렇게 생각하는 데는 몇 가지 단서가 있다. 먼저 설교자는 10:25절에서 공동체적인 예배를 격려한다. 둘째는 기도의 중요성이 죽음의 상황에서 예수님의 기도가 응답되는 부분을 다루는 5:7절에서 언급되는데, 이것은 4:16절과의 연관성 속에서 이해할 수 있다. 셋째는 12:22-24절은 이 땅에서의 성도들과 천상에서의 예배자에 대해서 언급하고 있다. 넷째는 9:14절과 12:28절에서 이 단어가 등장하지 않지만 그리스도께서 사람들의 양심을 깨끗케 하시는 목적은 살아계신 하나님을 예배하기 위함이다. 하나님께서 기뻐 받으시는 예배를 드리기 위해서 경외함(율라베이아 εὐλάβεια)이 필요하다. 5:7절에서 이 단어는 예수 그리스도의 기도에 하나님이 귀를 기울이시는 중요한 이유로 설명하고 있다.[11] 저자는 제의적인 용어를 사용하여 독자의 현재적인 삶에 그리스도의 죽음이 효력을 발휘하는 것을 잘 설명하고 있다. 10:22-25절에서의 권면은 기독교 공동체의 안정을 목표로 한다. 저자는 죄로부터 자유롭게 된 성도는 제사가 아니라 삶에서의 공동체적인 실천을 통해서 죄와 멀리 하는 삶을 살아야 한다고 권면한다.[12] 그럼 어떻게 하면 이룰 수 있을까? 먼저는 공동체적인 돌봄, 사랑과 선행을 통해서다(24절). 둘째는 예배에 정기적으로 참여함을 통해서다(25절). 셋째는 위로, 격려와 경고를 통해서다. 기독교회는 하나의 공동체적인 실제로 존재하고 세워진다.[13] 10:22-24절에서 각각의 동사들은 기독교인의 믿음, 소망, 사랑의 삼중적인 덕을 설명하는데 사용되고 있다: 온전한 믿음(22절), 믿는 도리의 소망(23절), 사랑(24절). 이 주제는 이어지는 장에서 분명하게 다루어진다. 11장은 믿음을, 12장은 소망을, 13장은 사랑을 다루고 있다.[14] 히브리서에서 이 권면의 단락은 제의적인 이미지가 풍성하다. 그러나 역설적이게도 저자는 제의적인 용어를 빈번하게 사용하면서 그것을 통해 비제의적인 깊은 기독교적인 교훈을 전달하고 있다.[15]

성도의 삶에서 '나아감의 두 방향'

10:19-25절에서는 하나님께 나아감의 주제가 중요하다. 히브리서 안에서는 크게 두 가지의 움직임을 찾을 수 있다. 먼저는 그리스도의 구원행위를 설명할 때 두드러진 것으로 세상으로부터 하나님의 임재

가 있는 초자연적인 영역으로 들어가는 것을 의미한다. 그리스도는 그의 동생들을 천사들보다 뛰어난 영광으로 인도한다(2:10). 그는 하늘들(4:14), 하늘 성소(9:11), 성소로(9:12, 24) 들어가셨다. 이러한 움직임에 대한 묘사는 성도들도 하나님께로 나아갈 수 있다는 것을 보여준다.[16] 그래서 성도들도 이제 예배와 기도의 상황에서 하나님의 보좌로(4:16; 10:22) 나아가고, 하나님의 안식으로 들어가고(4:11), 완전한 데로 나아가자(6:1절, 우리말 번역에서는 6:2)고 권면한다. 두 번째로, 히브리서 안에서 하나님께 나아감 외에 또 다른 움직임이 있다. 10장 이후로 이 움직임의 방향은 바뀐다. 이 변화는 초자연적인 영역에서 세상으로 나아가는 것을 말한다.[17] 거룩한 영역으로 들어가는 것(10:22)은 죄악으로 가득한 세상 밖으로 나가는 것을 의미한다(13:13).[18] 영문 밖에 거하는 자들에게 있어서 하나님께서 기뻐하시는 제사는 감사와 선행이다(13:15-16).[19] 청중들을 향한 영문 밖으로의 부름은 이 세상과는 완전히 다른 저 세상으로의 부름이 아니라 일상적인 삶에서의 부름이다. 그것은 형제를 사랑하는 것(13:1), 손님 대접(13:2), 갇힌 자를 생각하는 것(13:3), 결혼을 귀히 여기는 것(13:4), 돈을 사랑하지 않고(13:5), 믿음의 선배의 모습을 본받는 것(13:7)이다.[20] 이러한 권면들은 독자들로 하여금 그리스도께서 치욕을 견디신 것(12:3)처럼 그들도 이 땅의 가치관에 매몰되지 말고 새로운 하나님의 백성의 가치관을 품고 이 땅에서 치욕을 당하며 살라는 것이다(13:13). 또한 예수 그리스도를 통해 새롭게 형성된 공동체에게 필요한 것은 일상의 삶에서 바로 선을 행하고 찬양과 감사로 사는 것이다(13:15-16).[21] 이런 나아감의 방향의 변화는 히브리서 설교자가 성소로 들어가시는 그리스도에서 성문 밖에서 고난당하신 그리스도로 관

심이 옮겨가는 기독론적인 주해에 근거하고 있다.²²

묵상을 위한 도움

아직도 도로 아래 굴다리가 있는 곳이 있다. 도로가 만들어지면서 도로를 사이에 두고 통행이 어렵게 된 곳에 굴이 생긴다. 때론 굴이 크지 않아서 자동차와 사람이 함께 통과해야 해서 아주 위험하다. 대체로 굴이 크지 않아 자동차도 한 대씩만 통과해야 한다. 이런 경우에 그 주변은 항상 정체가 발생한다. 우리나라에서 이런 곳이 점점 사라지기는 하지만, 여전히 곳곳에 있다. 도로 아래 굴은 불통의 한 단면을 보여준다. 그리스도가 이 땅에 오시기 전 하나님과 우리 사이의 관계를 잘 보여준다. 불통이다. 그러나 그리스도가 오심으로 그를 통해 양심과 생각의 죄가 해결됨으로 참마음과 정결해진 몸으로 하나님께 담대히 나아갈 수 있게 되었다. 불통에서 소통으로의 변화가 일어났다. 우리의 기도, 예배, 그리고 일상의 삶에서 하나님과의 소통이 있기를 바란다.

핵심 메시지

1. 담대히 하나님께 나아가는 특권
2. 믿음, 소망, 사랑에의 권면
3. 두 방향의 나아감의 균형

7부

믿음과 인내에
대한 격려

25
경고와 소망

히브리서 10:26-39

26 우리가 진리를 아는 지식을 받은 후 짐짓 죄를 범한즉 다시 속죄하는 제사가 없고 27 오직 무서운 마음으로 심판을 기다리는 것과 대적하는 자를 태울 맹렬한 불만 있으리라 28 모세의 법을 폐한 자도 두세 증인으로 말미암아 불쌍히 여김을 받지 못하고 죽었거든 29 하물며 하나님의 아들을 짓밟고 자기를 거룩하게 한 언약의 피를 부정한 것으로 여기고 은혜의 성령을 욕되게 하는 자가 당연히 받을 형벌은 얼마나 더 무겁겠느냐 너희는 생각하라 30 원수 갚는 것이 내게 있으니 내가 갚으리라 하시고 또 다시 주께서 그의 백성을 심판하리라 말씀하신 것을 우리가 아노니 31 살아 계신 하나님의 손에 빠져 들어가는 것이 무서울진저 32 전날에 너희가 빛을 받은 후에 고난의 큰 싸움을 견디어 낸 것을 생각하라 33 혹은 비방과 환난으로써 사람에게 구경거리가 되고 혹은 이런 형편에 있는 자들과 사귀는 자가 되었으니 34 너희가 갇힌 자를 동정하고 너희 소유를 빼앗기는 것도 기쁘게 당한 것은 더 낫고 영구한 소유가 있는 줄 앎이라 35 그러므로 너희 담대함을 버리지 말라 이것이 큰 상을 얻게 하느니라 36 너희에게 인내가 필요함은 너희가 하나님의 뜻을 행한 후에 약속하신 것을 받기 위함이라 37 잠시 잠깐 후면 오실 이가 오시리니 지체하지 아니하시리라 38 나의 의인은 믿음으로 말미암아 살리라 또한 뒤로 물러가면 내 마음이 그를 기뻐하지 아니하리라 하셨느니라 39 우리는 뒤로 물러가 멸망할 자가 아니요 오직 영혼을 구원함에 이르는 믿음을 가진 자니라

우리말 개역개정성경과 헬라어 본문 비교

* 이 단락은 헬라어로 히브리서를 읽을 때 가장 어려운 단락이다. 그 이유는 신약성경의 다른 곳에서는 거의 사용되지 않은 단어들이나 표현이 많이 등장하기 때문이다. 이러한 단어와 표현을 통해 청중들은 설교자의 말에 귀를 더 기울였을 것이다. 그 단어들을 살펴보면 다음과 같다. 10:32절에서 '큰 싸움'을 의미하는 '아들레시스(ἄθλησις)'가 사용되었는데, 신약성경에서 다른 곳에서는 사용되지 않았다. 10:33절에서는 '때때로 … 또 다른 경우에는'으로 번역된 '투토 멘 … 투토 데(τοῦτο μέν … τοῦτο δέ)'가 등장하는데, 이것도 신약성경에서는 용례를 발견할 수 없다. '비방'을 의미하는 '오네이디스모스(ὀνειδισμός)'는 11:26; 13:13절에, 그리고 히브리서를 제외하면 로마서 15:3절과 디모데전서 3:7절에 나온다. '구경거리가 되다'는 의미의 '데아트리조(θεατρίζω)'는 신약의 다른 곳에서는 나오지 않는다. 10:34절에서는 '빼앗기는 것'이란 의미의 '하르파게(ἁρπαγή)'는 마태복음 23:25절과 누가복음 11:39절에서만 사용되었다. '소유'를 의미하는 '휘파륵시스(ὕπαρξις)'도 사도행전 2:35절에서만 사용되었다. 10:35절에서는 '상'으로 번역된 '미스다포도시아(μισθαποδοσία)'는 히브리서 2:2절과 11:26절에만 나온다. 10:37절의 '잠시 잠깐 후면(미크론 호손 호손 μικρὸν ὅσον ὅσον)'이란 표현도 신약성경 다른 곳에는 사용된 적이 없고, 38절의 '뒤로 물러가다(휘포스텔로 ὑποστέλλω)'는 단어는 사도행전 20:20, 27절과 갈라디아서 2:12절에만 사용되었다. 10:39절의 '뒤로 물러가는 자(휘포스톨레 ὑποστολή)'는 신약성경 다른 곳에는 사용된 적이 없다.[1]

본문으로 들어가기

히브리서의 가장 긴 삼중구조 패턴 설교(8:1-10:25) 이후에 연결되는 이 단락은 경고와 소망의 내용을 함께 담고 있다. 구조적인 측면에서 보면, 엄중한 경고를 담고 있는 10:26-35은 히브리서에 등장하는 다섯 번째 삼중구조 패턴 설교이며, 이 설교 안에 히브리서의 네 번째 경고도 있다. 짐짓 범하는 죄의 심각성(10:26-31)에 대해 다루는 부분이 설교의 본론, 과거의 신앙의 싸움을 상기시키는 부분(10:32-34)이 결론, 그리고 너희 담대함을 버리지 말라(10:35)는 권면이 따르는 형태를 이루고 있다. 10:36-39절에서는 인내의 필요성에 대해 다룬다.

다시 속죄하는 제사가 없다(10:26-31)

이 구절에서 다시 한 번 배교의 죄에 대해서 경고한다. 10:26절에 나오는 "진리를 아는 지식을 받은 후"는 복음에 관한 메시지를 듣고 그것을 진리로 받아들였음을 의미한다. '진리'는 그리스도를 통한 하나님의 구원을 의미하며, '지식'은 진리에 대한 확실한 인식을 의미한다. 이 두 단어의 융합은 복음을 듣고 수용하는 일이 일어났다는 것을 의미한다.[2] "짐짓 죄를 범한즉"에서 우리말로 '짐짓'으로 번역된 헬라어 단어는 '헤쿠시오스(ἑκουσίως)'다. 이 단어는 영어성경에서는 'voluntarily,' 'willingly,' 'purposely,' 'deliberately' 등으로 번역되었다. 우연하게 죄를 범하게 된 것이 아니라 의지적인 요소가 개입되었다는 것이다.[3] 저자는 독자들이 염려할 만한 부지중에 짓는 죄에 대해서는 관대한 입장을 보였다. 자비로운 대제사장이신 그리스도께서 중보의 사역을 하실 것이라고 말했다(2:18; 4:14-16). 그러나 의도적인 범죄의 결과는 "다시 속죄하는 제사가 없다"고 엄하게 말한다. 6:4-8절보다 더 강화된 형태의 경고가 등장한다. 이 구절에서는 그 경고를 8:1-10:25절에서 이미 언급한 제의적인 관점에서 풀어 설명한다. 예수 그리스도의 완전한 제사는 옛 언약의 동물제사를 끝내는 최종적인 제사였다. 그러기에 예수를 믿은 후에 고의적으로 믿음의 길에서 떠나게 되면 더 이상은 그 죄를 속할 제사가 없다.[4] 그리스도의 제사가 은혜이면서 동시에 더 준엄한 삶을 요구한다는 것을 잘 보여준다. 그러면 그와 같은 중한 죄를 지은 자에게 기다리는 것은 무엇일까? 이미 저자는 신실한 성도의 삶은 그리스도의 재림을 기다리는 것이라고 묘사했다(9:28; 10:25). 그러나 배교하는 자들을 기다리는 것은 심판과 대적하는 자들을 맹렬히 태울 하나님의 불이다(사 26:11). 이 그림은 12:29절에서 하나님을 '소멸하는 불'로 그리는 것과 일맥상통한다.[5] 10:28-29절에서는 히브리서에서 자주 등장한 '가벼운 것과 무거운 것'의 논증이 등장한다. 모세의 법을 폐한 경우에도 두 세 증인의 증거를 통해 불쌍히 여김 받지 못하고 죽임을 당할 수 있었다. 이 표현은 구약의 두 구절을 융합한 것인데, 신명기 17:2-7절의 내용과 신명기 13:8절이다. 여기서 말하는 죽음에 이르게 된 죄는 모든 죄에 해당한 것이 아니라 우상 숭배를 가리킨다.[6] 천사들을 통해 주어졌다고 생각하는 율법을 어겨도 그와 같은 벌을 받았다면, 새 언약의 복음에 대해서 그와 같이 반응하면 그 결과는 어떨 것인가를 생각해보라고 말한다. 이것은 2:1-4절의 전개방식과 비슷하다. 10:29절은 앞에서 말한 '짐짓 범한 죄'를 하나님의 아들을 짓밟고, 언약의 피를 부정하고, 성령의 은혜를 욕되게 하는 것으로 묘사한다. '하나님의 아들을 짓밟고'는 그리스도를 경멸하며 공개적으로 믿음을 거부하는 것이다. '짓밟고'에 해당하는 헬라어 단어 '카타파테오(καταπατέω)' 동사는 문자적으로 사용되기도 하고, 상징적으로 쓰이기도 한다. 이 구절에서는 상징적인 의미를 지니다. 그런데 이 단어가 사람을 목적어로 취하는 경우는 가장 고의적인 적대감을 표현함을 의미한다.[7] "언약의 피를 부정한 것으로 여기는 것"은 죄를 깨끗케 하는 그리스도의 피의 효력을 거부하는 것이다.[8] "은혜의 성령을 욕되게 하는 것"은 하나님의 종말론적인 은혜의 표지인 성령을 거부하는 것이다.[9] 그렇게 하면 그가 당할 형벌은 더 클 것이라고 말한다. 이와 같이 엄한 경고를 했던 저자는 10:30절에서 개역개정성경은 "우리가 아노니"를 구절의 맨 마지막에 두었다. 그러나 원문에는 문장의 가장 앞에 나오는데, 이 말을 앞에 둠으로 이어지는 "원수 갚는 것이 내게 있으니 내가 갚으리라"는 말의 톤을 누그러뜨린다.[10] 이어서 강한 종말론적인 어조를 띤 말로 하나님의 심판을 피할 수 없음을 말한다. "살아 계신 하나님의 손에 빠져 들어가는 것이 무서울진저." 여기서 '무서운'이라는 말은 헬라어로 '포베로스(φοβερός)'인데 신약에서는 히브리서에서만 사용되었다(10:27, 31; 12:21). '하나님의 손에 빠져 들어가는 것'(삼하 24:14)은 하나님이 죄인들의 죄를 결코 가볍게 여기지 않는 분이심을 분명히 하고 있다.[11]

전날의 믿음에 근거한 격려(10:32-35)

10:32-34절은 삼중구조 패턴 설교의 결론이고 10:35절은 설교의

권면에 해당한다. 10:32절은 역접 접속사 '데(δέ)'로 시작한다. 이 말을 통해 우리는 앞에서 말한 엄한 경고와는 다른 내용이 전개될 것이라는 것을 짐작할 수 있다. 이러한 수사학적인 기법은 엄한 경고 후에 '사랑하는 자들아'라는 말로 시작하는 6:9절의 경우와 유사하다. 6장을 주해할 때도 언급했던 것처럼 과거의 선한 행위들을 언급하며 경고 받을 일을 선택하지 말고, 선의를 붙잡기(capturing the goodwill)를 기대하는 것이다. 과거를 회고하는 것이 현재와 미래를 위한 결단에 도움이 될 수 있다. 이 구절에서는 배교의 위험에 처해 있는 성도들에게 과거에 그들이 한 선한 일에 대해 생각하라고 한다. 저자는 그들에게 개종하여 세례를 받은 후에 고난의 큰 싸움을 견뎌냈던 것을 기억하라고 한다. 10:33-34절에서는 고난의 양상들을 말한다. '투토 멘 … 투토 데(때때로~, 또 다른 경우에는)' 구문을 통해 과거의 모욕과 조롱에 대해서 말한다. 때론 비방과 환란으로 사람들의 구경거리가 되고, 또 어떤 경우에는 이런 형편에 있는 자들을 모른 체하지 않고 돌보았다.[12] 청중들이 당한 고난을 '데아트리조(θεατρίζω)'라는 단어로 표현한다. 이 단어는 극장에서 사람의 관람대상이 된 것과 같은 공개적인 조롱을 받았다는 뜻이다. 이러한 묘사는 주후 64년에 있었던 성도들을 향한 네로 황제의 박해를 연상케 한다. 믿는 자들은 많은 대중들에 의해 공개적으로 조롱을 당했으며, 밤에 서커스 무대를 밝히는 불로 사용되기도 했다.[13] 그들은 주님을 섬기는 마음으로 갇힌 자들을 살피고 재산이 몰수되는 것도 기쁨으로 감당하였다. 그럼 그 이유가 무엇이었을까? '더 낫고 영구한 소유,' 히브리서에 나오는 다른 표현으로 바꾸어 보면 '더 나은 본향'이 있는 줄 알았기 때문이다(3:11; 11:16). 이 구절들은 공동체가 겪었던 과거의 실제적인 시련을 묘사하고 있다. 그러나 구체적으로 이것이 어떤 전국적인 박해나 국지적인 박해였는지는 알 수 없다. 그러나 이와 같은 과거를 상기시킴으로 독자들로 하여금 옳은 선택을 통해 엄한 경고의 내용이 현실이 되지 않게 하라고 당부한다.[14] 저자는 삼중구조 패턴 설교의 권면인 10:35절을 '그러므로'에 해당하는 접속사 '운(οὖν)'으로 시작하며, 담대함을 버리지 말라고 당부한다. 이 '담대함'은 성도들이 하나님과 세상 앞에서 가져야 하는 태도다. 이미 이 단어는 히브리서에서 매우 여러 번 사용되었다. 성도는 그리스도의 중보 사역을 힘입어 담대히 하나님 앞에 나아간다(4:16; 7:24-25; 10:19, 21). 또한 담대함을 견고하게 붙잡으면 하나님의 집, 즉 그의 백성이 된다(3:6). 담대함은 새 시대에 하나님의 집, 즉 백성된 사람들의 표지라고 할 수 있다.[15] 그렇게 할 때 큰 상을 얻게 된다고 한다.

인내의 필요성(10:36-39)

저자는 성도들에게 인내(휘포모네 ὑπομονή)의 필요성을 역설한다. 그 이유는 하나님의 뜻을 행한 후에 약속한 것을 받기 위함이다. 이것은 십자가의 수치 앞에서 보여준 그리스도의 태도 속에서 발견할 수 있다.[16] 인내는 담대함과 마찬가지로 성도의 삶의 표지다. 10:37-38절에서 저자는 "잠깐 후면"은 이사야 26:20절로부터, 나머지는 하박국 2:3-4절로부터 가져왔다. 이 인용을 통해 약속과 경고를 동시에 하고 있다. 경고는 뒤로 물러가지 말고 믿음을 유지하는 것이고, 약속은 그리스도께서 곧 오시는 것이다.[17] 잠깐 후면 오시기로 하신 분이 오실 것인데 지체하지 않으실 것이다. "의인은 오직 믿음으로 말미암아 살리라"는 사도 바울에게도 두 번 인용되었다(갈 3:11; 롬1:17). 바울에게서는 믿음이 강조되었고, 히브리서에서는 인내와 신실함에 대한 권면으로 사용되었다.[18] 10:39절에서 주어가 '너희'에서 '우리'로 바뀐다. 여기서 우리는 그리스도에게 충성을 보여주는 신실한 사람들로 저자와 성도들을 포함한다. 타락의 위험성이 있는 청중들에게 엄한 경고와 약속을 함께 제시했던 설교자는 이 구절에서 긍정적인 진술로 끝맺는다. 독자들은 뒤로 물러가 하나님의 영원한 심판에 처할 사람들이 아니요, 믿음을 통해 영혼을 보존한 사람들이 될 것이라고 말한다. 히브리서 저자는 두 길, 즉 멸망과 생명의 길에서 독자들이 생명의 길을 선택하길 바라고 있다.[19] 여기서 '구원함에 이르는 믿음'에 대해서 언급하는데, 믿음의 성격에 대해서는 이어지는 11장에서 잘 밝힐 것이다.

묵상을 위한 도움

초대교회에 엄청난 피해를 주었던 이단 중의 하나가 말시온(주후 85-160)이다. 그는 교회로부터 144년에 출교를 당했다. 그는 구약성경과 신약성경을 읽으면서 많이 다르다고 느꼈다. 구약의 하나님은 잔인하고 심지어 악한 신이라고 생각했다. 그러나 신약으로 넘어오면 사랑과 자비의 신을 만난다고 했다. 그래서 그는 구약의 하나님은 열등하고 신약의 하나님은 고상하고 완전한 신이라고 했다. 말시온에게 구약은 가치가 없었다. 신약성경에 구약의 심판 내용이 포함되어 있으면 심지어는 그 내용을 삭제하기도 했다. 그래서 자기 나름의 성경을 만들었다. 이러한 말시온의 행동은 초대교회 성도들에게 많은 피해를 주었다. 결국 교회지도자들은 하나님께서 교회에게 주신 성경을 찾는 정경화 작업을 진행하게 되었다. 이 과정 속에 성령께서 함께 하셔서 시대에 상관없이 구원받을 길을 성경 속에서 발견하게 하셨다. 하나님의 말씀에는 사랑만 있는 것이 아니라, 심판에 대한 경고도 있다. 우리는 얼마나 그 말씀에 대해 심각하게 반응하고 있는지 살펴보자.

핵심 포인트

1. 배교하면 다시 속죄하는 제사가 없다.
2. 과거의 선한 싸움을 기억하라.
3. 뒤로 물러가지 말아야 한다.

26
믿음이란?

히브리서 11 : 1 - 7

¹믿음은 바라는 것들의 실상이요 보이지 않는 것들의 증거니 ²선진들이 이로써 증거를 얻었느니라 ³믿음으로 모든 세계가 하나님의 말씀으로 지어진 줄을 우리가 아나니 보이는 것은 나타난 것으로 말미암아 된 것이 아니니라 ⁴믿음으로 아벨은 가인보다 더 나은 제사를 하나님께 드림으로 의로운 자라 하시는 증거를 얻었으니 하나님이 그 예물에 대하여 증언하심이라 그가 죽었으나 그 믿음으로써 지금도 말하느니라 ⁵믿음으로 에녹은 죽음을 보지 않고 옮겨졌으니 하나님이 그를 옮기심으로 다시 보이지 아니하였느니라 그는 옮겨지기 전에 하나님을 기쁘시게 하는 자라 하는 증거를 받았느니라 ⁶믿음이 없이는 하나님을 기쁘시게 하지 못하나니 하나님께 나아가는 자는 반드시 그가 계신 것과 또한 그가 자기를 찾는 자들에게 상 주시는 이심을 믿어야 할지니라 ⁷믿음으로 노아는 아직 보이지 않는 일에 경고하심을 받아 경외함으로 방주를 준비하여 그 집을 구원하였으니 이로 말미암아 세상을 정죄하고 믿음을 따르는 의의 상속자가 되었느니라

우리말 개역개정성경과 헬라어 본문 비교

* 이 단락에서는 '증거를 받다'는 의미의 '마르튀레오(μαρτυρέω)' 동사의 사용이 두드러진다. 11:2, 4, 5절에서 수동태로 등장하는데 개

역개정성경에서는 2절에서 "증거를 얻었느니라," 4절에서 "증거를 얻었느니," 그리고 5절에서 "증거를 받았느니라"로 번역했다. 조금 아쉬운 것은 같은 단어가 쓰였기 때문에 "증거를 얻다"로 하든지 아니면 "증거를 받다"로 하든지 통일하면 좋을 것 같다. 그리고 4절에서는 능동태로 사용되기도 한다. 개역개정에서는 "증언하심이라"고 번역을 했는데 같은 동사다. "증거하심이라"고 번역하는 것이 일관성이 있고 좋을 것 같다.

* 11:3, 4, 5, 7절에서 '피스테이(πίστει)'라는 단어로 시작한다. 개역개정성경에서는 '믿음으로'라고 번역하였다. 대부분의 영어성경은 by faith로 번역한다. 이것이 도구의 여격("믿음을 통하여")인지, 방식의 여격("믿음의 방식에 따라")인지, 아니면 원인의 여격("믿음으로 인해")인지는 학자들 간에 이견이 있다.[1]

본문으로 들어가기

히브리서 11장은 흔히 믿음장이라고 불리는 유명한 장이다. 10장의 마지막 부분에서 하박국으로부터의 인용에 의해서 소개된 믿음에 초점을 맞추고 있다. 표면적인 구조로 보면 10:36절에서 인내의 필요성에 대해 말하고 12:1절에서 또 인내를 촉구하는 권면이 등장한다. 그래서 히브리서 11장은 그 사이에 위치한 부록으로 생각할 수도 있지만, 사실은 그렇지 않다. 11장은 전후 내용과 매우 긴밀한 관계를 가지고 있다.[2] 11:1-40절까지 큰 단락구분을 하기보다는 11:1-12:3절을 함께 묶어서 보는 것이 좋다. 11:1-12:3절은 믿음의 사람들과 그리스도를 본받음이라는 주제로 되어 있고, 히브리서에 등장하는 여섯 번째 삼중구조 패턴 설교다. 11:1-38절은 본론으로 믿음의 사람들에 대해 다룬다. 편의상 노아홍수 이전 시대(11:1-7), 족장 시대(11:8-22), 모세 시대(11:23-31), 모세 이후 시대(11:32-38)로 구분할 수 있다. 11:39-40절은 결론 부분으로 새 언약 백성의 특권에 대해 설명한다. 12:1-3절은 권면 단락으로 궁극적인 믿음의 본이 되시는 그리스도를 바라보자고 권면한다.

믿음이란(11:1-3)

이 구절은 믿음 장의 서론으로 '에스틴 데 피스티스(Ἔστιν δὲ πίστις)'라는 말로 시작한다. 이것을 굳이 번역하면 '믿음은 … 이다'인데, 믿음에 대해 형식적인 정의보다 믿음의 특징에 대해 다루려는 저자의 의도가 드러난다.[3] 11:1-2절에서 구체적인 경험으로서의 믿음은 '바라는 것들의 실상'이요, '보이지 않는 것들의 증거'라고 정의된다. 개역개정성경에서 '실상'이라고 번역된 헬라어 단어는 '휘포스타시스(ὑπόστασις)'다. 이 단어는 영어성경들에서는 주로 assurance 혹은 realization으로 번역된다. '증거'라는 단어는 '엘렝코스(ἔλεγχος)'인데 영어성경들에서는 conviction이나 evidence로 번역되었다. 간략하게 믿음에 대해서 정의하면, 믿음은 목표를 가지고 소망하는 것을 가지는 것이고 지각할 수 없는 실체를 지각하는 것이다. 추상적이지 않고 구체적인 경험은 10:32-34절과 같은 과거경험에서 역설적인 행동을 취하게 하는 힘이 있다.[4] '보이지 않는 것들'에는 하나님

(27절, 보이지 않는 자), 그의 존재(6절), 그의 신실하심(11절), 그의 능력(19절)과 같은 현재, 미래 혹은 영원한 실재를 포함한다.[5] 믿음이 제공하는 보이지 않는 것들에 대한 인식은 고난과 시련을 견디는 기본적인 동기가 된다. 믿음의 사람들의 명단을 시작하기 전에 먼저 믿음으로 창조 세계에 대해 인식하는 사람은 '우리'라고 밝힘으로 저자와 청중이 하나가 된다.[6] 우리는 믿음으로 모든 세계가 하나님의 말씀으로 지어진 줄을 안다. 믿음의 대상이신 하나님은 말씀으로 보이는 세계를 창조하시고(3절) 존재하시며 자기를 찾는 자에게 상을 주시고(6절), 또한 약속을 신실하게 지키신다. 믿음을 통해 성도들은 하나님이 누구신지 알게 된다.[7] '믿음으로 선진들이 증거를 얻었다'는 것은 매우 중요한 표현인데, 이것은 하나님께서 믿음으로 반응한 그들을 인정하셨다는 의미다. 증거를 얻은 것은 선진들 자신, 즉 그들의 인격, 역사, 그리고 행위다. 11장은 믿음이 무엇인지를 보여주는 일련의 예가 아니라 믿음으로 하나님의 인정을 얻은 선진들이 누구인지를 보여주는 성경적인 예라 할 수 있다.[8] 흥미로운 것은 11:39절에서 그들이 믿음으로 증거는 받았지만, 약속은 받지 못하였다고 한다. 그럼 과연 이 말을 어떻게 이해해야 할까? 이 차이를 알아야 11장을 잘 이해할 수 있다. 이 부분에 관심을 가지고 계속 11장을 살펴보도록 하자.

아벨의 믿음(11:4)

믿음의 목록에서 첫 번째로 언급되는 인물은 아벨이다. 히브리서 설교자는 창 4:4절의 내용에 근거해서 설명한다. 아벨은 그의 형보다 더 나은 제사를 드렸다. 하나님께서는 그의 제사를 기뻐하신 반면에 그의 형 가인의 제사는 기뻐하지 않으셨다. 이것으로 인해 형제간의 다툼이 발생하여 가인은 이성을 잃고 그의 동생을 죽였다. 아벨은 성경에 그려진 첫 번째 살인의 피해자다. 유대교에서는 하나님이 아벨의 제사만 받으신 이유에 대해 많은 연구를 했다. 필로는 아벨의 제사가 받아들여진 이유에 대해서 물음을 던지며, 아벨의 제물은 질적으로 더 나은 것이었다고 설명했다.[9] 혹은 아벨의 제사는 문명에 반대되는 자연 그대로의 제사여서 하나님께서 받으셨다고 설명한다.[10] 또 다른 입장은 하나님에 대한 아벨과 가인의 믿음의 차이가 있었다고 설명한다. 히브리어 구약성경에 대한 아람어 번역인 타르굼에 이런 내용이 나온다. 가인이 아벨에게 자신은 세상이 사랑으로 창조되고 통치됨을 믿는데, 왜 너의 제사는 받고 나의 제사는 받지 않으시는가? 라고 말했다. 그러자 아벨이 가인에게 이렇게 말했다. 물론 네가 말한 대로 세상은 사랑으로 창조되고 통치되고 있지만, 선한 행실의 열매도 중요하다. 너의 제사를 받지 않으시고 내 제사를 받으신 것은 나의 행실이 너의 행실보다 나았기 때문이다.[11] 그러나 또 다른 후대의 타르굼에서는 아예 가인이 세상이 사랑으로 창조되고 통치되고 있다는 것을 부정하고 하나님까지 부정한다. "심판도 없고, 심판관도 없고, 다른 세계도 없다. 의인에게 선한 보상을 하는 것도 없다. 악인에게 시행하는 보복도 없다."[12] 히브리서 11:6절을 근거로 이해하면, 아벨의 믿음 즉 하나님과 올바른 관계에 있었던 그의 신앙이 그가 드린 제사가 하나님께 열납 되게 했다고 보는 것이 타당해 보인다.[13] 또 주목해 볼 부분은 그는 비록 형에 의해 죽임을 당했지만, 그것으로 끝나지 않았다는 것이다. 그는 비록 죽었지만 그는 여러 세대를 통해 사람들에게 말하고 있다. 이것은 히브리서에서 하나님의 말씀이 계속적으로 선포되고 있는 것과 잘 어울린다(4:12-13; 3:7-4:13).[14] 12:24 절에도 아벨의 피가 나온다. 그러면 아벨의 피는 무엇을 말하고 있는가? 어떤 유대교 전통에서는 아벨의 피는 하나님의 복수를 요구하는 순교자의 피라고 이해한다(1 Enoch 22.7). 그런데 히브리서 설교자는 히 12:24절에서 아벨의 피와 그리스도의 피를 비교하고 있는데, 이런 측면에서 죄인들의 죄를 용서해 달라는 소리로 이해할 수도 있다.[15] 아벨의 죽음에 대해 달리 생각하면, 하나님께서 창세기 6-11장에 나오는 타락의 역사와 환경으로부터 그를 보호하셔서 그 타락의 역사의 일부가 되지 않게 하셨다고 볼 수 있다.[16]

에녹과 노아의 믿음(11:5-6)

다음 믿음의 인물은 에녹이다. 창세기 5:24절의 "에녹이 하나님과 동행하더니 하나님이 그를 데려가시므로 세상에 있지 아니하였더라"는 신비한 언급이 나온다. 이 구절은 칠십인경과 중간기 문헌에서 에녹이 죽음을 보지 않고 하늘로 승천한 것으로 간주한 것과 같다. 히브리서 설교자 또한 에녹은 죽음을 보지 않고 옮겨졌다고 말한다. 그러면 그러한 일이 일어날 수 있었던 근거가 무엇일까? 그것은 바로 에녹이 옮겨지기 전에 하나님을 기쁘시게 하는 자라는 증거를 받았다는 것이다. 에녹이 하나님을 기쁘시게 했다는 성경적인 자료는 그가 죽음을 보지 않고 옮겼다는 것이다. 이 놀라운 일은 바로 그의 믿음 때문이었다고 말한다. 6절은 하나님에 대한 에녹의 바른 지식, 즉 하나님이 계신 것과 자기를 찾는 자들에게 상 주시는 이심을 믿는 믿음이 그가 이 세상에서 죽음을 맛보지 않고 옮겨질 수 있었다고 설명한다.[17]

또한 노아는 아직 보이지 않는 일에 대해 명령을 받았다. 이것은 1절의 '보이지 않는 것들의 증거'라는 언급을 암시한다. 여기서는 보이지 않는 것이 인식할 수 없는 어떤 진리나 실체가 아니라 미래에 있게 될 홍수사건이다. 노아는 이러한 경고에 대해 경건하게 반응했다. 이것은 5:7절에서 예수님의 경우에 "그의 경건하심으로 말미암아 들으심을 얻었느니라"고 했던 내용을 연상시킨다. 그래서 노아는 방주를 준비하여 가족들을 구원했다.[18] 노아의 순종의 열매는 둘인데, 가족구원과 의의 상속자가 된 것이다.[19] 노아가 하나님의 말씀에 순종하여 세상을 정죄하였다는 내용은 은유적으로 이해하여 하나님의 명령에 대한 그의 신실한 반응은 당시 사람들의 불의함을 대조적으로 보여주는 행위라고 이해하기도 한다. 그러나 어떻게 보면 히브리서 설교자는 문자적으로 전달하려는 것일 수도 있는데, 전승에 따르면 노아가 사람들에게 가서 회개를 선포했으나 그들이 받아들이지 않았다.[20] 그들이 노아의 메시지를 받기를 거절했기에 그들은 저주를 받았다. 이런 노아의 믿음의 행동은 하나님을 믿지 않는 사람들의 불의에 물들지 않고 의를 지켜낸 것이다.[21] 아벨, 에녹, 노아의 공통점은 불의와 멀리 했다는 것이다. 하나님께서는 그들을 인정하셔서 그 세대로부터 그들을 취하셨다. 아벨은 죽음으로, 에녹은 옮겨짐으로, 노아는 홍수멸망으로부터 구원을 받았다.[22] 노아와 에녹 이야기에서는 '죄인들의 세상으로부터의 분리'라는 주제가 두드러진다.[23] 아벨의 의의 제사, 에녹의 하나님이 계심 믿음, 그리고 노아의 세상에 대한 정죄는 독자들이 따라야 할 본으로 제시된다.[24]

묵상을 위한 도움

월트 디즈니가 디즈니랜드를 LA에 지었다. 그리고 시간이 지난 후에 플로리다에 디즈니월드를 지었다. 그러나 안타깝게도 그 엄청난 규모의 놀이동산이 완성되는 것을 보지 못하고 죽었다. 디즈니월드가 완성된 후에 많은 사람들이 기념식에 참석했다. 그 중 한 사람이 이렇게 말했다. "이렇게 엄청난 것을 보고 돌아가셨으면 좋았을텐데, 못 보시고 돌아가신 것이 안타깝습니다." 흔히 할 수 있는 말이다. 그 말을 들은 월트 디즈니의 아내가 짧게 이렇게 말했다. "저의 남편은 이미 이것을 보고 돌아가셨습니다. 육신의 눈으로는 볼 수 없었으나 이미 그의 마음의 눈으로 이 엄청난 놀이동산을 보았습니다." 아내가 그렇게 말했던 이유는 월트 디즈니는 눈만 뜨면 공사 중인 디즈니월드를 생각했고 그의 머리에는 온통 이 놀이동산으로 가득 차 있었기 때문이다. 그는 디즈니월드가 완공되기 전에 세상을 떠났으나 이미 그는 그것을 보는 자로 살았다. 우리 성도의 삶도 비슷한 면이 있다. 보이지 않는 하나님 나라와 하나님의 뜻이지만, 믿음으로 그것을 바라며 살아갈 때 하나님의 뜻과 통치를 이루는 삶을 살게 될 것이다.

핵심 메시지

1. 믿음의 정의
2. 아벨, 에녹, 노아의 믿음
3. 이 세상으로부터의 분리

27
아브라함과 족장들의 믿음

히브리서 11:8-22

⁸믿음으로 아브라함은 부르심을 받았을 때에 순종하여 장래의 유업으로 받을 땅에 나아갈새 갈 바를 알지 못하고 나아갔으며 ⁹믿음으로 그가 이방의 땅에 있는 것 같이 약속의 땅에 거류하여 동일한 약속을 유업으로 함께 받은 이삭 및 야곱과 더불어 장막에 거하였으니 ¹⁰이는 그가 하나님이 계획하시고 지으실 터가 있는 성을 바랐음이라 ¹¹믿음으로 사라 자신도 나이가 많아 단산하였으나 잉태할 수 있는 힘을 얻었으니 이는 약속하신 이를 미쁘신 줄 알았음이라 ¹²이러므로 죽은 자와 같은 한 사람으로 말미암아 하늘의 허다한 별과 또 해변의 무수한 모래와 같이 많은 후손이 생육하였느니라 ¹³이 사람들은 다 믿음을 따라 죽었으며 약속을 받지 못하였으되 그것들을 멀리서 보고 환영하며 또 땅에서는 외국인과 나그네임을 증언하였으니 ¹⁴그들이 이같이 말하는 것은 자기들이 본향 찾는 자임을 나타냄이라 ¹⁵그들이 나온 바 본향을 생각하였더라면 돌아갈 기회가 있었으려니와 ¹⁶그들이 이제는 더 나은 본향을 사모하니 곧 하늘에 있는 것이라 이러므로 하나님이 그들의 하나님이라 일컬음 받으심을 부끄러워하지 아니하시고 그들을 위하여 한 성을 예비하셨느니라 ¹⁷아브라함은 시험을 받을 때에 믿음으로 이삭을 드렸으니 그는 약속들을 받은 자로되 그 외아들을 드렸느니라 ¹⁸그에게 이미 말씀하시기를 네 자손이라 칭할 자는 이삭으로 말미암으리라 하셨으니 ¹⁹그가 하나님이 능히 이삭을 죽은 자 가운데서 다시 살리실 줄로 생각한지라 비유컨대 그를 죽은 자 가운데서 도

로 받은 것이니라 20믿음으로 이삭은 장차 있을 일에 대하여 야곱과 에서에게 축복하였으며 21믿음으로 야곱은 죽을 때에 요셉의 각 아들에게 축복하고 그 지팡이 머리에 의지하여 경배하였으며 22믿음으로 요셉은 임종 시에 이스라엘 자손들이 떠날 것을 말하고 또 자기 뼈를 위하여 명하였으며

우리말 개역개정성경과 헬라어 본문 비교

* 11: 3, 4, 5, 7, 8, 9, 11절에서는 '믿음으로(피스테이 πίστει)'라는 말로 시작되었다. 그러나 13절에 와서 그 패턴이 깨뜨려진다. 13절에서는 '믿음을 따라(카타 피스틴 κατὰ πίστιν)'가 사용되었다. 17절부터 다시 '믿음으로(피스테이 πίστει)'라는 말이 사용된다(11:20, 21, 22). 개역개정성경에서는 11:13절의 변화를 "믿음을 따라"로 잘 번역하였다. 그러나 한 가지 아쉬운 것은 11:13절의 '믿음을 따라'와 17절의 '믿음으로'가 문장의 중간에 위치하여 번역되었다. 이것은 원문에서 저자가 구절의 가장 앞에 둔 것을 고려하지 않은 것이다. 다른 구절들처럼 13절과 17절도 문장 앞으로 놓는 것이 좋을 것 같다.

* 11:11절에서 "믿음으로 사라 자신도 ….."로 개역개정성경은 번역하였는데, 헬라어 문장에서는 사라가 주어가 되어야 할지 아니면 아브라함이 되어야 할지 복잡하게 판단해야 하는 부분이 있다. 이 구절은 본문을 살필 때 자세히 다룰 것이다.

본문으로 들어가기

이 단락에서 다루는 인물은 아브라함과 족장들이다. 아브라함의 믿음에 대해서 이야기하면서 중요하게 언급하는 몇 가지가 있다. 그것들은 아브라함의 이주와 그 땅에 거주(11:8-10), 후사를 얻음(11:11-12), 그의 삶의 정체성(11:13-16), 이삭을 제물로 드림(11:17-19), 그리고 이삭, 야곱, 그리고 요셉의 믿음(11:18-22)에 대해 다룬다. 아브라함의 믿음에 대해 다루면 독자들이 대체로 기대하는 성경구절이 있다. 그것은 바로 "아브라함이 여호와를 믿으니 여호와께서 이를 그의 의로 여기셨다"는 창세기 15:6절이다. 이 구절은 바울이 믿음으로 의롭게 된다는 것을 말할 때 자주 사용했다(롬 4:3; 9:22, 23: 갈 3:16). 그런데 히브리서 11장에서는 이 구절을 사용하지 않는다. 반면에 독자들이 기대하는 것처럼 이삭을 아들로 얻는 오랜 기다림에 대해서는 언급하고 있다. 이 단락은 창세기에 나오는 아브라함과 족장들의 삶을 믿음이라는 측면에서 간략하게 재조명하고 있다. 강조점은 그들이 이 땅에서 외국인과 나그네로 살면서 하나님께서 예비하신 본향을 사모하는 자로 살았다는데 있다. 창세기에서는 발견하기 어려운 미래적인 전망이 매우 중요하게 등장한다.

땅의 약속(11:8-10)

아브라함의 믿음에 대해 언급하면서 첫 번째 사건은 하나님께서 그를 부르셨고 그는 순종했다는 것이다. 이것은 창세기 12:1절 이하의 내용을 바탕으로 하고 있다. 하나님의 부르심에 순종한 모습은 예수님의 순종(5:7)과 순종하는 자에게 구원이 주어진다는 내용(5:9)도 상기시킨다.¹ 아브라함이 순종함으로 나아간 땅은 장래 유업으로 받을 땅이었다. 그러나 아브라함은 어디로 가는지를 알지 못하면서도 순종했다. 저자는 아브라함의 순종을 극대화시키기 위해 그가 어디로부터 와서 어디로 갔는지 말하지 않는다. 그러나 순종의 결과는 기대한 것과는 달랐다. 즉각적인 순종은 그에게 많은 것을 보상으로 주어야 할 것 같은데, 순종해서 간 땅에서의 삶은 세상적인 시각에서 보면 불안정한 것이었다. 그것을 잘 보여주는 표현이 '이방 땅에 있는 것 같이 약속의 땅에 거류하여'와 '장막에 거하였으니'다. '이방 땅'과 '약속의 땅'의 병기를 통해 아브라함은 정착하지 않은 삶을 살았다는 것을 잘 보여주고 있다. 또한 '장막에 거한 삶'은 물론 유목민으로서의 모습을 설명하는 부분도 있으나, 그것보다는 그가 순례자와 나그네로 그곳에 정착하지 않는 삶을 살았음을 드러내준다.² 이 부분에서도 저자는 아브라함이 어떤 민족으로부터 또 어떤 땅에서 고립된 삶을 살았는지에 대해 침묵한다.³ 약속의 땅에서 외국인과 나그네로 사는 아브라함의 삶은 히브리서 저자가 앞으로 믿음의 사람들의 특징으로 '치욕을 지는 삶'이라는 주제와 잘 어울린다.⁴ 11:10절은 그가 이삭과 더불어 정착하지 않고 일시적인 나그네의 삶을 살았던 이유를 설명한다: "이는 그가 하나님이 계획하시고 지으실 터가 있는 성을 바랐음이라." 우리는 아브라함이 바라보았던 곳은 가나안 땅이 아니라는 것을 알 수 있다. 그러면 아브라함이 기다린 도시 혹은 성이 어디일까? 이 구절에서는 분명하게 말하지 않지만, 곧 그곳은 믿음의 순례를 하는 모든 자들이 이르고자 하는 하늘의 예루살렘(12:22), 더 나은 본향(11:14-16절)이라는 것을 알게 된다.⁵ 그 성의 설계자와 건

축가는 하나님이시다. 이 말에서 우리는 하나님의 창조적 지혜와 능력을 알 수 있다.[6]

후손의 약속(11:11-12)

11절에서 사라가 언급된다. 우리말 개역개정에서는 사라를 주어로 하여 "믿음으로 사라 자신도 나이가 많아 단산하였으나 잉태할 수 있는 힘을 얻었으니"라고 번역하였다. 그러나 그렇게 했을 때 어려움이 있다. '잉태할 수 있는 힘(뒤나민 에이스 카타볼렌 스페르마토스 δύναμιν εἰς καταβολὴν σπέρματος)'은 남자에게 사용된 표현이다. 그렇게 했을 때 어려운 문제 중의 하나는 '사라 자신도(카이 아우테 사라 καὶ αὐτὴ Σάρρα)'가 주격이라는 것이다. 본문비평을 통해 여격으로 읽으면 "믿음으로 아브라함은 단산한 사라와 더불어 잉태할 수 있는 힘을 얻었으니 이는 약속하신 이는 미쁘신 줄 알았음이라"로 번역할 수 있다.[7] 이 구절을 이렇게 이해하면 아브라함이 여전히 믿음의 주체가 된다. 이렇게 이해하는 것이 타당한 두 가지 이유가 있다. 하나는 창세기 본문에서 사라는 약속을 믿지 않는다. 회의적이다. 다른 하나는 12절에서 수많은 후손이 주어진 것을 말할 때 다른 '죽은 자와 방불한(네네크로메누 νενεκρωμένου)'과 '한 사람(헤노스 ἑνὸς)'은 헬라어 문법에서 남성이다.[8] 하나님의 약속에 대한 믿음은 놀라운 결과가 일어나게 했다. '하나'에서 '수많은' 후손이 생겨났다. 히브리서는 수많은 후손이 생겨난 것이 기적적인 일임을 전달하기 위해 '실제로 죽은 자와 같은 사람'을 통해서 그 일이 이루어졌다고 한다.

더 나은 본향(11:13-16)

앞에서 언급했던 것처럼 11:13절에서 이제까지 줄곧 사용되었던 '믿음으로' 대신 '믿음을 따라'가 사용되었다. 13절의 '이 모든 사람들'이 누구일지 학자들 사이에 많은 논란이 있었다. 어떤 사람들은 죽음을 맛보지 않은 에녹을 제외한 지금까지 언급된 모든 믿음의 사람들을 의미한다고 주장했다. 만약 그렇다면 13절 하반절에서 이들이 '땅에서는 외국인과 나그네임을 증언하였다'는 말과 14-16절의 내용이 그들과 잘 어울리지 않는다. 그래서 13절의 이들은 아브라함, 이삭, 야곱을 의미하는 것으로 보는 것이 좋을 것 같다.[9] 믿음 안에서 죽은 그들은 약속한 것들을 받지 않았기 때문이다. 그런데 의문이 생길 수 있다. 6:15절에서 아브라함에 대해 말하면서 히브리서 저자는 그가 약속을 받았다고 했다. 그런데 이 구절에서는 약속들을 받지 못했다고 한다. 이것을 어떻게 이해해야 할까? 6장에서의 약속은 자식에 대한 약속이었고 그것은 성취되었다. 그렇지만 지금 말하는 약속은 족장들로 하여금 이방인처럼 지내게 만드는 약속이다. 그들은 약속의 실체를 아직 받지 못했다. 다른 말로 하면, 그들은 아직 진정한 고향에 이르지 못했다. 모세가 약속의 땅에 들어가지 못했던 것처럼 그들은 멀리서 약속된 것을 바라보기만 했다. 그런 상황에서 그들은 자신들이 외국인과 나그네임을 고백하며,[10] 이 땅에서 하늘 본향을 찾는 자로 살아갔다.[11] 그들은 그 땅에서 소외를 경험했고 시민권이 주는 안전함을 포기하고 학대와 모욕의 삶을 자처하며 살았다.[12] 그들 자신이 떠나온 본향을 생각했더라면 돌아갈 기회가 있었겠지만 그들이 사모했던 것은 이 땅의 본향이 아니었다. 더 나은 본향, 즉 하늘에 있는 것이었다. 그들의 진정한 시민권은 하늘에 있음을 알았다. 그

곳은 이 땅의 도시와는 다른 방식으로 세워진 곳이다.[13] 여기서 히브리서에서 비교와 대조를 할 때 많이 사용한 '더 나은(크레이트토노스 κρείττονος)'이라는 단어가 사용되고 있다(1:4; 2:9; 7:19, 22; 8:6; 9:23; 10:34; 11:35, 40; 12:24 참고). 이처럼 그들이 사모하는 마음으로 찾는 것을 보시고 하나님께서 반응하신 내용이 소개된다. 그러므로 하나님이 그들의 하나님이라 불리는 것을 부끄러워하지 않으셨다.[14] 이것은 우리가 하나님을 부를 때 '아브라함의 하나님, 이삭의 하나님, 야곱의 하나님'이라고 부르는 것을 연상시킨다.[15] 하나님께서는 족장들을 기뻐하시며 그들을 위하여 한 성을 예비하셨다.

족장들의 믿음(11:17-22)

아브라함의 믿음의 절정은 11장의 첫 모범에서처럼(4절) 제사를 드리는 행위 속에서 이루어진다. 히브리서는 여기서 창세기 22:1-8절에 나오는 이삭을 제물로 드리는 드라마틱한 사건에 대해서 언급한다.[16] 이삭은 하나님의 약속들을 받은 유일한 아들, 즉 외아들이었지만, 아브라함은 그를 제물로 드렸다. 8-12절의 '약속들'의 주제가 17절에서 다시 등장한다. 약속의 내용과 그 약속에 있어서 이삭의 중요성은 창세기 21:12절의 칠십인경 인용을 통해 제시된다: "네 자손이라 칭할 자는 이삭으로 말미암으리라."[17] 10-11절에서 했던 것처럼, 히브리서 저자는 19절에서 아브라함이 그의 아들을 기꺼이 제물로 드리도록 했던 이유를 설명한다. 아브라함은 하나님께서는 약속하신 것을 반드시 지킬 분으로 생각했다. 창세기 사건에서는 나오지 않지만, 아브라함은 자신이 이삭을 하나님의 명령을 따라 제물로 드리더라도, 하나님께서 이삭을 능히 죽은 자들로부터 살리실 수 있다고 생각했다.[18] 아브라함의 믿음은 수많은 후손이 주어짐으로(12절) 구체적인 결과를 얻었는데, 19절에서도 이와 유사한 관찰을 통해 추론하면 결과적으로 아브라함이 그의 아들을 도로 받은 것이라 할 수 있다. 이러한 비유는 부활에 대한 아브라함의 믿음뿐만 아니라, 죽음 직전에 구출된 이삭처럼 모든 믿음의 사람들에게도 그와 같은 하나님의 구원이 주어질 수 있다는 것에 대한 상징을 담고 있다.[19] 이삭을 제물로 드리는 장면은 예수 그리스도의 부활과도 연결이 된다. 외아들인 이삭을 바치고 도로 얻는 사건은 하나님의 하나뿐인 아들인 예수님이 십자가에서 죽고 다시 부활하는 사건과 잘 연결된다. 초대교회 교부들도 창세기 22장 사건을 기독론적인 관점에서 읽는데 주저하지 않았다.[20]

아브라함에게 다시 주어진 아들인 이삭은 20절에서 믿음의 인물로 제시된다. 창세기 27:27-40절의 사건에 근거하여 설명하는데, 야곱이 아버지와 형을 속이는 창세기 사건의 실제적인 상황에 대해서는 말하지 않는다. 이 구절에서는 이삭이 어떤 축복을 했는지도 말하지 않고, 단지 그가 '장차 있을 일에 대하여(페리 멜론톤 περὶ μελλόντων)' 축복했다고 언급한다. 그런데 히브리서에서 이것은 앞으로 올 구원을 의미하는 중요한 표현이다(1:14; 2:5; 6:5; 9:11; 10:1; 13:14). 이삭의 축복의 미래적인 전망은 이삭의 구출을 종말론적으로 이해했던 것과 맥을 같이 한다.[21] 예정된 역사과정으로 장자인 에서를 통해 축복이 이어지지 않는다.[22] 하나님의 간섭하심에 따라 어린 자에게로 축복권과 장자권이 넘어간다.[23] 11:20-22절은 17-19절과 단절되지 않고 잘 연결된다. 21절에서도 축복의 모티프가 이어진다. 야곱은 임종의 순간에 요셉의 아들들에게 축복했고 그 지팡이 머리에 의지하여 하나님을 예배했다. 실제로 야곱이 그의 인생의 마지막 시간에 한 것이 바로 예배였다. 이것은 다른 족장들의 하나님에 대한 믿음의 근거였고(11:6, 10, 11, 19), 마지막 장에 나오는 믿음의 표현으로서의 예배에 대한 권면과도 잘 연결된다(13:15).[24] 족장들의 믿음에 대한 고찰은 요셉의 죽음과 더불어 결론을 맺는다. 요셉은 임종의 순간에 이스라엘 백성들의 출애굽을 확신했으며 그때 자신의 뼈를 가지고 약속의 땅에 들어갈 것을 부탁하였다. 17-22절에 자주 등장한 죽음의 모티프가 요셉의 경우를 통해 더 분명하게 제시된다. 믿음으로 요셉은 미래를 내다보았고, 하나님께서는 요셉이 바라보았던 것보다 더 나은 것을 계획하고 계셨다(40절).[25]

묵상을 위한 도움

우리 모두에게는 편안함을 느끼는 컴포트 존(comfort zone)이 있다. 오랜 기간 동안 몸담았던 직장, 집은 평안함을 주는 공간이 된다. 우리는 거기서 사는 법을 알고 있다. 시골이 고향인 사람들의 경우에 공통적인 경험을 한다. 고향을 알려주는 이정표를 보면서 마음의 평안을 얻는다. 안식을 느끼게 해준다. 왜 그럴까? 그곳이 어떤 곳인지를 잘 알고 있기 때문이다. 거기에는 자기를 반겨줄 가족과 친척들이 있다. 친구들이 있다. 그곳에서의 삶이 어떤지를 잘 알고 있다. 이런 컴포트 존이 우리의 삶의 구석구석에 작용하고 있다. 교회에 와도 대체로 앉던 자리에 앉는다. 왜? 그 자리가 익숙하기 때문이다. 거기 앉아야 예배가 더 잘 드려진다고 느낀다. 그만큼 중요하다. 그런데 하나님은 아브라함에게 그 편안한 자리를 떠나라고 하셨다. 얼마나 두려웠겠는가? 그러나 아브라함은 믿음으로 순종했다. 70세 이상 되신 분들에게 설문조사를 한 내용을 읽은 적이 있다. "만약 다시 인생을 살 수 있다면 어떤 부분을 좀 더 다르게 살아보고 싶습니까?"라는 질문에 가장 많은 분들이 답하신 내용은 바로 "더 많은 모험을 해보고 싶다"였다. 컴포트 존에 안주하지 않고 모험하는 인생을 살았더라면 좋았을텐데 하는 후회가 담겨 있는 것이다. 우리의 신앙생활에서 경계해야 하는 것 중의 하나가 익숙함이다. 익숙함은 내가 하나님을 의지하지 않고도 살 수 있을 것 같은 생각이 들게 한다. 여러분의 컴포트 존은 무엇인가? 짧지 않은 외국생활에서 배운 것이 바로 이 부분이다. 이방인으로 살아간다는 것, 나그네로 살아간다는 것이 어떤 것임을 알게 된다. 먼저는 나라의 소중함을 깨닫게 된다. 또 신앙인으로 하나님을 의지하는 법을 배운다. 모든 것이 생소하다. 건물, 사람, 살아가는 방식이 다 다르다. 인간관계도 하나하나 만들어야 한다. 여간 어려운 일이 아니다. 그러나 하나님은 우리가 주인 되어서 살고 있는 영역에서 과감히 떠나라고 말씀하신다. 내가 계획하고 주관하고 있는 그 영역. 그래서 안정을 느끼고 있는 그 자리를 떠나라고 말씀하신다. 떠나는 순간부터 하나님을 의지하지 않고서는 안 된다는 것을 깨닫게 된다. 우리 삶의 자리에서 우리가 주인된 영역을 하나님께로 돌리는 작업이 있어야 할 것이다. 평안함에 안주하지 말고 하나하나 기도함으로 하나님을 의지하는 삶이 있기를 기도한다.

핵심 메시지

1. 아브라함의 선택과 순종
2. 이 땅에서 이방인과 나그네로 사는 삶
3. 영원한 본향인 하늘 도성을 바라는 삶

28
모세 시대의 믿음

히브리서 11 : 23-31

²³믿음으로 모세가 났을 때에 그 부모가 아름다운 아이임을 보고 석 달 동안 숨겨 왕의 명령을 무서워하지 아니하였으며 ²⁴믿음으로 모세는 장성하여 바로의 공주의 아들이라 칭함 받기를 거절하고 ²⁵도리어 하나님의 백성과 함께 고난 받기를 잠시 죄악의 낙을 누리는 것보다 더 좋아하고 ²⁶그리스도를 위하여 받는 수모를 애굽의 모든 보화보다 더 큰 재물로 여겼으니 이는 상 주심을 바라봄이라 ²⁷믿음으로 애굽을 떠나 왕의 노함을 무서워하지 아니하고 곧 보이지 아니하는 자를 보는 것 같이 하여 참았으며 ²⁸믿음으로 유월절과 피 뿌리는 예식을 정하였으니 이는 장자를 멸하는 자로 그들을 건드리지 않게 하려 한 것이며 ²⁹믿음으로 그들은 홍해를 육지 같이 건넜으나 애굽 사람들은 이것을 시험하다가 빠져 죽었으며 ³⁰믿음으로 칠 일 동안 여리고를 도니 성이 무너졌으며 ³¹믿음으로 기생 라합은 정탐꾼을 평안히 영접하였으므로 순종하지 아니한 자와 함께 멸망하지 아니하였도다

우리말 개역개정성경과 헬라어 성경 비교

* 24절에서 '거절하고'에 해당하는 헬라어 동사는 '아르네오마이(ἀρνέομαι)'다. 이 단어는 일반적으로 '거절하다'는 뜻이다. 그러나 둘 사이의 선택을 요하는 문장에서는 의미가 더 강화되어 '경멸하다'는

의미를 가진다. 개역개정성경은 '거절하고'로 잘 번역하였다. 그러나 의미는 '경멸하고'의 뜻이 있음을 염두에 두고 읽으면 좋을 것 같다.[1]

본문으로 들어가기

이 단락에서는 모세와 출애굽 세대의 사람들의 믿음에 대해 다룬다. 모세는 11장의 믿음의 사람들 중에서 그리스도와 가장 닮은 인물로 그려지고 있다. 모세가 태어났을 때 그의 부모가 왕의 명령을 두려워하지 않고 그를 숨긴 것을 믿음으로 그린다(11:23). 모세의 믿음을 다루는 핵심적인 사건은 출애굽기 2장의 사건을 배경으로 한다. 모세는 어떤 애굽 사람이 이스라엘 사람을 치는 것을 보고 애굽 사람을 쳐서 죽인다. 다음날 이스라엘 사람들끼리 다투는 것을 보고 동포끼리 다투지 말라고 말했지만, 그 중 하나가 애굽 사람을 죽인 것처럼 나도 죽이려느냐고 말하는 것을 듣고 두려워한다. 바로가 이 일을 듣고 모세를 죽이려고 하자 모세는 왕궁을 떠나 미디안 광야로 피신한다. 히브리서 저자는 이 사건을 모세가 왕궁의 영광을 버리고 그의 백성들과 함께 수모를 당하는 것을 선택했다고 말한다(11:24-27). 이어서 유월절 예식 정함(11:28)과 홍해를 건너는 사건(11:29), 여리고 성의 붕괴(11:30), 그리고 마지막으로 라합의 믿음(11:31)에 대해 다룬다. 크게 보면 시간의 순서에 따라 기록하고 있다. 그런데 한 가지 특이한 것은 여리고 성이 무너지는 것보다 라합이 정탐꾼을 살려주는 사건이 먼저인데, 나중에 기록하고 있다. 그 이유가 무엇일까? 본문을 살필 때 생각해 보자.

모세의 출생(11:23)

출애굽기 2:2절에서는 "그 여자가 임신하여 아들을 낳으니 그가 잘 생긴 것을 보고 석달 동안 그를 숨겼으나"라고 적고 있다. 태어난 모세를 숨긴 주체는 모세의 어머니다. 그런데 히브리서 저자는 '부모'라고 말한다. 이것은 저자가 아마도 칠십인경의 영향을 받은 것 같다. 칠십인경의 출애굽기 2:2절에서는 모세를 숨긴 주체를 '그들'이라고 적고 있다.[2] 여기서 '그가 잘 생긴 것을 보고'라는 말은, 모세와 관련된 전승들에서 하는 것처럼, 모세의 외모가 뛰어났다는 것을 강조하기보다는 구약성경에서 나오는 대로 적고 있는 것 같다. 출애굽기에서는 모세의 부모가 왕의 명령을 무서워하지 않았다는 내용은 없다. 출애굽기 1장에서 히브리 산파 십브라와 부아가 하나님을 두려워하여 히브리 남자 아이가 태어나면 죽이라는 명령을 따르지 않는 내용이 나오는데, 그와 같은 동기가 모세의 부모에게도 있었던 것으로 적고 있다.[3] 하나님을 더 두려워하였기에 그들은 왕을 두려워하지 않을 수 있었다. 하나님에 대한 경외는 대적들의 반대 앞에서 물러서지 않고 담대함을 지키는 것으로 나타난다.[4]

하나님의 백성과 함께(11:24-27)

히브리서 저자는 믿음의 사람들 중에서 모세를 가장 두드러진 인물로 묘사한다. 모세는 예수 그리스도와 많은 유사한 부분을 가지고 있는 것으로 묘사된다. 모세는 바로의 공주의 아들로서 왕궁에서 누릴 수 있는 모든 특권을 자발적으로 거절하고 하나님의 백성들과 함께 고난 받기를 더 즐거워하였다. 여기서 '고난 받는다'는 말은 '슁카쿠

케오(συγκακουχέω)'로 신약성경에 한 번 나온다. 단순한 형태인 '카쿠케오(κακουχέω)는 히브리서에 두 번 사용되었다. 11:37에서 '학대를 받았으며'로 번역되었고, 13:3절에서 '학대받는 자를'에 사용되었다. 두 경우 모두 죽음과 박해의 주제와 관련되어 있다. 그래서 어떤 학자는 모세는 순교자와 유사한 역할을 감당하는데, 그 이유는 그가 고난당하기를 즐거워함으로 고난 가운데 있는 성도들을 격려하고 있기 때문이라고 하였다.[5] 잠깐의 지나가는 즐거움과 영원한 상급 사이의 대조는 순교자적인 전통에 기반하고 있다.[6] 11:25절의 두 개의 헬라어 단어 프로스카이론(잠깐; πρόσκαιρον)과 아폴라우신(즐거움; ἀπόλαυσιν)은 히브리서 저자가 마카비서에 나오는 고난과 순교의 사건들을 렌즈로 삼아 청중들의 입장에서 모세의 사건을 바라보고 있다는 증거라고 볼 수도 있다.[7] 모세는 '그리스도를 위하여 받는 수모'를 애굽의 보화보다 더 큰 것으로 여겼다. 여기서 수모로 번역된 오네이디스몬(ὀνειδισμόν)은 10:33절과 13:3절에 사용되었는데 이것은 청중들의 실제적이고 지속적인 경험을 가리키고 있다.[8] 11:26절에서 '그리스도를 위하여'라고 번역된 '투 크리스투(τοῦ Χριστοῦ)'에 대해 어떤 학자들은 일반적으로 '기름 부음 받은 자'를 가리키는 것이라고 주장을 한다. 그렇게 주장하는 이유는 모세가 그리스도를 위해 고난을 받는다는 것이 쉽게 이해되기 어렵기 때문이다. 그러나 이 말은 그리스도를 지칭하는 것으로 보는 것이 좋은데, 히브리서 저자는 모세의 고난을 기독론적인 틀 안에서 이해하여 마치 모세가 고난을 당하면서 그것이 미래에 오실 그리스도를 위한 고난인 것처럼 그리고 있기 때문이다.[9] 이러한 입장은 12:3절에서 그리고 있는 그리스도의 모습과도 유사하다. 크리소스톰은 모세가 애굽 사람을 죽이는 것을 보았던 이스라엘 사람에 의해 모세가 광야로 도망하게 되는 고난을 당하게 되는 것을 동족 유대인들에 의해 그리스도가 고난을 당하게 된 것과 연결시킨다.[10] 또한 13:13절에서 그리스도의 치욕을 지고 영문 밖으로 나갈 것을 요구받는 독자들의 상황과도 잘 연결된다.[11] 이러한 권면은 또한 이전에 그리스도께 헌신함으로 청중들이 겪었던 수치스러운 사건을 떠올리게 한다(10:33).[12] 모세의 믿음을 통해 우리는 박해와 고난의 상황에도 격려를 얻고, 하나님을 경외함으로 권위에 대한 두려움을 극복하고, 고난은 하나님의 자녀를 성숙하게 하는 하나님의 도구임을 알게 된다.[13]

출애굽에서 가나안으로(11:28-31)

모세의 마지막 믿음의 예는 제사인데, 그는 믿음으로 제사를 드렸다. 유월절 피 뿌리는 예식은 그리스도의 제사를 설명했던 9:12-14절과 9:18-22절을 떠올리게 한다.[14] 히브리서에서 모세와 관계된 전반적인 이미지는 국가적인 영웅이 아니라 도망자다.[15] 11:29절부터 주어가 '그들'로 바뀐다.[16] 하나님의 백성들은 믿음으로 홍해를 걸어서 건넜고, 여리고 성을 무너뜨렸다. 믿음으로 기생 라합은 정탐꾼들을 환대하여 여리고 성의 순종하지 아니하는 사람들과 달리 구원을 받았다. 시간상 여리고 성 정복이 라합 사건보다 뒤에 있지만, 저자는 라합을 이름을 거명하는 믿음의 사람들의 목록에서 맨 나중에 위치시킨다. 그것은 의도적으로 라합에게서 절정을 이루려는 의도가 있는 것 같다. 라합은 여자, 이방인, 그리고 창녀였다. 라합은 이스라엘 밖의 사람이다. 그러나 저자는 옛 언약 하에서 이스라엘 백성의 범주를 넓히는데 관심이 없다. 반면에 믿음의 사람들의 발자취를 자세히 살펴보라고 말한다. 그들 모두는 민족, 나라, 세대, 그리고 세상으로부터 믿음으로 분리된 자들이었다고 말한다. 라합에게 와서 이 발자취는 절정을 이룬다.[17]

묵상을 위한 도움

약속의 땅 가나안을 정탐했던 12명의 사람들을 기억할 것이다. 그 중 10명은 4개 큰 G자를 바라보고서 불신앙으로 보고했다. 그 것은 Grapes(포도), Great cities(큰 성읍), Giants(거인), 그리고 Grasshoppers(자신을 메뚜기 칭함)였다. 그들을 둘러싸고 있는 장애물들과 그 속에 있는 메뚜기 같은 자신들을 보고 불신앙으로 나아갔다. 그러나 갈렙과 여호수아는 이 4개 G를 넉넉히 다스리시는 창조주 하나님이신 가장 위대한 G인 God(하나님)을 보았다. 10명의 정탐꾼과 갈렙, 여호수아의 인생의 차이는 사물을 보는 시각 차이였다. 하나님을 위해서 달려가는 발걸음에 낙심케 하고 좌절케 하는 요소가 있는가? 믿음과 불신앙 사이에서 갈등하는 문제가 있는가? 여러분의 마음의 손을 뻗어 믿음을 붙잡을 수 있기를 바란다. 그것은 모세가 그랬던 것처럼 온 우주 만물을 통치하시는 전능하신 하나님을 믿음으로 경외할 때 가능하다.

핵심 메시지

1. 보이지 않는 하나님을 믿음으로 보는 것

2. 그리스도를 위해 당하는 고난을 더 가치 있게 여기는 것
3. 잠깐 누리는 이 세상의 낙을 거절하는 것

29
고난 중의 믿음

히브리서 11:32-38

³²내가 무슨 말을 더 하리요 기드온, 바락, 삼손, 입다, 다윗 및 사무엘과 선지자들의 일을 말하려면 내게 시간이 부족하리로다 ³³그들은 믿음으로 나라들을 이기기도 하며 의를 행하기도 하며 약속을 받기도 하며 사자들의 입을 막기도 하며 ³⁴불의 세력을 멸하기도 하며 칼날을 피하기도 하며 연약한 가운데서 강하게 되기도 하며 전쟁에 용감하게 되어 이방 사람들의 진을 물리치기도 하며 ³⁵여자들은 자기의 죽은 자들을 부활로 받아들이기도 하며 또 어떤 이들은 더 좋은 부활을 얻고자 하여 심한 고문을 받되 구차히 풀려나기를 원하지 아니하였으며 ³⁶또 어떤 이들은 조롱과 채찍질뿐 아니라 결박과 옥에 갇히는 시련도 받았으며 ³⁷돌로 치는 것과 톱으로 켜는 것과 시험과 칼로 죽임을 당하고 양과 염소의 가죽을 입고 유리하여 궁핍과 환난과 학대를 받았으니 ³⁸(이런 사람은 세상이 감당하지 못하느니라) 그들이 광야와 산과 동굴과 토굴에 유리하였느니라

우리말 개역개정성경과 헬라어 본문 비교

* 1장에서 히브리서 저자에 대해 말할 때 남성일 것이라고 설명했다. 그 근거는 11:32절의 '말하려면'에 해당하는 헬라어 남성분사 디에구메논(διηγούμενον)이다.

* 38절 괄호 속의 "이런 사람은 세상이 감당하지 못하느니라"는 개역개정성경 번역은 믿음의 사람들의 담대함이 세상으로 하여금 쩔쩔매게 하는 것처럼 느끼게 한다. 그러나 헬라어 원문은 "세상은 그들에게 합당하지 않았다"가 된다.

* 이 단락은 지금까지 믿음의 인물들에 대해서 다룰 때 사용했던 형식과 스타일과는 다르게 적고 있다. 이전에는 '믿음으로(피스테이 πίστει)'라는 말로 믿음의 인물들의 이야기를 시작했다. 그러나 이 단락에서는 '믿음을 통하여(디아 피스테오스 διὰ πίστεως)'로 바뀌어 사용되는데, 이 단락의 처음과 끝에 사용되어 수미상관구조를 이룬다.¹ 우리말 개역개정성경에서는 '믿음으로'라고 번역함으로 이 변화를 번역에서 잘 살리지는 못하고 있다. 33절과 39절의 '믿음으로'는 '믿음을 통하여'로 바꾸는 것이 좋다.

본문으로 들어가기

이 단락에서는 믿음의 인물들에 대해서 앞에서 했던 것처럼 개별적으로 자세하게 다루지는 않는다. 대신 가나안 정복 후의 이스라엘 역사로부터 기드온, 바락, 삼손, 입다, 다윗과 사무엘, 이렇게 여섯 명을 언급한다(32절). 이들도 믿음과 관련해서 많은 이야기들을 할 수 있는 사람이다. 그러나 저자는 시간이 부족하다는 말을 하며 다루지 않는다. 11:33-38절까지의 내용을 보면 군사적인 승리에서 순교로, 나를 이기는 것에서 세상에 살기에는 너무 선한 사람들 쪽으로 그려지고 있다.² 이어지는 구절들은 주제에 따라 크게 세 개의 소 단락, 즉 33-34절, 35-36절, 그리고 37-38절로 나눌 수 있다. 33-34절은 믿음이 승리하는 모습을 다루고, 35-36절은 죽음, 부활, 그리고 고난의 주제에 대해서, 마지막으로 37-38절은 죽음과 고난의 주제를 더 심화시켜 다루고 있다. 이 단락에서 그려지는 믿음의 사람들의 모습은 환란과 학대를 당한 세상의 희생양들이었다. 이런 자들을 향한 세상의 반응도 적고 있다. 우리에게 물음이 생긴다. 과연 그들을 향한 하나님의 평가는 어떨까?

여섯 명의 사람들과 선지자들(11:32)

바로 직전까지의 패턴이었던 믿음의 인물에 대한 사건 중심의 묘사는 이 구절에서 더 이상 등장하지 않는다. 저자는 단지 약속의 땅에서 믿음으로 살았던 여섯 명, 즉 기드온, 바락, 삼손, 입다, 다윗과 사무엘의 이름과 선지자들이라고 통칭해서 언급한다. 이름이 거론된 사람들은 사사 시대부터 초기 왕국시기까지 살았던 사람들이다. 그런데 특이한 것은 연대순으로 정확하게 나열하고 있지는 않다는 것이다. 만약 구약성경에 등장하는 순서대로 하자면 바락(삿 4-5장), 기드온(삿 6-8장), 입다(삿 11-12장), 삼손(삿 12-16장), 사무엘(삼상 1-15장), 그리고 다윗(삼상 16-삼하 24장)이 되어야 한다.³ 믿음의 인물들에 대한 다른 자료들도 연대기 순서를 따르지 않는 경우들도 있다.⁴ 이들의 면면도 믿음의 내용으로 꽉 채워 설명할 수 있을 것이지만, 히브리서 설교자는 시간이 더 이상 허용되지 않는다고 밝힌다. 이것은 시간과 지면이 제한되어 있어 다 다룰 수 없음을 표현하는 것인데, 설

교나 문학적인 작품에서 종종 사용되었던 관용구다.[5]

믿음과 승리(11:33-34)

이 두 구절은 세 그룹의 믿음의 사람들로 나누어진다. 첫 번째는 믿음으로 나라를 이긴 사람들이다. 이들은 정치적이고 군사적인 업적을 이룬 사람들인데, 대표적인 인물들로는 다윗 왕과 사사들을 들 수 있다. 그들은 믿음으로 여러 민족들을 무찔렀다. '의를 행했다'는 표현은 공의로운 통치를 의미하는 것으로, 이스라엘의 성군이었던 다윗을 염두에 두고 표현했을 수도 있다. 다윗과 사사들은 전쟁에서 승리를 거두었는데, 이런 측면에서 그들은 약속을 받았다고 말할 수 있다.[6] 두 번째 그룹은 구원행위를 언급하는 세 개의 아오리스트 동사(사자의 입을 막았다; 불의 세력을 멸했다; 칼날을 피했다)로 묘사된다. 사자의 입을 막은 사람은 누구일까? 삼손(삿 14:5-6)과 다윗(삼상 17:34-37)도 사자와의 싸움에서 이기기도 하였지만, 여기서는 다니엘을 가리킨다고 볼 수 있다. 그는 사자 굴에 던져졌지만, 하나님께서 사자들의 입을 막으셨다(단 6장).[7] 불의 세력을 멸한 사람은 누구일까? 다니엘의 세 친구인 사드락, 메삭, 그리고 아벳느고를 가리킨다고 볼 수 있다. 그들은 금신상에 절을 하지 않음으로 풀무 불에 던져졌지만, 머리카락 하나도 타지 않았다. '칼날을 피했다'는 말은 구원을 의미하는 전형적인 표현인데, 이스라엘 역사에서 적들로부터 건짐을 받은 사람으로 누가 떠오르는가? 많은 사람들이 해당될 텐데 아합 왕과 이세벨을 피해 도망했던 엘리야, 그리고 사울 왕과 그의 군사들을 피해 도망 다닌 다윗과 같은 사람들이 여기에 해당한다.[8] 세 번째 그룹은 '연약한데서 강하게 된'이라는 표현에서 육체적인 질병으로부터 나음을 입은 수많은 사람들이 여기에 해당된다. 대표적으로는 기도함으로 15년 생명이 연장된 히스기야 왕을 생각할 수 있다. 다음으로 전쟁에 용감하게 되어 이방 사람들의 진을 물리친 사람들로는 사사들, 왕들과 지도자들을 들 수 있다.[9]

더 좋은 부활(11:35-36)

먼저 '자기의 죽은 자들을 부활로 받은 여인들'로는 사르밧의 과부와 수넴 여인을 들 수 있다. 땅에 비가 내리지 않을 때에 하나님은 엘리야 선지자를 사르밧에 있는 과부의 집으로 인도하셔서 거기서 일정 기간 동안 기적적으로 음식을 공급받게 하셨다. 그런 일이 있은 후에 그 과부의 아들이 죽었고 엘리야는 그 아들 위에 몸을 엎드려 부르짖어 기도함으로 아들이 살아났다(왕상 17:17-24). 열왕기하 4장에서는 엘리사 선지자의 사역을 잘 도왔던 수넴 여인의 아들이 죽었을 때 엘리사가 기도함으로 아들이 살아났다. 여기서 부활에 대한 언급은 창세기 22장을 배경으로 하는 히브리서 11:17-19절과도 잘 연결이 된다. 아브라함이 하나님께 순종하여 이삭을 제물로 드리려고 할 때 하나님이 이삭을 죽이는 것을 막으시고 예비하신 짐승을 통해 아브라함이 제사를 드리게 하셨다. 저자는 그 사건을 아브라함이 아들 이삭을 죽은 자 가운데서 도로 받은 것과 마찬가지라고 설명한다.[10] 여기까지는 믿음으로 승리하는 모습을 다루었다. 그러나 이후부터는 고난이 키워드로 등장한다. 어떤 이들은 심한 고문을 받을 때 구차히 풀려나고자 하지 않았다. 왜 그랬을까? 더 좋은 부활을 바랐기 때문이다. 이것은 아마 마카비 시대에 안티오쿠스 에피파네스 4세가 유대인들을 헬라 종교에 동화시키고자 했고, 그 정책에 거부하는 자들을 죽이고 박해를 가했던 것과 연관이 있다. 마카비 2서 6:18-31절의 내용을 보면, 서기관이었던 엘르아살은 돼지고기 먹기를 거부했다. 집행관이 친구들이어서 마치 그가 돼지고기를 먹은 것처럼 하고 살려주고자 하였으나 엘르아살은 그가 속임수로 목숨을 구하는 것이 90세인 자신의 노년의 삶에 결코 명예가 되지 못하고, 젊은이들이 자기의 행동을 닮을까 염려되어 결국 거부한다. 그리고 죽임을 당하게 된다. 그 외에도 마카비 시대의 많은 순교자들이 조롱과 채찍을 당했고, 예레미야를 비롯한 많은 선지자들이 결박과 옥에 갇히는 시련을 당했다.[11]

믿음과 세상(11:37-38)

간결하지만 이 구절들에서 생생한 고난의 모습들이 제시되고 있다. 여호야다의 아들 스가랴(대하 24:21; 마 23:35; 눅 11:50-51)를 비롯한 많은 선지자들이 돌에 맞았다. 전설에 따르면 예레미야도 애굽에서 돌에 맞았고,[12] 이사야는 므낫세 왕을 인정하지 않고 도망하여 삼나무 안에 숨었을 때 톱으로 켜서 죽임을 당했다.[13] 시험과 칼에 의해 죽는 것은 선지자들의 공통된 운명이다. 양과 염소의 가죽은 먼저는 엘리야와 엘리사의 외투를 연상케 하는데, 박해를 피해 도망하는 엘리야를 그가 '유리했다'는 말로 설명할 수 있을 것 같다.[14] 그 외에도 궁핍, 환란, 학대와 같은 일들이 있었다. 38절의 설명으로 인해 고난의 목록은 잠간 중단된다.[15] 우리말 개역개정에서는 "이런 사람은 세상이 감당하지 못하느니라"고 번역을 했는데 원문의 의미는 이것과는 좀 다르다. 원문은 이렇다: 혼 우크 엔 악시오스 호 코스모스 ὧν οὐκ ἦν ἄξιος ὁ κόσμος. 번역하면, "세상은 그들에게 합당하지 않았다"가 된다. 이 말은 많은 순교자들과 선지자들이 세상으로부터 완전히 유리되는 모습을 묘사하기 직전에 주어진다. 하나님의 지혜와 능력을 믿고 사는 사람들과 믿지 않는 세상을 향한 하나님의 평가다.[16] 이어지는 내용은 많은 믿음의 사람들이 광야, 산, 동굴과 토굴에서 유리하였다. 히브리서 저자가 그리는 믿음의 인물들의 모습은 교회들에서 말하는 믿음의 내용과는 많이 다르다. 불가능도 믿음으로 가능하게 할 수 있다는 주제보다는 더 나은 본향을 바라고 더 나은 상급을 바라고 이 세상의 즐거움을 포기하고 이 세상에서 분리된 자로, 나그네로 이방인으로 산 내용들로 가득 차 있다. 믿음의 사람들은 눈에 보이는 대로 사는 자들이 아니다. 보이는 것들 너머에 있는 보이지 않는 것을 붙잡는 자들이다. 그렇게 함으로써 그들은 고난과 죽음이라는 상황 속에서도 자기를 의지하는 자들에게 상을 주시고 구원으로 인도하시는 하나님을 붙잡을 수 있었다. 이것은 고난과 죽음이라는 수평적인 진리에 매몰되지 않고 영원한 수직적인 진리를 붙드는 것이다.[17]

묵상을 위한 도움

미국의 대각성운동을 이끈 조나단 에드워즈(Jonathan Edwards) 목사님은 "그리스도인의 순례"라는 설교에서 이렇게 말했다. 성도는 이 땅에 살면서 하나님이 주시는 복을 누린다. 가족, 가까운 친구들, 이웃들, 동료들 등등 좋은 관계들이 있다. 이런 만남도 복되지만, 하나님과의 만남과 관계에 견줄 수 없다. 가족이 따스한 햇살이라면, 하나님은 태양 자체시다. 가족이 실개천이라면, 하나님은 샘 자체시다. 가족이 물방울이라면, 하나님은 넓은 바다다. 에드워즈 목사님의 이 말은 진리다. 하나님 나라를 향해 달려가는 순례자로 사는 우리의 인생길에 하나님이 함께 하신다. 때론 시험도 있지만 그 시련도 눈에 보이지 않는 하나님을 바라보며 넉넉히 이겨내자. 이 땅에서의 고난이라는 수평적 진리가 전부가 아님을 고백하며 우리 눈을 항상 열어 우리와 함께 하시는 하나님이 계심을 고백하는 수직적 진리를 붙잡고 살도록 하자.

핵심 메시지

1. 믿음이 주는 승리
2. 믿음을 지킴으로 당하게 되는 고난
3. 하나님의 평가 vs 세상의 평가

30
새 언약 성도의 특권과 그리스도

히브리서 11:39-12:3

³⁹이 사람들은 다 믿음으로 말미암아 증거를 받았으나 약속된 것을 받지 못하였으니 ⁴⁰이는 하나님이 우리를 위하여 더 좋은 것을 예비하셨은즉 우리가 아니면 그들로 온전함을 이루지 못하게 하려 하심이라 ¹²:¹이러므로 우리에게 구름 같이 둘러싼 허다한 증인들이 있으니 모든 무거운 것과 얽매이기 쉬운 죄를 벗어 버리고 인내로써 우리 앞에 당한 경주를 하며 ²믿음의 주요 또 온전하게 하시는 이인 예수를 바라보자 그는 그 앞에 있는 기쁨을 위하여 십자가를 참으사 부끄러움을 개의치 아니하시더니 하나님 보좌 우편에 앉으셨느니라 ³너희가 피곤하여 낙심하지 않기 위하여 죄인들이 이같이 자기에게 거역한 일을 참으신 이를 생각하라

우리말 개역개정성경과 헬라어 본문 비교

* 12:2절에서 '그는 그 앞에 있는 기쁨을 위하여 십자가를 참으사'라고 개역개정성경은 번역한다. 여기서 중요한 전치사가 '안티(ἀντί)'다. 이 전치사는 두 가지 의미가 있다. 하나는 '~위하여'다. 우리말 번역이 이 의미를 취했다. 그런데 다른 의미는 '~대신에'다. 만약 이렇게 번역을 하면, '그는 그 앞에 있는 기쁨 대신에 십자가를 참으사'가 된다. 둘 다 가능하다. 후자를 취하면 앞의 25절에 묘사된 모세의 경

우와 잘 어울린다. 그러나 '~위하여'로 번역하는 것이 문맥상 더 적절해 보인다. 개역개정성경은 번역을 잘 하였다.

본문으로 들어가기

11:39-40절은 삼중구조 패턴 설교의 결론이고, 12:1-3절은 권면으로, 앞의 단락과 밀접한 관련이 있다. 설교의 본론인 11장:1-38에서 두드러진 것은 믿음으로 불가능도 가능으로 바꾸는 것이 아니라, 소외와 고난의 상황에서도 믿음으로 인내하고 소망을 가지는 것이었다. 특별히 가치판단적인 요소도 강했다. 눈에 보이는 사람과 눈에 보이지 않는 하나님, 이 땅에서 누리는 잠간의 즐거움과 하나님이 주시는 영원한 즐거움 중에서 어느 쪽을 선택할 것인가? 하는 것이 매우 중요하다. 저자는 독자들로 하여금 믿음의 사람들의 본을 따르게 하려는 것도 하나의 의도였을 수 있지만, 그것이 히브리서 11장 내용의 전부는 아니다. 설교의 결론인 11:39-40절은 독자가 선진들의 믿음을 이해하는 중요한 틀을 제시한다. 그것은 바로 새 언약 백성의 우월한 특권이다. 이어지는 12:1-3절의 권면에서는 독자들이 닮으려고 애써야 하는 그리스도의 믿음의 모습이 소개된다.

결론: 더 좋은 것(11:39-40)

히브리서 11장을 본문으로 하는 설교를 들어보면 믿음의 사람들의 믿음을 본받자는 쪽으로 결론이 나는 경우가 많다. '의의 제사를 드린

아벨을 본받아 하나님이 받으시는 예배를 드리자.' '장차 있을 홍수를 대비해 순종했던 노아처럼 때론 다 이해되지 않아도 하나님께 순종하자.' '하나님이 부르실 때 갈 바를 알지 못하면서도 순종했던 아브라함처럼 하나님의 부르심에 전적으로 순종하자'와 같이. 아마 히브리서 11장을 듣거나 읽었던 일차 독자들도 우리와 비슷한 태도로 믿음의 선진들에 대해 반응했을 것이다. 그러나 히브리서 설교자는 11:39절에서 놀랄만한 내용을 담아낸다. 이 믿음의 사람들은 믿음으로 말미암아 하나님의 인정은 받았지만, 약속(에팡겔리아 ἐπαγγελία)은 받지 못했다. '약속을 받지 못했다'는 표현은 11:13절에서 언급된 내용을 반복하는 것 같다. 그러나 반복이 아니다. 11:13절에서는 약속들이라고 복수형을 쓰고, 11:39절에서는 단수 형태를 쓴다. 저자는 '약속들'과 '약속'을 구분하고 있다. 복수형의 '약속들'은 구약의 인물들과 관련된다(6:11, 15; 7:6; 11:9, 17, 33). 반면에 단수형의 약속은 그리스도 안에서 이루어진 궁극적인 약속을 말한다(6:17; 9:15; 10:36).[1] 구약의 믿음의 인물들은 믿음이 무엇인지를 보여주고, 최종적인 목표를 가리키는 역할을 감당했다. 구약의 믿음의 영웅들이 궁극적인 약속을 얻지 못한 것은 하나님의 큰 섭리 가운데 주어진 결과였다.[2] 11:40절이 이것을 분명히 한다. 하나님께서 신약의 백성들, 히브리서의 표현에 더 적합하게 표현하면, 새 언약의 백성들을 위해 더 좋은 것을 예비하셨기 때문이다. 이 문장의 주체는 하나님(투 데우 τοῦ θεοῦ)이다. 하나님께서 새 언약의 중보자이신 그리스도 안에서 역사하신 결과다. 하나님이 우리를 위하여 더 좋은 것을 예비하셔서 우리가 아니면 옛 언약 하의 믿음의 선진들이 온전해지지 못하게 하셨다. 구약의 성도들은 신약의 성도들을 떠나서는 온전하게 될 수 없다. 구약의 성도들은 하나님의 종말론적인 계획을 멀리서 바라볼 뿐이었다. 그러나 신약의 성도들은 온전함을 바라보는 것이 아니라 직접 누린다. 이것을 쉽게 설명해 보자면 고대 '횃불이어달리기(lampadedromia)'를 들 수 있다. 기원 전 5세기 이후로 존재했던 것으로 추정하는 경기다. 그리스 화병에 두 경주자가 횃불을 들고 달리는 모습이 자주 등장한다. 원래는 종교적인 색채를 지녔는데, 먼저 도착한 경주자는 정결하지 않게 된 제단의 신성한 불을 교체하는 임무가 부여되었다. 그러나 시간이 지나면서 종교적인 색채는 사라지고 하나의 스포츠로 남게 되었다. 바통 대신 횃불을 넘겨주어 마지막 경주자가 결승선을 통과하는 것이 경기의 규칙이었다. 히브리서 설교자는 횃불이어달리기를 염두에 두고 새 언약 백성인 우리를 그 경주의 최종 주자로 그리고 있다. 우리가 결승선을 통과해야 이전에 달렸던 경주자들의 달음질이 의미를 가질 수 있다. 새 언약 백성에게 부여된 책임과 특권은 실로 놀랍다.

권면: 예수를 바라보자(12:1-3)

11:39-40절을 횃불이어달리기로 설명한 것이 적절하다는 것을 12:1절이 입증한다. 새 언약의 백성들이 가지고 있는 것은 대제사장이 아니라, 관중석을 가득 채운 '구름과 같은 증인들(네포스 마르튀론 νέφος μαρτύρων)'이다. 그들이 증인이 될 수 있는 것은 하나님을 향한 신실함과 인내를 통해 믿음의 삶이 어떤 것인지를 보여주었기 때문이다.[3] 이 세상의 가치관에 순응하고 사는 것을 거부하고 자발적으로 희생양이 된 수 많은 증인들처럼 히브리서의 독자들이 고난을 통하

여 악의 세력 앞에 무릎을 꿇지 않은 승리하신 예수를 본받으라고 권면한다.[4] 12:2절에서는 초월적인 하나님이 아니라 인간 예수님이 성도들이 바라보아야 할(아포론테스 ἀφορῶντες) 본으로 제시된다.[5] 이 동사는 단지 '앞으로 응시하라'는 뜻이 아니라 도움과 격려를 바라며 의존하라는 의미다.[6] 예수님은 신실한 증인이시다. 그분은 믿음의 아르케고스(ἀρχηγός))이시고 텔레이오테스(τελειωτής)시다. 아르케고스는 2:10절에도 사용되었는데, 그 구절에서는 '리더'로 번역하는 것이 좋겠다고 필자는 제안했다. 12:2절에서는 아르크(ἀρχ-)와 테르(τελ-)를 함께 사용해서 시작과 끝의 의미를 지닌다. 그래서 창시자요 완성자로 번역하면 좋을 것 같다. 예수께서 이 땅에 오시기 전에도 믿음은 존재했었다. 그러나 예수님은 청중들의 믿음의 근원이 되시기에 믿음의 창시자시고, 구약의 믿음의 선진들이 멀리서 바라보기만 했던 믿음의 궁극적인 목표를 처음으로 이루신 분이시기에 믿음의 완성자이시다.[7] 예수님의 전 생애가 하늘에 계시는 아버지를 전적으로 신뢰하는 삶이었다. 예수님은 하나님을 믿는 것이 가능하도록 길을 열어주셨고 새로운 터전을 마련하셨다. 우리를 위해 자신을 내어줌으로 온전하게 되셨다.[8] 그는 십자가의 고난을 견뎠고 부끄러움을 개의치 않으셨다. 그래서 그분은 신실함과 인내의 최상의 본이 되신다. 그러기에 그분의 죽음은 박해당하는 자나 죽음에 직면한 자들에게 큰 힘이 된다.

묵상을 위한 도움

육상경기를 보면 선수들의 모습이 TV 중계에 잡힐 때가 있다. 선수들

모두 짧은 반바지에 민소매 티를 입고 달린다. 장거리, 단거리 할 것 없이 두꺼운 외투를 입고 달리는 선수는 아무도 없다. 백팩을 메고 달리는 선수도 없다. 무거운 구두를 신고 달리지도 않는다. 히브리서 저자는 믿음의 달리기 경주를 하는 우리에게 우리 몸을 감싸고 있는 무거운 죄를 벗어버리라고 한다. 육신의 정욕, 안목의 정욕, 이생의 자랑과 같은 세상을 향한 마음이 크면 본향을 바라며 달리기 어렵다. 조금 가다가 넘어지고 또 조금 가다가 쓰러져 결국 포기해 버릴 것이다. 여러분은 어떤 옷을 입고 달리고 있는가? 또 누굴 바라보며 달리고 있는가? 우리보다 먼저 달려가신 예수님처럼 하나님이 주실 기쁨을 생각하며 가벼운 옷차림으로 인내하며 잘 달리면 좋겠다.

핵심 메시지

1. 약속들과 약속의 차이 설명
2. 우리가 아니면 온전함을 이루지 못하게 된다.
3. 믿음의 창시자요 완성자이신 예수를 바라보자.

31
징계로서의 고난

히브리서 12:4-17

⁴너희가 죄와 싸우되 아직 피흘리기까지는 대항하지 아니하고 ⁵또 아들들에게 권하는 것 같이 너희에게 권면하신 말씀도 잊었도다 일렀으되 내 아들아 주의 징계하심을 경히 여기지 말며 그에게 꾸지람을 받을 때에 낙심하지 말라 ⁶주께서 그 사랑하시는 자를 징계하시고 그가 받아들이시는 아들마다 채찍질하심이라 하였으니 ⁷너희가 참음은 징계를 받기 위함이라 하나님이 아들과 같이 너희를 대우하시나니 어찌 아버지가 징계하지 않는 아들이 있으리요 ⁸징계는 다 받는 것이거늘 너희에게 없으면 사생자요 친아들이 아니니라 ⁹또 우리 육신의 아버지가 우리를 징계하여도 공경하였거든 하물며 모든 영의 아버지께 더욱 복종하며 살려 하지 않겠느냐 ¹⁰그들은 잠시 자기의 뜻대로 우리를 징계하였거니와 오직 하나님은 우리의 유익을 위하여 그의 거룩하심에 참여하게 하시느니라 ¹¹무릇 징계가 당시에는 즐거워 보이지 않고 슬퍼 보이나 후에 그로 말미암아 연단 받은 자들은 의와 평강의 열매를 맺느니라 ¹²그러므로 피곤한 손과 연약한 무릎을 일으켜 세우고 ¹³너희 발을 위하여 곧은 길을 만들어 저는 다리로 하여금 어그러지지 않고 고침을 받게 하라 ¹⁴모든 사람과 더불어 화평함과 거룩함을 따르라 이것이 없이는 아무도 주를 보지 못하리라 ¹⁵너희는 하나님의 은혜에 이르지 못하는 자가 없도록 하고 또 쓴 뿌리가 나서 괴롭게 하여 많은 사람이 이로 말미암아 더럽게 되지 않게 하며 ¹⁶음행하는 자와 혹 한 그릇 음식을 위하여 장자의 명분을 판 에서와 같이 망령된 자가 없

도록 살피라 ¹⁷너희가 아는 바와 같이 그가 그 후에 축복을 이어받으려고 눈물을 흘리며 구하되 버린 바가 되어 회개할 기회를 얻지 못하였느니라

우리말 개역개정성경과 헬라어 본문 비교

* 12:11절에서 개역개정성경은 "그로 말미암아"라고 번역한 부분이 있다. 여기서 말하는 그가 '하나님'을 가리키는지, 아니면 '그것'을 가리키는지 분명하지 않다. 헬라어로는 '디 아우테스(δι᾽ αὐτῆς)'다. '아우테스'는 여성 대명사다. 12:11절 문장에서 이 대명사 앞에 나오는 여성명사는 징계로 번역되는 파이데이아(παιδεία)다. 헬라어로 보면 명확하게 '징계로 말미암아'를 의미함을 알 수 있다.

* 12:14절에서 저자는 모든 사람과 더불어 화평함과 거룩함을 따르라고 한다. 그리고 이것이 없이는 주를 아무도 볼 수 없다고 말한다. 그러면 이것은 무엇일까? 화평함? 아니면 거룩함? 우리말 성경에서는 별다른 해답을 주지 않는다. 그러나 헬라어 원문에서는 명확히 드러난다. 화평(에이레네 εἰρήνη)은 여성명사고, 거룩(하기아스모스 ἁγιασμός)은 남성 명사다. '이것'은 관계대명사 형태로 주어졌는데, 남성관계대명사 '후(οὗ)'를 사용하여, '후 코리스(οὗ χωρὶς)'로 '그것이 없이는'이라는 말이 된다. 그렇다면 선행사는 남성이어야 한다. 앞의 두 단어, 화평함과 거룩 중에서 남성명사는 거룩함이다. 이것을 토대로 풀어쓰면, '모든 사람과 더불어 화평함과 거룩함을 따르라 거룩함이 없이는 아무도 주를 볼 수 없다'가 된다.

본문으로 들어가기

이 단락은 히브리서에서 일곱 번째로 등장하는 삼중구조 패턴 설교다. 12:4-10절은 설교의 본론, 12:11절은 결론, 그리고 12:12-17절은 권면 단락이다. 설교자는 이 단락에서 고난은 하나님께서 그를 미워하신다는 증거가 아니라, 아버지로서의 사랑의 표시라고 가르친다. 잠언 3:11절을 인용하며 독자들을 향하여 하나님의 훈육을 열린 마음으로 받으라고 권면한다. 하나님 아버지께서는 훈육을 통해 성도들이 거룩해지고 의와 평강의 열매 맺기를 원하신다. 히브리서 11장에 나오는 믿음의 인물들과는 정반대로 따르지 말아야 할 본으로 에서를 제시하며 망령된 행동을 금하고 있다.

본론: 징계는 하나님의 사랑의 표시(12:4-10)

이 단락에서 설교자는 다시 가족과 관계된 용어를 사용하여 성도의 고난과 하나님의 징계에 대해 다룬다. 성도들이 고난을 당할 때 흔히 하나님에 대해 가지기 쉬운 오해에 대해 설명한다. 예나 지금이나 성도들이 고난을 당할 때 가장 먼저 가지게 되는 생각은 '하나님이 자신을 미워하시고 버리셨다'는 것이다. 성도들이 흔히 하는 표현으로 '하나님이 보응하신다'고 생각하는 것이다. 그러나 이런 생각은 옳지 않다.[1] 고난과 박해에 직면하여 그와 같은 생각을 할 법한 청중들을 향해 설교자는 고난의 의미와 유익에 대해 설명한다. '고난은 하나님께서 그의 자녀들을 교육하고 훈계하는 도구'라는 것이다.[2] 12:4절에서는 청중들이 당하는 고난에 대해 운동경기의 이미지를 사용하여 설명한다. 설교자가 말하는 운동경기는 앞에서 언급했던 달리기가 아니라 복싱이나 레슬링과 같은 과격한 경기다.³ 개역개정성경 12:4절에서 '싸우되'라고 할 때 사용된 헬라어 단어는 '안타고니조메노이(ἀνταγωνιζόμενοι)다. 이 단어는 신약성경에는 한 번 나오는 단어여서 그 의미를 정확히 파악하는데 약간의 어려움이 있다.⁴ 다른 문헌에서는 순교와 관련해서 사용되기도 했다.⁵ 여기서 싸움의 적은 죄인데, 이전 단락에서는 경주자의 걸림돌로 묘사되었다. '죄와 싸우되 피흘리기까지 싸우지 않았다'는 표현은 청중들의 싸움의 강도를 설명하는 것으로 그들이 '최선을 다하지 않았다'는 의미다.⁶ 그들은 목숨을 빼앗길 정도로 적극적으로 싸우지 않았다. 이와 같은 평가는 12:2절에서 십자가를 참으신 예수님의 모습과 대조된다.⁷ 죄와의 처절한 싸움은 적당한 선에서 타협될 수 없다. 이것은 성도의 영적인 싸움의 특징인데 끝까지 싸우지 않으면 패할 수밖에 없다는 것을 저자는 잘 알고 있다. 11:1절에서 달음질에 죄가 걸림돌이 되는 것으로 묘사했는데, 여기서는 약간 이미지가 바뀌어서 대항해야 할 적으로 등장한다.⁸ 그렇다고 히브리서 12장에서 저자가 두 개의 다른 죄에 대해 말하고 있다고 보는 것은 적절하지 않다.⁹ 11:5-6절에서는 잠언 3:11-12절의 말씀을 인용하며 징계를 가볍게 여기지 말고 달게 받으라고 말한다. 성도들이 징계를 받을 때 필요한 태도는 인내다. 징계를 받고 있다는 것은 아버지가 사랑하는 아들이라는 증거다. 성도를 아들로 묘사한 구절이 2:10절인데, 그 구절을 둘러싸고 있는 단락에서 중요한 주제로 다루어지고 있는 예수님의 아들됨(Sonship)도 고난과 무관하지 않다.¹⁰ 하나님의 징계가 버림의 표현이 아니라 사랑의 표현이라는 생각은 마카비 2서 6:12-17이나 필로의 글들, 랍비문헌과 신약성경

(고후 6:9; 딤전 1:20; 엡 6:4; 계 8:19)에도 자주 등장한다.[11] 징계는 아들이라는 것을 증명하는 필수적인 요소라고 설명한다.[12] 12:9-10절은 '가벼운 것과 무거운 것의 대조'를 통해 징계라는 측면에서 육신의 아버지와 하나님 아버지를 대조하여 그린다. 잠시 자기의 뜻대로 징계를 하는 육신의 아버지에게 필요한 아들의 반응은 공경이다. 그렇다고 한다면, 우리의 유익을 위하여, 즉 그의 거룩에 참여하도록 하시기 위해서 징계하시는 하나님 아버지를 향해서 우리가 보여야 하는 반응은 무엇인가? 그것은 더욱 복종하면서 사는 것이다.

결론: 징계의 유익(12:11)

우리말에 '인내는 쓰다. 그러나 그 열매는 달다'라는 말이 있다. 학창 시절에 자주 들었던 말이다. 이와 유사한 주제가 설교의 결론 부분에서 다루어진다. 설교자는 현재의 고난과 미래의 상급을 대조한다. 징계 속에 감추어진 하나님의 선물에 대해 말한다. 징계를 받을 당시에는 즐거운 것이 아니지만, 연단 받은 자들은 후에 의와 평강의 열매, 직역하면 의의 평강한 열매를 맺는다. 여기서 '평강'은 히브리서에 있어서 구원의 은유로 사용된 '안식'(3:7-4:11)과 또 사람들과 화평하라는 권면(12:14)과도 연결된다.[13] 다음으로 '의'는 히브리서에서 승귀하신 그리스도와 관련이 있고(1:9), 또 믿음의 결과로 얻게 되는 것이다(10:38; 11:7, 33).[14]

권면: 화평함과 거룩함을 따르라(12:12-17)

이 단락은 삼중구조 패턴 설교의 권면 단락이다. 설교자는 앞에서 말한 본론과 결론에 근거해서 권면한다. 다시 운동경기의 이미지를 사용하여 피곤한 손과 연약한 무릎을 일으켜 세우고, 그리고 저는 다리가 고침을 받게 하라고 권면한다. 이 묘사를 보면, 이사야 35:2절에 나오는 '너희는 약한 손을 강하게 하며 떨리는 무릎을 굳게 하며,' 특별히 칠십인경 본문과 관련이 있는 것 같다.[15] 이사야서에서 말하는 것이 무엇인가? 하나님께서 구원받은 자들을 시온으로 돌아오게 하실 때 돌아오는 길이 준비되고 광야가 꽃으로 만발하게 될 것이라고 한다. 이사야 선지자가 이스라엘 백성들에게 하나님의 약속을 붙들고 소망을 가지라고 격려하는 것처럼, 히브리서 저자도 하나님의 새로운 백성들을 향해 하나님께서 종말의 구원으로 인도하실 것이라고 권면한다.[16] '피곤한 손'과 '연약한 무릎' '저는 다리'는 연약하고 지친 상태를 의미한다. 잠언 4:26절의 암시를 통해 '곧은 길을 만들라'고 권면한다. 이 말은 지혜의 길을 따르라는 것이다.[17] 청중들은 더 이상 낙심할 필요가 없다. 하나님께서 그리스도를 통해 새롭고 살 길을 열어주셨다. 시온의 대로를 달리듯, 하늘 성소를 향해 나아가면 된다.[18] 이어서 저자는 모든 사람과 화평함과 거룩함을 유지하라고 권면한다. '이것' 즉 '거룩함'을 통해 주님을 보게 된다. 12:10절은 징계를 통해 성도가 얻게 되는 유익에 대해 적고 있다. 징계를 통해 얻어진 거룩은 구체적인 삶의 현장에서 드러나야 한다.[19] '주님을 본다'는 것은 영생을 맛보는 의미로 생각할 수 있다. 이것은 또한 히브리서 11장의 중요한 주제인 보이지 않는 분을 보는 것과 관련지어 믿음의 삶의 한 단면을 말한다고도 볼 수 있다. 이어지는 12:15-16절에서는 '누가 ~하지 않도록'의 의미를 지닌 '메 티스 μή τις'로 이루어진 3개의 권면을 하고 있다. 주를 보지 못하는 자가 없도록, 쓴 뿌리가 나서 괴롭게 되는 일이 없도록, 마지막으로는 음행하거나 거룩하지 않은 자가 생기지 않도록 하라고 권면한다.[20] 12:15절에서 '하나님의 은혜에 이르지 못하는 자가 없도록 하라'는 말은 영적인 둔감함과 부주의로 예수 그리스도 안에서 하나님이 주신 은혜와 상관없는 자가 되어서는 안 된다고 권면한다.[21] '쓴 뿌리가 나서 괴롭게 하는 것'은 우상 숭배와 언약을 져버리는 것을 의미한다.[22] 흥미로운 것은 12:16절에서 에서에 대해 언급하며 '음행하는'이라는 단어를 사용한다. 이것은 주석가들을 당황하게 하는 표현이다. 왜냐하면 성경 어디에서도 에서와 관련해서 음행을 말하고 있지 않기 때문이다. 어떤 학자들은 에서를 성적이고 교활한 사람으로 그리는 후기 유대문헌을 히브리서 저자가 알았을 것이라고 한다.[23] 그랬을 가능성도 있다. 그러나 '음행하는'이라는 단어가 칠십인경 신명기 31:16절의 문맥에서는 하나님과의 언약을 깨뜨린 사람으로 '하나님께 충실치 못한'이라는 의미로도 이해될 수 있다.[24] 에서는 하나님이 장자에게 주신 약속과 특권을 경히 여겨 팥죽 한 그릇과 장자권을 바꾸었다(창 25:29-34). 그는 하나님의 선물을 가볍게 여기는 우를 범했다.[25] 이것은 한끼 식사를 통해 잠깐 동안 배고픔을 면하고자 하는 것이었는데, 11:25절에서 보았던 모세와는 너무도 대조적이며, 11:35-38절에 등장하는 믿음의 사람들, 그리고 예수님과 너무 다른 모습이다.[26] 저자는 에서를 따르지 말아야 할 본으로 제시한다.[27] 청중이 따르지 말아야 할 것은 물러서는 것(10:38), 떨어지는 것(3:12; 6:6), 흘러 떠내려가는 것(2:1), 그리고 이르지 못하는 것(4:1; 12:15)이다. 반면에 잡아야 하는 것은 인내

(10:36), 굳게 잡는 것(3:6, 14), 부지런함(4:11; 6:11), 그리고 가까이 나아감(4:16; 10:22)이다.[28]

묵상을 위한 도움

1968년 10월 20일 오후 7시. 멕시코시티 올림픽 경기장에서 마라톤 마지막 주자들이 결승선을 통과하고 있었다. 관중들은 자리를 떠나려고 했다. 이미 우승자인 에티오피아 선수는 1시간 전에 결승점을 통과했다. 그런데 마라톤 경기장 게이트 주변에 앉아 있던 관중들이 경찰차 사이렌 소리와 호루라기 소리를 들었다. 자연히 시선이 그 문을 향해 집중되었다. 탄자니아 국기를 두른 선수가 들어오고 있었다. 그의 이름은 존 스티븐 아크와리였다. 다리에는 감은 붕대 위로 피가 흐르고 있었다. 경기장 트랙을 도는데 한 발 한 발 내디딜 때마다 그는 인상을 찌푸렸다. 그 광경을 보고 있던 관중들이 일어나 박수를 쳤다. 어렵게 결승점을 통과하자 우레와 같은 박수가 터져 나왔다. 그는 경기장을 천천히 벗어나고 있었다. 누군가가 그에게 물었다. "이 정도로 큰 부상을 당했는데 경기를 그만두지 않은 이유가 무엇이냐?" 그러자 아크와리가 대답했다. "나의 조국이 만 km보다 더 떨어진 이곳에 나를 보낸 것은 단지 경기를 시작하라고 보낸 것이 아니라, 경기를 마치라고 보낸 것입니다. 그러기에 나는 어떤 상황에서도 결승점을 통과해야 했습니다." 성도인 우리의 삶도 마찬가지다. 잘 끝내는 것이 중요하다. 바울처럼 "나는 선한 싸움을 싸웠고 나의 달려갈 길을 마쳤고 믿음을 지켰다"는 고백을 할 수 있는 우리가 되면 좋겠다.

핵심 메시지

1. 하나님의 징계는 사랑의 표시
2. 징계가 주는 유익을 생각하자.
3. 끝까지 믿음의 경주를 하자.

32
경고와 새 언약 백성의 자세

히브리서 12:18-29

¹⁸너희는 만질 수 있고 불이 붙는 산과 침침함과 흑암과 폭풍과 ¹⁹나팔 소리와 말하는 소리가 있는 곳에 이른 것이 아니라 그 소리를 듣는 자들은 더 말씀하지 아니하시기를 구하였으니 ²⁰이는 짐승이라도 그 산에 들어가면 돌로 침을 당하리라 하신 명령을 그들이 견디지 못함이라 ²¹그 보이는 바가 이렇듯 무섭기로 모세도 이르되 내가 심히 두렵고 떨린다 하였느니라 ²²그러나 너희가 이른 곳은 시온 산과 살아 계신 하나님의 도성인 하늘의 예루살렘과 천만 천사와 ²³하늘에 기록된 장자들의 모임과 교회와 만민의 심판자이신 하나님과 및 온전하게 된 의인의 영들과 ²⁴새 언약의 중보자이신 예수와 및 아벨의 피보다 더 나은 것을 말하는 뿌린 피니라 ²⁵너희는 삼가 말씀하신 이를 거역하지 말라 땅에서 경고하신 이를 거역한 그들이 피하지 못하였거든 하물며 하늘로부터 경고하신 이를 배반하는 우리일까보냐 ²⁶그 때에는 그 소리가 땅을 진동하였거니와 이제는 약속하여 이르시되 내가 또 한 번 땅만 아니라 하늘도 진동하리라 하셨느니라 ²⁷이 또 한 번이라 하심은 진동하지 아니하는 것을 영존하게 하기 위하여 진동할 것들 곧 만드신 것들이 변동될 것을 나타내심이라 ²⁸그러므로 우리가 흔들리지 않는 나라를 받았은즉 은혜를 받자 이로 말미암아 경건함과 두려움으로 하나님을 기쁘시게 섬길지니 ²⁹우리 하나님은 소멸하는 불이심이라

우리말 개역개정성경과 헬라어 본문 비교

* 개역개정성경은 23절에서 '장자들의 모임과 교회'라고 번역을 했는데 '교회'에 해당하는 '에클레시아(ἐκκλησία)'는 '모임'으로 번역하는 것이 적절해 보이고, '모임'이라고 번역된 단어는 '파네귀레이(πανηγύρει)'인데 '기쁨의 모임(festival gathering)'을 의미한다.[1] 그래서 두 단어의 의미를 함께 살려 '장자들의 기쁨의 모임'으로 번역하는 것이 더 적절해 보인다.

본문으로 들어가기

12:18-25a는 히브리서에 나오는 여덟 번째 삼중구조 패턴 설교다. 이 설교에서는 시내 산과 시온 산의 대조가 강하게 등장한다. 12:18-21절은 본론으로 옛 언약의 장소인 시내 산으로 나아감을, 12:22-24절은 결론으로 새 언약의 장소인 시온 산으로 나아감에 대해 다룬다. 12:25a는 권면 부분으로 말씀하신 이를 거역하지 말라고 한다. 12:25b-29절은 히브리서의 아홉 번째 삼중구조 패턴 설교이며 마지막 경고를 담고 있다. 12:26b-27절은 본론으로 땅과 하늘의 진동에 대해 설명하고, 12:28a는 결론으로 흔들리지 않는 나라를 받음에 대해 언급한다. 12:28b-29절은 권면 부분으로 감사로 하나님께 예배할 것을 촉구한다.

시내 산 vs 시온 산(12:18-25a)

그리스도의 죽음의 결과로 양심과 마음이 정결해진 자는 담대함을 가지고 하나님께 나아가라고 설교자는 권면한다. 12:18-24절은 히브리서의 중심주제인 하나님께 나아감을 다룬다. 이것을 잘 보여주는 것이 12:18절과 22절에 사용된 '나아가다'라는 의미의 헬라어 동사 '프로세르코마이(προσέρχομαι)'다.[2] 이 단락에서는 시내 산과 시온 산의 대조와 출애굽 세대와 청중의 구별이 두드러져서 '그들'과 '너희(우리)'로 표현된다. 개역개정성경에는 번역되지 않았지만 헬라어 원문에서는 12:19절에 그들(아우토이스 αὐτοῖς)이 있다. 그것을 살려 번역하면 "그 소리를 듣는 자들은 그들에게 더 말씀하지 아니하시기를 구하였으니"가 된다. 재미있게도 저자는 그들이 다다른 곳은 시내 산이고 너희가 다다른 곳은 시온 산이라는 식으로 말하지 않는다. 오히려 너희가 다다른 곳은 광야의 백성들이 경험했던 시내 산이 아니고, 시온 산이라고 말함으로 새 언약 백성이라는 것이 얼마나 다행이고 복된 것인지를 조금 더 실감하게 한다. 시내 산은 옛 언약 아래에서 하나님께 나아감을 묘사하는 것이다. 시내 산에서 하나님께 나아갈 때는 두려움으로 인해 나아갈 수 없었다. 시내 산에서의 광경을 설명할 때 불, 흑암, 폭풍, 큰 소리와 같은 공포를 더해 주는 비인격적인 것들이 등장한다(12:18-19).[3] 큰 소리를 들었던 자들은 더 말씀하지 아니하시기를 구하였고(12:19), 심지어는 이성적인 사고를 할 수 없는 짐승이라 할지라도 하나님의 산에 들어가면 죽임을 당하게 되었다. 이것은 옛 언약 하에서 하나님께 나아가는 것이 얼마나 두려운 것이었는지를 잘 보여준다(12:20). 또한 옛 언약 계시의 전달자였던 모세도 무서운 광경을 보며 "내가 심히 두렵고 떨린다"고 고백하고 있다. 거룩은 가까이 나아가지 못함, 즉 배제(exclusion)에 의해 유지되었다.4 이러한 묘사는 8-10장에서 옛 언약 제사를 통해 하나님께 나아갈 때도 오직 대제사장만 일 년에 하루만 지성소에 들어가는 것이 허용되었던 것과도 연관이 된다. 한 마디로 옛 언약을 통해 하나님께 나아가는 것은 두렵고 제한적이었고 차별이 있었다는 것을 말해 준다. 옛 언약 하에서의 하나님은 가까이 다가갈 수 없는 두려운 분(inapproachable God)이었다.

12:22절은 '그러나(알라 ἀλλά)'로 시작한다. 이것은 이어지는 내용은 앞에서 언급했던 내용들과는 아주 다를 것을 암시한다. 새 언약 백성들이 이른 곳의 광경을 개역개정에서 묘사하는 대로 정리해 보면 다음과 같다. 시온 산, 하나님의 도성인 하늘의 예루살렘, 천만천사들, 하늘에 기록된 장자들의 모임과 교회, 만민의 심판자이신 하나님, 온전하게 된 의인의 영들, 새 언약의 중보자이신 예수님, 그리고 아벨의 피보다 더 나은 것을 말하는 뿌린 피다. 시온 산은 하나님의 예루살렘과 연결되어 등장한다. 하늘의 도성 안의 장면은 시내 산에서의 광경과는 달리 기쁨의 잔치와 모임이 지배적이다. 위에서 언급한 내용에서 명확하게 할 부분은 '기쁨의 모임'을 의미하는 헬라어 단어 '파네귀레이(πανηγύρει)'다. 개역개정성경에서 이것을 '하늘에 기록된 장자들'과 연결시켜 번역한 것은 잘한 일이다. 이 단어를 천만천사와 연결시켜 번역한 영어성경들도 많다. 그러나 장자들과 연관지어 '장자들의 기쁨의 모임'으로 하는 것이 더 적절할 것 같다.5 '장자들'이 누구인가? 하는 것도 중요한데, '하늘에 기록된'이라는 표현은 천사들에게는 사용된 적이 없기에 구원받은 옛 언약과 새 언약의 신실한 백성들의 총회로 보는 것이 좋을 것 같다.6 '온전하게 된 의인들의 영'은

예수 그리스도의 사역을 통해 의롭게 된 새 언약의 백성들을 의미하는 것 같다.7 중보자이신 예수 그리스도와 그의 피는 하나님께 나아가는데 있어서 매우 중요하다. 새 언약을 통해 하나님께 나아가는 것은 즐겁고 사모할 일임을 대조적으로 잘 보여주고 있다. 하늘 예루살렘의 구성원들은 그리스도의 피를 통해 은혜를 입은 자면 누구든지 나아갈 수 있다. 즐겁고 자유롭게 차별 없이 하나님의 존전에 설 수 있다. 앞의 시내 산의 묘사가 인간적인 것과는 거리가 먼 것들로 가득 차 있는 반면에, 이어 나오는 시온 산의 묘사는 기쁨과 감격으로 가득하다. 시온 산 광경에서 그려지는 하나님은 그의 백성들이 즐거운 마음으로 다가갈 수 있는 하나님(approachable God)이다. 이와 같이 대조적인 두 장면을 묘사한 후 저자는 청중들을 향해 "너희는 말씀하고 계시는 하나님을 거역하지 말라"고 권면한다. 12:12-13절에서 저자가 권면했듯이 무관심과 나태함으로 하나님의 말씀을 청종치 않고 거역할 것이 아니라, 더 큰 은혜 입은 자답게 더 큰 책임으로 반응하라고 권면하고 있다(12:25).

은혜를 받자(12:25b-29)

말씀하시는 하나님을 거역하지 않는 것이 중요한 주제로 계속 다루어진다. 12:25절은 땅과 하늘의 대조를 통해 '가벼운 것과 무거운 것'의 설명 방식을 취한다. 여기서도 '저들(에케이노이 ἐκεῖνοι)'과 '우리(헤메이스 ἡμεῖς)' 사이의 대조가 등장한다. 저들은 땅에서 경고를 들은 자들이고, 우리는 하늘로부터 경고를 받았다. 어떤 학자들은 땅에서 말씀하신 이는 모세이고, 하늘로부터 경고하신 이는 예수님이라고 생각하기도 하지만[8] 그러한 이해는 적절하지 않다. 그것보다는 땅과 하늘에서 말씀하신 분은 동일하게 하나님으로 보는 것이 정당해 보인다.[9] 이 대조는 땅과 하늘에서 말한 자의 대조가 아니라 계시의 방식의 대조인 것 같다. 더 나은 계시를 받은 우리에게 더 많은 책임이 주어지고 있음을 말한다.[10] 26절에서는 학개 2:6절을 인용하며 우주적인 진동에 대해 말한다(1:10-12 참고). 육신의 눈으로 볼 수 없는 진정한 실체와 그것의 그림자인 것의 대조를 보인다. 하늘과 땅은 피조물로서 사라지게 될 것이지만, 하나님의 아들이신 그리스도와 그분이 이루신 일들은 영존할 것이다(1:10-12).[11] 성도들은 그리스도를 통해 진동하지 않을 것을 받았다. 여기서 멸망되지 않을 것은 예수 그리스도를 통해 접근 가능하게 된 하늘의 실체다. 낮고 물질적인 창조 세계를 제거하고 나서 남는 것은 무엇일까? 그것은 영적인 것이다. 다니엘서나 복음서에 언급된 나라에서와 같이 그것은 하나님의 종말론적인 통치를 말한다. 그런데 이 종말론적인 실재를 청중들은 이미 어느 정도 누리고 있다. 이 나라는 이 창조에 속하지 않고 그리스도의 죽음과 승귀를 통해서 접근 가능케 된 영역이다.[12] 저자는 "우리는 흔들리지 않는 나라를 받았다"고 말한다. 그렇다면 우리가 해야 할 일은 무엇인가? 개역개정성경은 12:28절에서 "은혜를 받자"고 번역하고 있다. 무슨 의미인지 바로 이해가 되지 않는다. 헬라어로는 에코멘 카린(ἔχωμεν χάριν)이다. 여기서 '카린'은 12:15절에서처럼 하나님의 은혜를 의미하는 것이 아니다. '에코멘 카린'은 관용적인 표현으로 '감사하자'라는 뜻을 지니고 있다.[13] 놀라운 특권의 자리로 부름 받았으니 감사하자는 것이다.[14] 청중들에게 요구되는 감사의 내용은 기쁨의 예배다. 하나님을 기쁘시게 하는 예배를 드리라고 권면한다. 이것은 이어지는 13:1-19절의 권면과도 잘 연결된다. 하나님을 기쁘시게 하는 섬김과 예배는 믿음에 근거한 것인데, 예수 그리스도를 입으로 증언하는 찬송의 제사와 삶 가운데서 선을 행함과 나눔을 통해 드려지는 삶의 제사다(13:15-16).[15]

묵상을 위한 도움

로버트 프로스트(Robert Frost)의 "가지 않은 길"이라는 시가 있다. 시의 내용은 이렇다. 많은 번역들이 있는데 정현종 교수의 번역을 소개하고자 한다.

> 단풍 든 숲 속에 두 갈래 길이 있더군요.
> 몸이 하나니 두 길을 다 가 볼 수는 없어
> 나는 서운한 마음으로 한참 서서
> 잣나무 숲 속으로 접어든 한쪽 길을
> 끝 간 데까지 바라보았습니다.
>
> 그러다가 또 하나의 길을 택했습니다. 먼저 길과 똑같이 아름답고,
> 아마 더 나은 듯도 했지요.
> 풀이 더 무성하고 사람을 부르는 듯했으니까요.
> 사람이 밟은 흔적은
> 먼저 길과 비슷하기는 했지만,
>
> 서리 내린 낙엽 위에는 아무 발자국도 없고

두 길은 그날 아침 똑같이 놓여 있었습니다.
아, 먼저 길은 한번 가면 어떤지 알고 있으니
다시 보기 어려우리라 여기면서도.

오랜 세월이 흐른 다음
나는 한숨지으며 이야기하겠지요.
"두 갈래 길이 숲 속으로 나 있었다, 그래서 나는…
사람이 덜 밟은 길을 택했고,
그것이 내 운명을 바꾸어 놓았다"라고.

여러분은 어떤가? 뜨거운 햇볕이 내리쬐는 영적 광야에 있었던 청중들처럼 이전의 삶으로 돌아가려는 유혹에 있지는 않는가? 두 갈래로 갈라지는 지점에 서 있지는 않는가? 어느 길을 선택하고자 하는가? 율법의 시내 산인가? 아니면 은혜의 시온 산인가?

핵심 메시지

1. 시내 산 vs 시온 산
2. 천상의 잔치와 다가갈 수 있는 하나님
3. 흔들리지 않는 나라를 받았으니 감사하자.

8부

사랑에 대한
격려와 인사

33

화평과 거룩의 삶

히브리서 13:1-6

¹형제 사랑하기를 계속하고 ²손님 대접하기를 잊지 말라 이로써 부지중에 천사들을 대접한 이들이 있었느니라 ³너희도 함께 갇힌 것 같이 갇힌 자를 생각하고 너희도 몸을 가졌은즉 학대 받는 자를 생각하라 ⁴모든 사람은 결혼을 귀히 여기고 침소를 더럽히지 않게 하라 음행하는 자들과 간음하는 자들을 하나님이 심판하시리라 ⁵돈을 사랑하지 말고 있는 바를 족한 줄로 알라 그가 친히 말씀하시기를 내가 결코 너희를 버리지 아니하고 너희를 떠나지 아니하리라 하셨느니라 ⁶그러므로 우리가 담대히 말하되 주는 나를 돕는 이시니 내가 무서워하지 아니하겠노라 사람이 내게 어찌하리요 하노라

우리말 개역개정성경과 헬라어 본문 비교

* 개역개정성경 13:3절의 "너희도 몸을 가졌은즉"에 해당하는 헬라어 표현은 '호스 카이 아우토이 온테스 엔 소마티(ὡς καὶ αὐτοὶ ὄντες ἐν σώματι)'다. 원문의 관용적인 의미를 살려 번역하면 '당신 자신도 그 몸속에 있는 것처럼' 혹은 '당신 자신도 그 몸속에 있기 때문에'가 된다.[1]

* 13:4절에서 "음행하는 자들과 간음하는 자들을 하나님이 심판하시리라"로 개역개정에서는 번역을 잘 했는데, 헬라어 원문에서는 하나님(호 데오스 ὁ θεός)을 강조하여 문장의 맨 마지막에 두고 있다.[2]

본문으로 들어가기

히브리서의 구조적인 부분과 관련해서 13장에 대해 문제를 제기한 학자들이 많았다. 주된 내용은 13장이 이전의 장들과 잘 어울리지 않는다는 것이다. 특히 12장 후반부에 있었던 엄한 경고 후에 이어지는 13:1-6절은 생뚱맞게 느껴진다고 생각했다. 그래서 학자들은 13장 전체나[3] 일부가 후대에 첨가된 것[4]이라고 주장했다. 바울서신들과 형태상 일치시키기 위해 13장을 첨가했다고 주장하거나,[5] 실제 바울의 편지가 첨가되었다고 주장한 학자들도 있었다.[6] 그러나 단어나 주제를 고려해 볼 때 13장은 1-12장의 내용들과 잘 일치한다[7](R. V. G. Tasker, C Spicq, Floyd V. Filson). 13장의 핵심단락인 7-19절은 이전의 장들에서 다루었던 주제와 잘 연결된다. 13장에서는 이전 장들에서 다루었던 내용들을 단순히 반복하는 것이 아니라, 더 명료한 설명을 하고 있다. 13장과 12:14-29절은 일부 학자들이 말하듯이 어색하게 잘 이어지지 않는 것이 아니라, 아주 잘 연결되고 있다. 12:28절이 그 역할을 한다. 하나님이 허락하신 새 언약의 특권을 누리는 자로서 감사하는 삶을 살라고 권면하는데, 그 구체적인 내용들이 13장에서 다루어진다.[8] 13장은 크게 세 단락으로 구성된다. 13:1-6절은 화평과 거룩한 삶, 13:7-17절은 진정한 예배에 대해서 다루고, 13:18-25

절은 마지막 인사를 담고 있다. 이 장에서 먼저 살펴볼 13:1-6절은 문체적인 측면에서 딱딱 끊어지는 스타카토식 권면을 담고 있다. 내용은 형제 사랑과 손님 대접(13:1-3)과 성적 순결과 물질에 대한 태도(13:4-6)에 대해 다룬다.

형제 사랑과 손님 대접(13:1-3)

히브리서 저자는 내적인 공동체 윤리에 대해 많은 관심이 있었다. 개인주의적인 신앙을 탈피하고 교회 공동체의 결속과 사랑을 강조한다(10:24). 공동체의 예배에 정기적으로 참여하는 것도 강조한다(10:25). 이것은 무교회주의나 성도라고 생각하면서도 교회에 출석하기를 거부하는 가나안(거꾸로 하면 안나가) 성도들이 많아지는 시대에 경종을 울리는 가르침이다. 이 구절들에서는 구체적인 행동양식을 제시한다. 가장 먼저 언급하는 것이 형제 사랑(필라델피아 φιλαδελφία)을 실천하라는 것이다. '형제 사랑'이라는 표현은 기독교문헌 밖에서는 자주 등장하지 않는다. 그것만 보아도 초대교회부터 지금까지 성도 간의 우애와 사랑은 매우 중요한 실천 덕목이었음을 가르쳐준다(롬 12:10; 살전 4:9; 벧전 1:22; 벧후 1:7; 클레멘트 1서 1.2; 허마스의 목자서 Man. 8.10).[9] 믿지 않는 사람들 사이에서도 볼 수 있는 육신적인 형제간의 사랑을 뛰어넘어 그리스도 안에서 함께 하늘 백성의 사랑이다.[10] 성도의 형제 사랑의 중심에는 그리스도가 계신다. 성도는 그리스도의 인도하심을 따라 하늘의 부르심을 받고 영광으로 인도함을 받는 자들이기 때문이다. 그런데 주목해야 하는 것은 한 번의 형제자매의 사랑에 그치지 말고 지속적으로 실천하라고 권면한다.[11] 13:2절에서는 손님 대접을 잊지 말라고 한다. 이 권면은 오늘날과 비교할 때 초대교회에서는 아주 중요했다. 그 이유는 당시 교회지도자들이 이 도시에서 저 도시로 이동하며 가르쳤는데,12 오늘날처럼 숙박시설이 잘 되어있지 않아 성도들의 집에 머무는 경우가 많았다. 1960-70년대 한국 교회를 생각해 보아도 어느 정도 이해가 될 수 있다. 오늘날은 교회부흥회를 하면 강사 목사님의 숙소를 호텔에 마련하는 경우가 많지만, 예전에는 성도들 가정에 모시는 경우가 많았다. 초대교회 당시는 그런 일이 더 많았을 것이다. 순회전도자들을 환대하는 것은 복음전파에 중요한 역할을 감당하는 것이었다. 저자는 손님 대접을 잘 하라고 권면하면서, 부지중에 천사를 대접한 사람에 대해 언급한다. 아브라함과 사라, 롯, 기드온이나 마노아와 같은 사람이 떠오른다. 부지중에 했다는 말로 미루어 보아 아브라함과 사라 이야기를 염두에 두고 말하는 것 같다.13 13:3절은 옥에 갇힌 자를 돌보라고 권면한다. 독자들은 이전에 그와 같은 상황에서 옥에 갇힌 자들을 돌보는데 열심이 있었다(10:34). 옥에 갇힌 자들을 대할 때 마치 자기가 그 갇힌 자의 몸속에 있는 것처럼, 다른 말로 하면 자기 자신이 그 고난을 당하고 있는 것처럼 생각하며 돌보라고 권면한다. 몸의 한 지체가 아프면 온 몸이 아픈 것처럼 그런 마음으로 돌보라고 권면한다.14

결혼과 돈(13:4-6)

13:4-5절은 결혼과 성, 그리고 물질에 대해 다룬다. 이 구절은 레위기 19장에 나오는 거룩 규정에 기반을 두고 있는 것 같다. "너희는 거룩하라 이는 나 여호와 하나님이 거룩함이니라"(레 19:2)고 명령하

신 하나님께서 백성들의 삶에서 이 명령이 실천되기를 원하신다. 하나님께서 거룩성을 요구하시는 영역이 물질(레 19:9-14, 33-37)과 성(레 19:20, 29; 20:9-21)이다.[15] 하나님의 백성을 향한 실천 명령에 근거해서 저자는 먼저 결혼생활에 대해 다룬다. 결혼을 귀히 여기고 침소를 더럽히지 말라고 권면한다. 침소를 더럽히지 말라는 것은 결혼이라는 테두리를 넘어서는 성적인 방종을 금하라는 것이다. 13:1-3절의 권면과 달리 이 권면에서는 하나님의 심판에 대해 언급한다. 음행하는 자들과 간음하는 자들을 하나님께서 심판하신다고 강한 어조로 말한다. 이어서 물질과 관련해서는 돈을 사랑하지 말라고 한다. 그러기 위해서 필요한 것이 자족하는 것이다. 자족의 근거는 하나님이 함께 하심에 있다. 버리지 않고 떠나지 않으시겠다는 하나님의 약속 때문에 가능하다. 재미있는 것은 말씀하시는 하나님이 강조되어 나타난다. 헬라어로는 '아우토스 가르 에이레켄(αὐτὸς γὰρ εἴρηκεν)'인데 개역개정성경은 "그가 친히 말씀하시기를"이라고 강조 용법을 잘 살려 번역했다. 하나님의 이 말씀은 복음서에 나오는 예수님의 말씀을 생각나게 한다. "공중의 새를 보라 심지도 않고 거두지도 않고 창고에 모아들이지도 아니하되 너희 하늘 아버지께서 기르시나니 너희는 이것들보다 귀하지 아니하냐"(마 6:26). 13:6절은 "내가 결코 너희를 버리지 아니하고 너희를 떠나지 아니하리라"고 하신 하나님의 약속에 대해 시편 118:6절의 말씀으로 담대히 응답하는 형식을 취하고 있다. "주는 나를 돕는 이시니 내가 무서워하지 아니하겠노라 사람이 내게 어찌하리요." 이러한 하나님과 성도 사이의 대화 형식은 히브리서 전반에 걸쳐 나타나는 말씀하시는 하나님 주제와 잘 어울린다. 우리의 삶에서도 이와 같은 하나님 아버지와의 거룩한 대화가 반드시 있어야 한다.

묵상을 위한 도움

2세기 초 천연두 전염병이 로마 제국을 휩쓸었다. 너무 심해 15년 동안 로마 제국 인구의 1/4 혹은 1/3이 죽었다고 한다. 그 중에는 유명한 마르쿠스 아우렐리우스(Marcus Aurelius) 황제도 있었다. 알렉산드리아의 교부 디오니시우스는 로마 시민들의 반응에 대해 이렇게 적고 있다. "일단 질병이 발발하면 믿지 않는 로마 시민들은 질병으로 고통당하는 자들을 버리고 떠났다. 사랑하는 친척이나 가족들로부터 도망했다. 죽기 전이라 할지라도 그들을 길에 버리고 도망갔다." 당시 유명한 의사였던 갈렌도 예외가 아니었다. 전염병이 돌자 그는 즉시 로마를 떠나 소아시아 지역으로 도망갔고 위험이 사라질 때까지 거기 머물렀다. 그러나 그리스도인들은 달랐다. 자기만을 생각하지 않고 다른 사람을 도왔다. 위험한 상황에서도 그들은 병든 자를 돌보았다. 그리스도 안에서 다른 사람들의 필요를 채워주었다. 이웃의 질병과 고통이 마치 자기 것처럼 여기며 그들을 보살폈다. 왜 초대교회 성도들은 믿지 않는 로마 사람들과 다르게 행동했을까? 무엇이 그들로 하여금 병든 자를 돌보게 했을까? 하나님의 영원한 나라 본향을 바라보았기 때문이 아닐까? 그래서 죽을 수도 있는 상황에서 그들은 세상이 아닌 하나님 나라의 가치체계를 따랐다. 히브리서 13:1-3절에 나오는 명령을 중하게 생각하며 삶에서 실천했다. 우리에게도 이런 삶의 실천이 있어야 할 것이다.

핵심 메시지

1. 형제 사랑과 손님 대접

2. 성과 돈

3. 돌보시는 하나님께 합당한 우리의 반응은 어떠해야 하는가?

34
진정한 예배

히브리서 13:7-17

⁷하나님의 말씀을 너희에게 일러 주고 너희를 인도하던 자들을 생각하며 그들의 행실의 결말을 주의하여 보고 그들의 믿음을 본받으라 ⁸예수 그리스도는 어제나 오늘이나 영원토록 동일하시니라 ⁹여러 가지 다른 교훈에 끌리지 말라 마음은 은혜로써 굳게 함이 아름답고 음식으로써 할 것이 아니니 음식으로 말미암아 행한 자는 유익을 얻지 못하였느니라 ¹⁰우리에게 제단이 있는데 장막에서 섬기는 자들은 그 제단에서 먹을 권한이 없나니 ¹¹이는 죄를 위한 짐승의 피는 대제사장이 가지고 성소에 들어가고 그 육체는 영문 밖에서 불사름이라 ¹²그러므로 예수도 자기 피로써 백성을 거룩하게 하려고 성문 밖에서 고난을 받으셨느니라 ¹³그런즉 우리도 그의 치욕을 짊어지고 영문 밖으로 그에게 나아가자 ¹⁴우리가 여기에는 영구한 도성이 없으므로 장차 올 것을 찾나니 ¹⁵그러므로 우리는 예수로 말미암아 항상 찬송의 제사를 하나님께 드리자 이는 그 이름을 증언하는 입술의 열매니라 ¹⁶오직 선을 행함과 서로 나누어 주기를 잊지 말라 하나님은 이 같은 제사를 기뻐하시느니라 ¹⁷너희를 인도하는 자들에게 순종하고 복종하라 그들은 너희 영혼을 위하여 경성하기를 자신들이 청산할 자인 것 같이 하느니라 그들로 하여금 즐거움으로 이것을 하게 하고 근심으로 하게 하지 말라 그렇지 않으면 너희에게 유익이 없느니라

우리말 개역개정성경과 헬라어 본문 비교

* 13:7절에서는 현재시제의 사용이 두드러진다. '생각하라'에 해당하는 헬라어는 므네모뉴에테(μνημονεύετε)인데, 현재시제로 사용되어 '계속 기억하라'는 의미다. '본받으라(미메이스데 μιμεῖσθε)'도 현재형으로 계속 본받으라는 의미가 강하다. '생각하며(아나데오룬테스 ἀναθεωροῦντες)도 되풀이해서 생각한다는 의미가 강하다.[1]

* 13:15절에서 "그의 이름을 증언하는"이라는 표현이 나온다. 여기서 '증언하는'에 해당하는 헬라어는 호몰로군톤(ὁμολογούντων)이다. 보통의 경우 '증언하다' 혹은 '고백하다'는 의미로 사용된다. '그의 이름'이라는 말과 함께 사용된 것을 고려하면, '찬양하다' 혹은 '인정하다'는 의미가 좋을 것 같다.[2]

본문으로 들어가기

이 단락에서 저자는 히브리서 이전 장들에서 사용했던 제의와 관련된 용어와 개념들을 가져와서 논증을 펼친다. 분명 제사와 관련된 용어는 빈번하게 사용되고 있지만, 그것을 통해 주고자 하는 교훈은 매우 실제적이다. 이 단락에서 해석이 어려운 부분은 "그런즉 우리도 그의 치욕을 짊어지고 영문 밖으로 그에게 나아가자"(13:13)다. 학자들 사이에 다양한 해석이 있는데, 그 중 세 가지 입장에 대해 살펴볼 것이다. 13:15-16절에서는 제사에 대해 다시 언급한다. 히브리서에는 세 가지 유형의 제사가 등장한다. 옛 언약에서 드려진 동물제사,

새 언약의 그리스도의 제사, 그리고 성도들이 드려야 할 제사. 이 두 구절에서 말하는 제사에 대해 살펴보고자 한다. 단락 개관을 통해서도 알 수 있듯이 저자는 결코 이전에 다루었던 개념을 반복하고 있지 않는다. 이전에 설명했던 개념에 근거해서 더 발전된 논의를 전개하고 있다.

과거의 지도자들(13:7-8)

과거의 지도자들을 기억하라고 권면한다. 개역개정성경에서는 '생각하며'로 번역되었다. 과거의 지도자들을 설명할 때 하나님의 말씀을 전하여 주고 너희를 인도하던 자들이라고 한다. 이러한 묘사는 '들은 자들이 확증한 것'이라고 적었던 2:3절을 연상시킨다. 그들의 행실의 결말을 자세히 살펴보라고 한다. 여기서 '결말'로 번역된 단어는 '에크바시스(ἔκβασις)'다. 이 단어가 이 구절에서 가리키는 것이 무엇인지는 명확하지 않은데, 이 단어가 다른 곳에서 자주 사용되는 것처럼 그들의 삶의 마지막, 즉 죽음을 가리킬 수도 있다.[3] 이러한 이해는 히브리서 12:23절에서 언급된 온전하게 된 의인들과도 연결될 수 있다. 믿음의 경주를 끝까지 잘한 과거의 지도자들의 순교의 순간을 잘 기억하라는 말로도 이해할 수 있다.[4] 과거의 지도자들이 복음을 전하는 과정에서 보여준 신실함, 다른 말로는 그들의 믿음을 본받으라고 권면한다.[5] 이 말은 6:12절에서 아브라함을 본받으라고 한 것, 12:2절에서 그리스도를 바라보라고 한 것과도 연관이 있다. 13:8절의 예수 그리스도에 대한 선언은 앞뒤 구절과 잘 연결된다. 이전의 지도자들은 떠났지만, 그들의 믿음의 궁극적인 근원이 되시는 그리스도는 영원하다고 말하는 것으로 이해할 수 있다.[6] 또 많은 이상한 가르침들은 생겨나고 없어지기도 하는데, 그리스도는 동일하시다. 예수 그리스도를 함께 사용한 것은 10:10절과 13:21절인데, 히브리서에서 엄숙한 선언을 할 때 사용되었다.[7] 학자들은 이 그리스도에 관한 선언의 과거, 현재, 미래적인 측면과 관련해서 다양한 해석을 제기하기도 했지만, 강조점은 그리스도의 영원한 동일성에 있다고 보는 것이 좋다.[8]

영문 밖으로 그에게 나아가자(13:9-14)

13:9절의 '다른 교훈'에 마음이 끌리지 않게 하는 것은 13:7절에서 그들에게 하나님의 말씀을 전하여 준 과거의 지도자들을 기억하고, 주의하여 보고, 본받는 것을 통해 가능하다. 저자는 음식과 은혜를 대조하면서, 마음은 음식에 의해 굳게 되지 않고 은혜로 굳게 된다고 한다. 여기서 저자는 무엇이 효과 있는 중재인지에 대해 논한다.[9] '음식'에 대한 다양한 견해들이 있지만, 유대교의 제의적 식사와 관련이 있는 것 같다. 그러나 그와 같은 식사규정들은 더 이상 효력이 없다. 왜냐하면 은혜는 제사와 관련된 음식이나 제단에 의해서가 아니라 예수 그리스도의 은혜로운 구원사역으로 말미암기 때문이다.[10] 13:10절에서 저자는 독자들이 놀랄 만한 말을 한다: "우리에게 제단이 있다." '제단'은 성만찬상, 이상적이고 천상적인 것이라는 견해도 있으나, 골고다의 십자가로 이해하는 것이 좋다. 그들, 즉 이 땅의 성소에서 섬기는 제사장들은 우리가 가지고 있는 제단으로부터 먹을 권한이 없다. 그 이유를 13:11-12절이 설명한다. 짐승의 피는 제사장이 가지고 성소에 들어가고 짐승의 육체는 영문 밖에서 불태워진 것처

럼, 그리스도도 자기 피로 백성을 거룩하게 하고자 성문 밖에서 치욕을 당했다. 그러므로 그를 따르는 성도는 그의 치욕을 짊어지고 영문 밖 그에게로 나아가야 한다(13:13). '그에게로 나아가자'의 의미는 크게 3가지로 생각해 볼 수 있다. 첫째, 종교적인 경험을 통해 이 세상에 대해서는 초연하고 예수 그리스도 안에서 하나님의 은혜를 간직하는 것이다.[11] 둘째, 유대교로부터 떠나라는 것이다. 브루스는 '영문'은 유대교의 교제로 본다.[12] 셋째, 삶에서 이 세상의 가치관에 물들지 않고 선행과 자선의 삶을 사는 것이다.[13] 세 가지 견해 중에서 필자는 세 번째 입장을 지지하는데, 이러한 생각은 13장에 나타난 실제적인 삶에서의 거룩과 사랑의 실천과 잘 어울린다. '영문 밖'은 그리스도가 치욕을 당한 곳으로 우리도 그 치욕을 당해야 한다. 성도가 감당해야 하는 치욕은, 13장 초반의 권면을 따라 생각해 보면, 이 땅의 가치관과는 달리 형제 사랑, 손님 대접, 옥에 갇힌 자들을 돌아보고, 결혼을 귀히 여기고 돈을 사랑하지 않는 것이다.[14] 이것이 히브리서 청중들을 향해서 제시하는 제자도의 모습이다. 복음서에서 십자가를 지고 예수를 따르는 것에 해당하는 것이 그리스도인의 제단에 참여하는 것인데, 그것은 삶에서 그리스도의 치욕을 지는 것이다. 그렇게 해야 하는 이유가 무엇인가? 이 땅에는 영구한 도성이 없기 때문이다. 여기서 종말론적인 전망이 두드러지는데, 성도들은 장차 올 도성을 찾는 자들이다. 이 구절에서 이제까지 중요하게 다루었던 믿음의 사람들의 하늘 도성을 향한 순례 사상이 다시 언급된다(11:8, 15, 26-27). 나그네와 이방인으로 이 땅에서 살지만 다가오는 도성에 들어가게 된다. 그 도성에서는 나그네와 이방인이 아닌 시민(insider status)으로 산다.[15] 그리스도에게로 나아가는 것은 과거의 믿음의 사람들이 나그네임을 받아들였던 것처럼 그렇게 하는 것이다.

찬송의 제사(13:15-17)

13:15-16절은 성도가 드려야 하는 제사에 대해 다룬다.[16] 성도에게 필요한 제사는 찬송의 제사다. 이것은 바로 그의 이름을 찬양하는 입술의 열매다. 성도가 잊지 말아야 할 것이 무엇인가? 그것은 '선을 행하는 것'과 '나누어 주는 것'이다. 히브리서 설교자가 제사와 관련된 용어를 사용하지만, 성도들이 드릴 제사는 동물의 피의 제사가 아니다. 동물제사는 그리스도의 제사에 의해 폐지되었다. 성도에게 필요한 제사는 예배와 삶에서의 선행이다.[17] 히브리서에서는 세 개의 제사가 나온다. 동물제사, 동물제사를 끝내는 그리스도의 제사, 그리고 삶에서의 감사와 선행의 제사. 13:17절에서는 현재의 지도자들에게 순종하라고 권면한다. 그 이유가 무엇일까? 그들은 우리의 영혼을 돌보는 자들인데, 다가오는 미래의 심판에서 우리를 위하여 하나님께 말씀을 드려야 되는 자처럼 역할을 감당하고 있기 때문이다. 그들로 하여금 근심이 아니라 즐거움으로 그 일을 감당하게 하는 것이 성도들에게 유익이라고 밝힌다.

묵상을 위한 도움

우리는 삶에서 감사할 일이 주어지기를 학수고대한다. 우리가 하는 모든 일에 크고 풍성한 열매가 있기를 바란다. 작은 나무와 작은 열매에는 성이 차지 않을 때가 많다. 그러나 그런 바람대로 모든 것을 누리며 사는 사람은 드물 것이다. 우리가 원하는 것들이 쉽사리 주어지지 않을 때가 많다. 그때 자연스럽게 감사는 나와는 거리가 먼 단어라고 생각한다. 자신의 인생의 사전에 감사라는 단어는 없다고 확신한다. 그러나 감사는 크고 풍성한 것과만 관계된 말이 아니다. 오히려 작고 소박한 것 속에 몸을 숨기고 있는 감추어진 보배와 같다. 여러분의 인생에 하나님께서 감추어 두신 감사거리를 찾아보시면 좋겠다. 행복? 그것은 감사거리를 찾아 감사하는 자에게 주시는 하나님의 선물이다. 그러기에 범사에 감사할 수 있는 능력을 갖춘 사람은 어떤 스펙을 가진 자보다 행복에 더 가까이 다가서 있는 사람이다. 우리에게 가장 큰 감사는 어제나 오늘이나 영원토록 동일하신 예수 그리스도다.

핵심 메시지

1. 마음은 은혜로 굳게 된다.
2. 영문 밖 예수님께 나아가자.
3. 찬송의 제사, 선행의 제사

35

축복과 인사

히브리서 13:18-25

¹⁸우리를 위하여 기도하라 우리가 모든 일에 선하게 행하려 하므로 우리에게 선한 양심이 있는 줄을 확신하노니 ¹⁹내가 더 속히 너희에게 돌아가기 위하여 너희가 기도하기를 더욱 원하노라 ²⁰양들의 큰 목자이신 우리 주 예수를 영원한 언약의 피로 죽은 자 가운데서 이끌어 내신 평강의 하나님이 ²¹모든 선한 일에 너희를 온전하게 하사 자기 뜻을 행하게 하시고 그 앞에 즐거운 것을 예수 그리스도로 말미암아 우리 가운데서 이루시기를 원하노라 영광이 그에게 세세무궁토록 있을지어다 아멘 ²²형제들아 내가 너희를 권하노니 권면의 말을 용납하라 내가 간단히 너희에게 썼느니라 ²³우리 형제 디모데가 놓인 것을 너희가 알라 그가 속히 오면 내가 그와 함께 가서 너희를 보리라 ²⁴너희를 인도하는 자들과 및 모든 성도들에게 문안하라 이달리야에서 온 자들도 너희에게 문안하느니라 ²⁵은혜가 너희 모든 사람에게 있을지어다

우리말 개역개정성경과 헬라어 본문 비교

* 13:19절에서 '더욱'에 해당하는 헬라어 단어는 '페리쏘테로스(περισσοτέρως)'다. 이것은 비교급의 형태지만 여기서는 '특별히'라는 의미로 번역하면 좋을 것 같다.¹

* 13:19절에서 "기도하기를"에 해당하는 헬라어는 "투토 포이에사이(τοῦτο ποιῆσαι)"다. 직역하면, '이것을 행하다'라는 뜻이다. 개역개정성경에서 '기도하기를'로 번역한 것은 13:18절에서 '기도하라'는 말이 있어서 그렇게 한 것 같다. 내용을 고려하여 잘 한 번역이다.

* 13:22절에서 '용납하라'에 해당하는 헬라어 단어는 '아네케스데(ἀνέχεσθε)'다. 이 단어의 뜻은 '인내하다' '참다'도 있으나 '주의 깊게 듣다' '옳은 것으로 받다'는 뜻도 있다. 이 구절에서는 '용납하다'보다 '주의 깊게 듣다'가 적절해 보인다. "형제들아 내가 너희를 권하노니 권면의 말을 주의 깊게 들어라 내가 너희에게 간단히 썼느니라"가 좋겠다.[2]

본문으로 들어가기

히브리서의 결론 부분인 13:18-25절은 히브리서의 저자와 장르에 대한 정보를 제공한다. 먼저 히브리서의 저자가 어떤 사람이었을까 하는 우리의 궁금증을 해소하는데 약간의 도움을 준다. 그는 성도들에게 기도를 부탁하며 그들에게로 돌아가길 바라고 있다. 이것으로 미루어 보아 설교자는 공동체와 긴밀한 관계가 있는 사람이라는 것을 알 수 있다. 둘째, 저자는 '권면의 말'이라고 자신의 글을 지칭한다. 이것은 당시 설교를 의미하는 표현이었다. 셋째, 히브리서의 결말 부분은 후대의 첨가라고 생각하는 학자들도 있는데, 그렇게 생각할 이유가 없다. 성도들을 향한 축복의 내용은 평강, 언약, 하나님의 뜻인데, 이 세 가지는 히브리서의 중요한 주제들이다.[3] 히브리서 저자는 멀리 떨어져 있는 공동체를 향해 편지하며 마지막까지 세심한 주의를 기울이고 있다.

우리를 위해 기도하라(13:18-19)

현재의 지도자들은 교회의 구성원들에게 어떤 권위나 책임을 지니고 있는 사람들일 것이다. 자기를 위해 기도할 것을 당부하는데, 선한 양심을 가지고 모든 일에 선하게 행할 수 있게 해달라고 기도한다. 또한 공동체 구성원에게로 속히 돌아갈 수 있도록 기도를 부탁한다. 목회자와 성도의 관계는 기도의 끈으로 이어진다. 목회자에게 좋은 음식을 대접하거나 선물을 주는 것보다 더 큰 선물은 목회자를 위해 기도하는 것이다. 오늘날은 한국 교회에 목회자를 위한 성도들의 기도가 줄어들고 있다. 목회자는 성도를 위해 기도하고, 성도는 목회자를 위해 기도할 때 그 교회는 든든하게 세워질 것이다.

평강의 하나님(13:20-21)

성도들에게 기도를 부탁한 설교자는 성도들을 향해 축복한다. 복을 주시는 주체는 누구인가? '평강의 하나님'이다. 하나님에 대한 묘사는 이제까지 화평과 공동체의 조화를 강조했던 이전의 권면들과 잘 어울린다(12:14; 13:1, 2, 7, 17).[4] 하나님께서 그리스도를 통해 구원을 이루셨다. 이것은 "주 예수를 영원한 언약의 피로 죽은 자들 가운데서 이끌어내신"이라는 말에서 드러난다. 저자는 그리스도의 부활을 설명할 때 일반적으로 사용하는 '일으키다'는 말 대신, '이끌다'는 단어를 사용하고 있다. 이것은 2:10절에서 성도를 영광으로 인도하는 것을 연상시킨다.[5] 예수님을 '양들의 큰 목자'인데, 앞에서 예수님께 사용했던 '큰 대제사장'이라는 말이 떠오른다(4:14).[6] '영원한 언약의 피'는 8-10장에서 그리스도의 제사를 설명할 때 매우 중요한 주제였다. 예수 그리스도는 자신의 피를 가지고 하늘 성소에 들어가심으로 사람들의 죄를 깨끗이 하는 사역을 완전히 이루시고 하나님 보좌 우편에 앉으셨다. 그런데 이 사역은 하나님 아버지의 영원한 계획 안에서 이루어진 것이다. 그리스도를 부활로 인도하신 하나님께서 성도들을 온전하게 하고 세우시는 일에 동일하게 주체가 되신다. 성도를 선한 일에 온전하게 하사 그의 뜻을 행하게 하시고(10:7, 9, 10),[7] 하나님이 보시기에 '즐거운 것'을 성도들 가운데 이루시길 기원한다. 하나님이 즐거워하시는 것은 하나님을 믿는 믿음의 삶이요(11:5), 선행의 제사(13:15-16)다.

안부 인사(13:24-25)

13:24절에는 이중적인 안부인사가 나온다. 먼저는 저자가 교회의 지도자들과 모든 성도들에게 인사한다. '성도'라는 표현은 바울서신에 자주 등장하는데, 히브리서에서 청중을 성도라 부르는 것은 적절하다. 왜냐하면 예수 그리스도의 단번에 드린 제사로 하나님께서 그의 백성들을 거룩하게 하셨기 때문이다(2:11; 9:11-14; 10:10, 14, 29; 13:12).[8] 다음은 그와 함께 있는 사람들의 인사를 청중들에게 전한다.[9] 그와 함께 있는 자들을 '이달리야에서 온 자들'(호이 아포 테스 이탈리

아스 οἱ ἀπὸ τῆς Ἰταλίας)이란 말로 표현한다. 여기서 '아포(ἀπὸ)'는 '~으로부터'의 의미로 사용되는 경우가 많다. 그래서 이것에 근거해서 히브리서의 청중들은 로마 혹은 이탈리아의 어느 도시에 있는 사람들이라고 주장하기도 한다.[10] 그러나 더 이상의 정보가 없기에 정확하게 말하기는 어렵다. 마지막 절에서 히브리서 설교자는 "은혜가 너희 모든 사람에게 있을지어다(헤 카리스 메타 판톤 휘몬. 아멘. Ἡ χάρις μετὰ πάντων ὑμῶν. Ἀμήν.)"라는 기원으로 히브리서를 마무리 한다. 동일한 문구는 디도서 3:15절에 사용된 것으로 보아 당시에 편지쓰기를 마치면서 보편적으로 사용했던 형식인 것 같다. 하지만 히브리서의 마지막 문장으로 적절하다. 왜냐하면 은혜는 하늘 대제사장이신 그리스도를 통해 성도들이 누리게 된 하나님의 놀라운 구원을 드러내는 가장 적합한 단어이기 때문이다(2:17-18; 4:14-16; 10:19-25; 13:15-16).[11]

묵상을 위한 도움

예레미야 17장에는 두 나무가 나온다. 하나는 사막의 떨기나무다. 나뭇가지는 앙상하고 잎도 열매도 없다. 좋은 일이 일어나지 않는다. 왜 그럴까? 사막의 건조한 땅에 심겼기 때문이다. 사막의 떨기나무와 같은 사람은 하나님을 떠나 사람을 믿으며 사람의 힘을 의지하며 산다. 다른 나무의 모습은 완전히 다르다. 그것은 물가에 심긴 나무다. 모습이 어떨까? 뿌리를 물가에 뻗치고 있어 잎이 청청하고 결실이 많다. 가뭄이 와도 두렵지 않다. 바로 곁에 생명을 주는 물이 있다. 이 나무는 하나님을 의지하고 하나님을 자기 힘으로 삼고 사는 자다. 여러분은 어떤가? 하나님의 은혜와 평강이 여러분과 함께 하길 기도한다.

핵심 메시지
1. 목회자와 성도 사이의 기도
2. 평강의 하나님
3. 하나님의 은혜가 풍성하길

글을 마치며

감사 또 감사

이 책을 쓰고 나니 숙제를 끝낸 기분이다. 뒤돌아보니 이 책이 세상에 빛을 보기까지 많은 분들의 도움이 있었다. 이 책의 내용은 나의 독창적인 생각만으로 된 것은 아니다. 나보다 미리 히브리서를 연구한 많은 학자들에게 빚을 졌다. 여러 학자들이 있지만, 특별히 해롤드 에트리지 교수와 윌리엄 레인 교수의 연구에 많은 빚을 졌다. 히브리서 관련 좋은 주석을 추천해 달라고 할 때 나는 주저하지 않고 두 분의 주석을 추천한다. 에트리지 교수의 경우는 내가 2002년 독일 베를린에서 열렸던 세계성서학회(SBL International)에서 히브리서 관련 논문을 발표했을 때 좋은 코멘트를 해 주었고, 세션이 끝난 후에도 대화를 통해 많은 배움을 얻을 수 있었다. 박사과정 지도교수님은 내가 세계 여러 곳에 있는 학자들과 이메일로 긴밀한 교류를 하기를 권했다. 그래서 박사과정에 있는 동안 여러 학자들과 이메일로 의견교환을 하고 때론 논문의 한 두 챕터에 대한 코멘트를 받기도 했다. 일일이 다 열거할 수는 없지만 많은 학자들이 신속하고 성의 있게 답을 주었다. 그런데 내가 답장을 받지 못한 유일한 사람이 WBC 주석을 쓴 윌리엄 레인이다. 이 책에서 에트리지 교수와 더불어 가장 많이 언급된 분이다. 일반적으로는 이메일을 보내면 하루 이틀 안에 답장이 왔는데, 레인 교수의 경우는 한 달이 지나도 답이 없었다. 의아하게 생각하던 차에 이메일을 받았다. 레인 교수가 쓴 것이 아니라 그의 비서가 쓴 답장이었다. 안타깝게도 내가 이메일을 보내기 일 주일 전에 세상을 떠났다는 소식이었다. 그러나 학위논문을 쓰는 동안 그의 주석과 논문들은 나에게 많은 도움이 되었다.

또한 히브리서를 공부하는데 많은 분들의 도움이 있었다. New Testament Abstract의 편집장을 지낸 대니얼 해링턴(Daniel Harrington) 교수의 히브리서 수업을 들으며 많은 것을 배웠다. 그리고 엘렌 에이트킨(Ellen Aitken) 교수의 히브리서 수업도 많은 유익이 되었다. 에이트킨 교수는 2002년에 내가 세계성서학회에서 히브리서 관련 논문을 읽으려고 신청했을 때 마감일이 지났음에도 자기 일처럼 나서서 내가 논문을 읽을 수 있도록 도움을 주었다. 에이트킨 교수의 친절과 배려에 항상 고마운 마음이 있다. 나의 하버드의 지도교수였던 프랑슈아 보봉(F. Bovon)도 내 논문에 많은 관심을 가졌다. 옥스퍼드 대학교 박사과정에 지원하기 위해 추천서를 부탁하려고 보봉 교수님의 연구실을 방문했던 때가 기억이 난다. 추천서를 잘 써주겠노라는 답을 듣고 돌아서 나오는 나에게 "내가 더 도와줬으면 하는 부분이 있으면 마음껏 부탁해"라고 말했다. 그래서 나는 옥스퍼드의 지도교수가 될 분에게 개인적으로 추천하는 편지도 써줄 수 있는지 물었다. 그랬더니 흔쾌히 그러겠다고 약속했다. 내가 옥스퍼드 박사과정에 입학했을 때 내 지도교수는 30년 동안 옥스퍼드에서 가르치고 있었던 분인데 사적으로 추천하는 편지를 받은 경우는 내가 처음이라고 했다. 보봉 교수님은 장로교 목사로 칼빈을 좋아했고 학문적으로 뿐만 아니라 기독교 진리를 삶에서 실천하는데도 많은 귀감이 되었던 분이다. 내가 영국에서 박사과정을 할 때도 정기적으로 이메일을 통해 나를 격려해 주었다. 몇 년 전 보봉 교수님이 한국을 방문하셨을 때 나와 함께 비무장지대와 서울 시내를 둘러보며 대화할 수 있어서 좋았다. 좋은 선생님들의 가르침과 관심은 내가 히브리서 논문을 쓰는데 많은 밑거름이 되었다. 아쉽게도 해링턴, 에이트킨, 보봉 교수님은 이 땅에 계시지 않지만 그분들의 가르침은 계속 영향력을 발휘할 것이다. 영원한 하늘나라에서 다시 만날 날을 고대한다.

나의 히브리서 공부에 세 분을 빼놓고는 이야기 할 수 없다. 처음 2년 반 동안 나의 지도 교수였던 로버트 몰간(Robert Morgan) 교수님에게 감사를 드린다. 그의 자상하고 사려 깊은 지도는 나의 논문의 기초를 놓는데 많은 도움이 되었다. 다음은 크리스토퍼 롤런드(Christopher Rowland) 교수님이다. 연구실을 방문할 때마다 직접 차를 타주며 좋고 편안한 의자는 나에게 내주고 190cm가 넘는 분이 작은 의자에 앉아서 진지하게 내 말에 귀를 기울여 주었고 귀한 코멘트를 준 것에 대해 감사를 드린다. 마지막으로 내 논문에 가장 큰 역할을 감당한 분은 스티픈 피나모어(Stephen Finamore) 교수님이다. 변호사로 활동하다가 신약을 공부하여 교수가 된 분이다. 페루에서 선교사로 10년을 섬겼고 영국에서 목회도 10년 정도 한 경력이 있다. 현재는 브리스톨 뱁티스트 칼리지의 학장으로 섬기고 있다. 나에게는 친구요 형님 같은 분으로 내 논문을 꼼꼼하게 읽고 코멘트 해 주었다. '스티브가 없었다면 논문을 쓸 수 있었을까?' 하는 생각도 해 본다.

영국에서 공부할 때 옥스퍼드와 케임브리지 대학교에서 신학을 공부하던 학생들과 목회자들이 6주에 한 번씩 모여 논문을 읽고 평가하는 모임을 정기적으로 가졌다. 몇 년 동안 모임을 지속하다 보니 마치 같은 학교에서 공부하는 사람들처럼 친밀해졌다. 마음을 터놓고 학문적인 토론을 했고 함께 교제했던 시간이 눈에 선하다. 지금은 대부분 귀국하여 각자 자기 영역에서 역할을 잘 감당하고 있다. 그때 함께 했던 동료들에게 감사의 마음을 전한다. 서로를 지켜보며 열심히 맡은 일을 충실히 감당하면 좋겠다. 나는 영국에서 돌아와서 웨스트민스터신학대학원대학교에서 교수생활을 했다. 당시 신약분과에는 나를 포함하여 네 명의 교수가 있었다. 복음서 전공자 신현우 교수, 바울서신 전공자 권연경 교수, 요한계시록 전공자 이필찬 교수, 그리고 히브리서 전공자인 나였다. 지금도 잊을 수 없는 것은 신약세미나 때 페이퍼를 읽으면 난상토론이 벌어졌다. 봐주거나 살살 하지 않고 열띤 학문적인 토론을 했던 기억이 있다. 그러나 세미나가 끝나면 언제 그랬냐는 듯이 함께 가서 식사하며 웃고 떠들었던 참 좋은 기억이 있다. 그와 같은 광경을 보며 학생들이 처음에는 이해하기 힘들어 했다. 학문적인 소통과 인격적인 사귐이 있었던 그 귀한 만남에 항상 감사하는 마음이 있다. 또한 내가 목회현장에서 사역을 하는 동안에 좋은 동역자들이 옆에 있어 감사하다. 함께 신학대학원에서 공부했던 동기 목사들과의 정기적인 모임은 큰 힘이 된다. 다른 사람에게 말하기 어려운 마음속에 담아 둔 이야기까지도 나누며 위로와 격려를 얻는다. 그러면서도 항상 목회에 도움이 되는 주제를 벗어나지 않으려고 애쓰는 목회지향적인 모임이다. 평생 동역자를 주신 하나님께 감사드린다.

미국과 영국에서 공부하는 동안 많은 분들의 도움이 있었다. 현재 베델한인교회 담임목사이신 김한요 목사님과 사모님이 베풀어준 사랑을 잊을 수 없다. 당시는 하트포드제일장로교회 담임목사로 섬기고 계셨는데 막대한 재정이 필요한 교회 여러 일들이 있었음에도 영국에서 내가 공부하는 4년 동안 재정적으로 또한 기도로 많은 도움을 주셨다. 그 당시 하트포드제일장로교회 장로님들과 성도님들께도 감사를 드린다. 영국의 여러 재단들이 나에게 후하게 재정적으로 지원해 준 것도 잊을 수 없다. 외국인인 나에게 그리스도 안에서 풍성한 사랑을 베풀어 준 것에 대해 감사드린다. 또한 반드시 언급해야 하는 분들이 있는데 그분은 웨스트민스터신학대학원대학교 이사장이셨던 김차생 장로님이다. 그분이 나에게 보여준 사랑은 평생 고마움으로 갚아야 할 만큼 큰 것이었다. 분당중앙교회와 최종천 목사님께도 감사드린다. 해외장학생 1기로 선정해 주셔서 기도와 재정적인 후원을 주신 것에 대해 감사드린다. 해외두레장학생으로 선발해 준 두레장학재단과 김진홍 목사님께도 감사드린다. 그 외에도 많은 분들의 사랑 덕분에 내가 학위를 마칠 수 있었다. 마지막으로 꼭 언급해야 할 분들은 내가 담임목사로 섬기고 있는 개포동교회 장로님들과 교역자들과 성도님들이다. 학위를 마무리할 수 있도록 영국을 두 번이나 방문할 수 있게 해주었고 재정적인 지원도 아끼지 않은 것에 감사를 드린다. 내가 논문 방어식(viva)을 할 때도 많은 분들이 기도해 주신 덕분에 잘 마칠 수 있었다.

마지막으로 언제나 든든한 기도의 후원자가 되어주신 나의 부모님과 장인 장모님께 감사를 드린다. 내 부친은 10년 전에 세상을 떠나셨지만 내가 항상 닮고 싶은 성숙한 그리스도인의 모습을 보여 주셨다. 나를 위해 항상 기도해 주시는 어머니께 감사드린다. 새벽마다 엎드려 기도하시는 어머니의 모습은 나의 영적인 삶에 큰 유산이 되었다. 학위 과정을 하는 동안 그리고 한국에서의 삶에 항상 아빠의 비타민이 되어준 두 딸 유진과 유선에게 고마운 마음을 전한다. 그리고 가장 큰 고마움은 외국에서 학생의 아내로 살며 경제적인 어려움과 때론 고독과 싸워야 했던 기간을 묵묵하게 잘 감당해준 아내 전현정에게 돌아가야 할 것 같다.

에필로그에 장황한 인사가 많다는 생각을 하는 독자들도 있을 것이다. 이제까지 내가 논문이나 글은 많이 썼지만 책 출판은 처음이다. 그러다 보니 한 번은 고마운 마음을 표해야 할 것 같아 적게 되었다. 독자들의 너그러운 이해를 바라며 독자들도 지금까지 자신의 삶에 고마운 분들을 떠올려보면 좋겠다. 에필로그를 써내려 가는 내내 가장 큰 감사의 마음이 드는 한 분이 있었다. 그분은 바로 나를 지으시고 지금까지 붙드신 하나님 아버지다. 부지깽이 같은 나를 말씀 전하는 자로 불러주시고 그 감격 가운데 살게 하시니 감사하다. 지난 시간을 돌아보면 은혜가 아닌 것이 없다. 바울의 고백처럼 "나의 나 된 것은 다 하나님의 은혜"다. 은혜 입은 자로 평생 감사하는 삶을 살기 원한다. Soli Deo Gloria!!

 미주

1 히브리서의 저자, 기록연대, 독자와 장르

1 J. Scott Duvall & J. Daniel Hays, 『성경해석』, 류호영 옮김 (서울: 성서유니온선교회, 2009), 21-32.

2 이 주제와 관련해서 조금 더 자세히 살피고자 하면 이풍인, "히브리서의 설교자, 청중, 연대와 장르," 「개혁신학」 18 (2005), 27-52를 보라.

3 이 책에서는 '저자'와 '설교자'란 두 단어를 혼용해서 사용하고자 한다. 그 이유는 필자는 히브리서가 설교라고 생각한다. 그래서 설교자라고 표현하는 것이 더 적절해 보이나, 저자라는 전통적인 표현도 괜찮아 보인다. 같은 이유로 '독자'와 '청중'을 혼용할 것이다.

4 참고로 P[45]는 Chester Beatty Papyrus의 일부로 복음서와 사도행전 모든 장은 아니지만 상당한 부분을 담고 있다.

5 Harold Attridge, *Hebrews* (Philadelphia: Fortress, 1989), 1.

6 유세비우스의 『교회사』 6.14.2를 보라. Attridge, *Hebrews*, 1에서 재인용.

7 유세비우스, 『교회사』 6.25.14.

8 Attridge, *Hebrews*, 1.

9 Attridge, *Hebrews*, 2; 이 외에도 다른 차이점들이 있다. 더 자세하게 살펴보려면 Paul Ellingworth, *The Epistle to the Hebrews* (Grand Rapids: Eerdmans, 1993), 7-12를 참고하라.

10 바울의 계시와 관련해서는 S. Kim, *The Origin of Paul's Gospel* (Grand Rapids: Eerdmans, 1982)를 참고하라.

11 *De Pudicitia* 20; Ellingworth, *Hebrews*, 14 각주 36에서 재인용.

12 Attridge, *Hebrews*, 4.

13 Ellingworth, *Hebrews*, 20.

14 이 주제에 대해 더 살피고자 하면 Ellingworth, *Hebrews*, 21-27을 보라.

15 E. M. Roeth, *Epistolam vulgo "ad Hebraeos" inscriptam non ad Hebreos, id est christianos genere judaeos sed ad Christianos genere*

gentiles et quidem ad Ephesios datam esse demonstrare conatur (Frankfurt: Schmerberi, 1836). Attridge, *Hebrews*, 11페이지 각주 93에서 재인용.

16 M. Silva, "Old Testament in Paul," in *Dictionary of Paul and His Letters*, edited by Gerald F. Hawthorne, Ralph P. Martin, and Daniel Reid (Downers Grove, IL: IVP, 1993), 631.

17 엘링워스(Ellingworth)는 히브리서의 청중들이 처한 위기를 세 가지로 설명한다. 영적인 나태함에 빠진 수동적 위기, 믿음을 포기하고 배교의 상황에까지 이르게 된 적극적인 위기, 그리고 핍박과 같은 외적인 위기다. 그의 책, *Hebrews*, 78-79를 보라.

18 Barnabas Lindars, *The Theology of the Letter to the Hebrews* (Cambridge: Cambridge University Press, 1991), 4-14.

19 Hans Kosmala, *Hebräer, Essener, Christen: Studien zur Vorgeschichte der frühchristlichen Verkündigung* (Leiden: Brill, 1959), x.

20 Marie Isaacs, *Sacred Space: An Approach to the Theology of the Epistle to the Hebrews* (Sheffield: Sheffield University Press, 1992), 77-78.

21 이 입장을 견지하는 영어권 학자로는 대표적으로 E. F. Scott이나 James Moffatt을 들 수 있다. 다수의 독일 학자들이 있는데 히브리서 연구에 관심이 많았던 Zimmermann도 그의 책에서 이 입장을 피력한다. Heinrich Zimmermann, *Das Bekenntnis der Hoffnung: Tradition und Redaktion im Hebräerbrief* (Köln: Peter Hanstein Verlag, 1977), 13-14를 보라.

22 늦어도 100년 정도로 추정하는 이유는 『클레멘트 1서』 36장이 히브리서 1장의 내용을 3번 인용하고 있는 것으로 보고, 히브리서가 『클레멘트 1서』 보다는 먼저 기록되었다고 보는데 있다. 이 부분에 대해서는 히브리서 1장 주해에서 다시 다룰 것이다.

23 H. W. Montefiore, *A Commentary on the Epistle to the Hebrews* (London: Adam & Charles Black, 1964), 12를 보라. 몽테피오레는 주후

52년에서 54년 사이에 아볼로가 에베소에서 고린도 교회를 향해 썼다고 주장한다.

24 B. F. Westcott, *The Epistle to the Hebrews* (Grand Rapids: Eerdmans, reprinted in 1970), xlii, 216. 웨스트콧은 히브리서 저작시기를 주후 64년과 유대전쟁이 시작되기 전인 주후 67년 사이로 본다. P. E. Hughes, *A Commentary on the Epistle to the Hebrews* (Grand Rapids: Eerdmans, 1977), 30; F. F. Bruce, *The Epistle to the Hebrews* (Grand Rapids: Eerdmans, revised in 1990), 22; J. A. T. Robinson, *Redating the New Testament* (Philadelphia: Westminster, 1976), 202도 참고하라. 이 주제와 관련해서 다양한 입장을 살피려면 Stanley E. Porter, "The Date of the Composition of Hebrews and Use of the Present Tense Form," in *Crossing the Boundaries: Essays in Biblical Interpretation in Honour of Michael Goulder*, edited by Stanley E. Porter, Paul Joyce and David E. Orton (Leiden; New York; Köln: E. J. Brill, 1994), 296-98을 보라.

25 『유대고대사』 4.6.1-8; 4.7.1-7; 4.9.1-7.

26 여러 구절들이 있지만 일례로 『클레멘트 1서』, 41.2를 보자. "형제들아, 모든 곳에서 매일의 제사나 화목제가 드려지는 것이 아니라, 예루살렘에서만 드려진다. 그리고 제물들은 예루살렘 어디서나 드려지는 것이 아니라 성전의 제단에서만 드려진다. 이미 언급했던 것처럼 대제사장과 섬기는 자들이 먼저 세밀하게 살핀 후에 검사하고 제물이 드려진다."(*Ante-Nicene Fathers*, vol.1, 16). 이 논증에 대해서는 Attridge, *Hebrews*, 8을 참고하라.

27 Stanley E. Porter, "The Date of the Composition of Hebrews and Use of the Present Tense Form," 304-12.

28 Stanley Porter, "The Date of the Composition," 312-13.

29 J. Berger, "Der Brief an die Hebräer, eine Homilie," *Göttingen theologisher Bibliotek* 3 (1797), 449-59.

30 David A. deSilva, *Perseverance in Gratitude: A Socio-Rhetorical Commentary in the Epistle "to the Hebrews"* (Grand Rapids: Eerdmans, 2000), 46-7.

31 키케로의 작품으로 알려진 *Rhetorica ad Herennium*의 1.2를 보라.

32 더 자세하게 알기 원하면 하버드 대학 출판부에서 발행한 Loeb 시리즈의 *Rhetorica ad Herennium*의 5를 참고하라.

33 Attridge, *Hebrews*, 14; Attridge, "Paraenesis in a Homily (Logos Parakleseos): The Possible Location of, and Socialization in the Epistle to the Hebrews," *Semeia* 50 (1990), 214; Aune, *The New Testament in its Literary Environment*, 212를 보라.

34 Barnabas Lindars, "The Rhetorical Structure of Hebrews," *New Testament Studies* 35 (1989), 386; Pamela Eisenbaum, *The Jewish Heroes of Christian History: Hebrews 11 in Literary Context* (Atlanta: Scholars, 1997), 135 각주 4.

35 드실바는 그의 책에서 히브리서에 있는 deliberative한 요소와 epideictic 한 요소들을 꽤 길게 살핀다. David deSilva, *Perseverance in Gratitude*, 48-58를 참고하라.

36 이런 입장을 견지하는 학자로는 그래써(Grässer), 브루스(Bruce), 애트리지(Attridge), 코커릴(Cockerill), 해그너(Hagner), 레인(Lane), 롱(Long), 피츠너(Pfitzner), 코스비(Cosby), 트로터(Trotter)와 반호예(Vanhoye) 등을 들 수 있다.

37 하르트빅 티엔(Hartwig Thyen)과, 제임스 스웨트남(James Swetnam), 로렌스 윌즈(Lawrence Wills), 그리고 클리프턴 블랙 2세(C. Clifton Black II)와 같은 학자들이 여기에 해당된다. Hartwig Thyen, *Der Stil der jüdische-hellenischen Homilie* (Göttingen: Vandenhoeck & Ruprecht, 1955); James Swetnam, "On the Literary Genre of the

'Epistle' to the Hebrews," *Novum Testamentum* 11 (1969), 261-69; Lawrence Wills, "The Form of the Sermon in Hellenistic Judaism and Early Christianity," *Harvard Theological Review* 77 (1984), 277-99; C. C. Black II, "The Rhetorical Form of the Hellenistic Jewish and Early Christian Sermon: A Response to Lawrence Wills," *Harvard Theological Review* 81 (1988), 1-18을 참고하라.

38 Wills, "The Form of the Sermon," 279. 윌즈는 이와 같은 패턴이 히브리서, 클레멘트 1서, 사도행전의 다른 설교들(2:14-40, 3:12-26, 17:24-27, 19:35-40, 20:17-35, 21:20-25), 바울의 설교들(롬 14:10-13, 고전 10:1-14, 15:51-58, 고후 6:14-7:1, 갈 4:23-5:1, 살전 4:13-18, 5:1-6), 베드로전후서, 이그나티우스의 편지, 바나바서신과 같은 기독교적인 글들과, 수잔나의 옛 칠십인경 역본(the old LXX version of Susanna), 예레미야 서신(the Epistle of Jeremiah), 열두 족장들의 유언들(the Testaments of the twelve Patriarchs)과 같은 유대교적인 글들 속에서 그 유형들을 발견해 내었다(283-98 페이지 참고).

39 Wills, "The Form of the Sermon," 280-83.

2 말씀하시는 하나님(1:1-4)

1   윌리암 L. 레인, 『히브리서 1-8』, 채천석 역 (서울: 솔로몬, 2006), 238.

2   Attridge, *Hebrews*, 35.

3   케네스 솅크(Kenneth Schenck)는 비교적인 성격이 강하다고 본다. 그 이유는 옛 계시의 질서 그 자체에 저자는 나쁘다고 생각하지 않는다는 것이다. 2:2절에 보면 천사들을 통해 전해진 율법도 유효했다고 적고 있다. 물론 그리스도를 통한 새 계시가 주어짐으로 옛 질서는 사라지게 되었다. Kenneth Schenck, "Keeping His Appointment: Creation and Enthronement in Hebrews," *Journal for the Studies of the New Testament* 66 (1997), 116. Smillie 또한 대조보다 비교가 강하다고 본다. Gene R. Smillie,

"Contrast or Continuity in Hebrews 1.1-2?" *New Testament Studies* 51 (2005), 543-60.

4   James Miller, "Paul and Hebrews: A Comparison of Narrative World," in *Hebrews: Contemporary Methods New Insights*, edited by Gabriella Gelardini (Leiden: Brill, 2005), 245.

5   피츠너, 『히브리서』, 이기문 역 (서울: 컨콜디아사, 1990), 34; Attridge, *Hebrews*, 39.

6   J. Daryl Charles, "The Angels, Sonship and Birthright in the Letter to the Hebrews," *Journal of the Evangelical Theological Society* 33/2 (1990), 175.

7   하나님의 우주적인 통치와 관련해서 '만물'이라는 표현을 자주 사용한다(마 11:27; 눅 10:22; 요 3:35; 13:3; 16:15; 행 10:36; 고전 15:27-8; 엡 1:22; 빌 3:21; 히 1:2; 2:8). Richard Bauckham, "The Throne of God and the Worship of Jesus," in *Jewish Roots of Christological Monotheism*, edited by Carey C. Newman, James Davila and Glady S. Lewis (Leiden: Brill, 1999), 64 각주 40.

8   Attridge, "God in Hebrews," in *The Epistle to the Hebrews and Christian Theology*, edited by Richard Bauckham, Daniel R. Driver, Trevor A. Hart, and Nathan MacDonald (Grand Rapids: Eerdmans, 2009), 103-108을 보라.

9   Attridge, *Hebrews*, 41.

10 눈여겨 볼만한 용례는 히브리어로 기록된 구약성경을 헬라어로 번역한 70인경(LXX로도 표기함)에 등장한다. 70인경의 한 책인 『지혜서』 7:26절에서 지혜에 대해 묘사할 때 이 단어를 사용했다. 지혜는 "영원한 빛으로부터 오는 광채(아파우가스마)"라고 한다. 많은 학자들은 1:3절의 배경으로 선재하는 지혜 사상을 든다. 윌리암 L. 레인, 『히브리서 1-8』, 242를 보라.

11 Attridge, *Hebrews*, 42.

12 Gareth Lee Cockerill, *The Epistle to the Hebrews*, The New International Commentary on the New Testament (Grand Rapids: Eerdmans, 2012), 94.

13 Attridge, *Hebrews*, 36.

14 케네스 쉥크(Kenneth Schenck)는 히브리서 1-2장에 등장하는 '그리스도의 하나님의 아들이심'의 주제에 대해 다루는 논문을 썼다. 그는 그 논문에서 히브리서 저자는 그리스도의 선재성에 대해서 전적으로 지혜서 전통에 의존한다고 본다. 쉥크가 내리는 결론은 그리스도는 영원 전부터 실제로나 인격적으로 선재하신 것이 아니라, 기능적으로 선재하셨다고 주장한다(Schenck, "Keeping His Appointment: Creation and Enthronement in Hebrews," 115를 보라). 그러나 이러한 주장은 적절하지 못하다. 그리스도는 인격적으로 실제적으로 영원 전부터 선재하셨다. 이러한 잘못에 대해 Cockerill은 그의 주석에서 잘 반박하고 있다(*Hebrews*, 99 각주 64를 보라).

3 천사보다 뛰어나신 그리스도(1:5-14)

1 피츠너, 『히브리서』, 39.

2 Attridge, *Hebrews*, 50-52.

3 레인, 『히브리서 1-8』, 261; 피츠너, 『히브리서』, 41을 보라.

4 F. F. Bruce, *Hebrews*, p. 57; 아담과 하와의 생애를 번역을 했던 엠 디 존슨(M. D. Johnson)도 각주에서 히브리서 1:6절과의 연관성에 대해 언급하고 있다. M. D. Johnson, "Life of Adam and Eve," in *Old Testament Pseudepigrapha*, edited by Charlesworth, vol. 2 (London: Darton Longman & Todd Ltd., 1985), p. 262; Crispin Fletcher-Louis, *All*

the Glory of Adam: Liturgical Anthropology in the Dead Sea Scrolls (Leiden; Boston; Köln: Brill, 2002), p. 99도 보라. 엠 디 존슨은 아담과 하와의 생애의 기록연대를 주전 100년에서 주후 200년 사이로 본다. 더 좁혀서 주후 1세기 후반부에는 존재했을 것으로 보는데, 글로 기록되기 전에 구전의 형태로 존재하고 있어서 히브리서 저자가 알았을 수도 있다고 본다.

5 C. Spicq, *L'Épître aux Hébreux*. vol.2 (Paris: Gabalda, 1952-53), 17; Attridge, *Hebrews*, 56을 참고하라.

6 물질세계가 일시적인 것은 12:26-28절에서 만물을 진동시키는 것과 관련이 된다. 옛 질서 즉 하늘과 땅을 포함한 물질세계는 다 사라질 것이다. 그러나 그리스도는 영원하시다. 그는 하늘에 들어가시고(9:24), 하늘보다 높아지시고(4:14), 하늘보다 높이 되셔서(7:26) 오는 세상을 다스리신다(2:5). 또한 그를 따르는 백성을 이끌어 거기로 인도하신다(2:10). 그러기에 성도는 그 하늘 도성과 영구한 소유를 바라보며 하나님께 나아가야 한다. deSilva, "Entering God's Rest: Eschatology and Socio-Rhetorical Strategy of Hebrews," *Trinity Journal* 21 (2000), 26-28를 보라.

7 레이먼드 브라운, 『히브리서 강해』, 김현회 역 (서울: 한국기독학생회출판부, 2000), 46-52.

8 George Wesley Buchanan, *To The Hebrews: Translation, Comment and Conclusions* (New York: Doubleday & Company, Inc., 1972), xix-xxx, 특히 xix를 보라.

9 G. B. Caird, "The Exegetical Method of the Epistle to the Hebrews," *Canadian Journal of Theology* 5(1959), 47-49.

10 제임스 던, 『신약성서의 통일성과 다양성』, 김득중 & 이광훈 공역 (서울: 솔로몬, 1988), 138-171.

11 전통적으로 『클레멘트 1서』를 AD 96에 기록된 것으로 주장하는 입장은 『클레멘트 1서』의 첫 장에서 그리고 있는 내용이 도미티안 황제의 기독교인의

박해와 관련이 있다는 가정에 근거를 두고 있다: "친애하는 형제들아, 우리에게 일어난 갑작스러운 일련의 재앙적인 사건들로 인해 당신들이 우리에게 문의했던 그 문제에 대해 관심을 기울이는데 시간적으로 다소 지연이 있었다는 것을 느낀다." 그러나 그 갑작스런 일련의 사건이 무엇을 가리키는지는 분명하지 않다. 『클레멘트 1서』의 연대에 대한 견해를 살피려면 Attridge, *Hebrews*, 7, 각주 53-55를 참고하라.

4 더 중한 말씀(2:1-4)

1   피츠너, 『히브리서』, 46; David deSilva, *Perseverance in Gratitude*, 105.

2   히브리서 2장에서 인용하고 있는 시편 8편의 내용은 천사가 사람보다 우월한 존재로 그려진다. 인간으로 오신 그리스도도 육신적인 눈으로 볼 때 잠깐 동안 천사보다 못하게 된다. 현재의 세상은 하나님께서 천사들을 통해 다스리신다. 그러나 그리스도를 통해 주어질 미래 시대에는 지위의 역전이 일어난다. 천사들은 구원받은 백성을 섬기는 위치에 있게 된다. 구원받은 백성들이 천사들보다 우월하다. L. D. Hurst, "The Christology of Hebrews 1 and 2," in *The Glory of Christ in the New Testament: Studies in Christology*, edited by L. D. Hurst and N. T. Wright (Oxford: Clarendon, 1987), 154.

3   레이먼드 브라운, 『히브리서 강해』, 56 참고.

4   피츠너, 『히브리서』, 46; 레인, 『히브리서 1-8』, 277도 참고하라.

5   유대인들에게 이와 같은 사상만 있었던 것은 아니다. 율법 계시가 주어지기 전에 천사들은 하나님께 인간들에게 율법을 주지 말라고 하고, 모세가 율법을 받으러 올라오는 것도 천사들이 반대했다고 하는 전승들도 있다. R. Joshua b. Levi의 Shabbat 88b-89a에 나온다. Joseph P. Schultz, "Angelic Opposition to the Ascension of Moses and the Revelation of the Law," *The Jewish Quarterly Review* 61 (1971), 282-307, 특히 284-88을 보라.

6   레인, 『히브리서 1-8』, 277.

7   "우리는 하나님으로부터 매우 탁월한 가르침을 배우고, 천사들이나 사자들로부터 율법의 매우 거룩한 부분을 배운다." 레인, 『히브리서 1-8』, 278에서 재인용하였다.

8   레인, 『히브리서 1-8』, 278.

9   이 단어는 히브리서에서 자주 나오지 않는다. 그러나 이 단어는 8:9절에 등장한다. 하나님께서 그의 백성들이 언약 안에 머물지 않음으로 그들을 돌보지 않으신다. 다른 말로 하면 등한히 여기신다. Ellingworth, *Hebrews*, 140. 하나님의 은혜의 말씀을 등한히 여기고 경멸할 때 광야 백성들은 실패를 경험했다. David deSilva, *Despising Shame: Honor Discourse and Community Maintenance in the Epistle to the Hebrews* (Atlanta: Scholars, 1995), 257.

10 피츠너, 『히브리서』, 48.

11 피츠너, 『히브리서』, 49-50.

5 영광에서 비천으로, 비천에서 다시 영광으로(2:5-13)

1   Ellingworth, *Hebrews*, 154.

2   이풍인, 우리 구원의 리더이신 예수님: 히브리서를 중심으로," 김광건 편, 『하나님 나라와 리더십』 (서울: 웨스트민스터출판부, 2006), 200-204.

3   피츠너, 『히브리서』, 50.

4   Attridge, *Hebrews*, 70.

5   Brevard S. Childs, "Psalm 8 in the Context of Christian Canon," *Interpretation* 23 (1969), 25.

6   Attridge, *Hebrews*, 73.

7   레인, 『히브리서 1-8』, 304.

8   Ellingworth, *Hebrews*, 160.

9   Attridge, *Hebrews*, 88.

10 Ellingworth, *Hebrews*, 161-63.

11 이 구절은 예수님이 하나님을 향한 전적인 신뢰를 드러낸다. 더 나아가 예수님과 성도들 사이의 신뢰 나눔의 모티프가 강하게 나타난다. Todd D. Still, "Christos as Pistos: The Faith(fulness) of Jesus in the Epistle to the Hebrews," *Catholic Biblical Quarterly* 69/4 (2007), 748.

12 에른스트 케제만은 이 표현은 성도가 그리스도의 자녀라는 의미라고 주장하지만, 설득력이 없다. 여기서 '주신'은 '돌보라고 주신'으로 이해해야 한다. 케제만의 입장은 그의 책, *Wandering People of God*, 147-48을 보라.

13 Scott D. Mackie, "Confession of the Son of God in Hebrews," *New Testament Studies* 53 (2007), 114-22.

14 Gray, "Brotherly Love and the High Priest Christology of Hebrews," *Journal of Biblical Literature* 122/2 (2003), 340.

15 Patrick Gray, *Godly Fear: The Epistle to the Hebrews and Greco-Roman Critiques of Superstition* (Atlanta: Society of Biblical Literature, 2003), 130.

16 블릭(Bleek), 리겐바흐(Riggenbach), 부케넌(Buchanan), 휴즈(P. E. Hughes), 에트리지(Attridge), 그레이(Patrick Gray) 같은 학자들이 이 입장을 지지한다. Attridge, *Hebrews*, 88을 보라.

17 이 구절은 마가복음 8:38절을 연상시킨다. "누구든지 이 음란하고 죄 많은 세

대에서 나와 내 말을 부끄러워하면 인자도 아버지의 영광으로 거룩한 천사들과 함께 올 때에 그 사람을 부끄러워하리라." *Despising Shame*, 189를 보라.

18 피츠너, 『히브리서』, 63.

6 승리자 그리스도(2:14-18)

1   Attridge, *Hebrews*, 78.

2   G. H. Twelftree, "Demon, Devil, Satan," in *Dictionary of Jesus and His Gospels*, edited by Joel B. Green, Scott McKnight, I. Howard Marshall (Downers Grove; Leicester: IVP, 1992), 165.

3   Aulén, *Christus Victor: An Historical Study of the Three Main Types of the Idea of the Atonement*, trans by A.G. Herbert (London: SPCK, 1931), 66-73.

4   Walter Wink, *Engaging the Powers: Discernment and Resistance in a World of Domination* (Minneapolis: Augsburg Fortress, 1992), 140; René Girard, *I See Satan Fall like Lightning*, trans by James G. Williams (New York: Maryknoll, 2001), 137-39.

5   Gray, *Godly Fear*, 111-13.

6   Attridge, *Hebrews*, 93.

7   11장에서 살피겠지만, 믿음은 죽음을 극복하고 죽음의 공포로부터 벗어나게 한다(11:4, 5, 12, 13, 19, 21, 29, 31, 35).

8   James Swetnam, "A Merciful and Trustworthy High Priest: Interpreting Hebrews 2:17," *The Pacific Journal of Theology* 21/2 (1999), 8-9.

7 모세 vs 예수(3:1-6)

1   Attridge, *Hebrews*, 111.

2   E. L. Ellen, "Jesus and Moses in the New Testament," *Expository Times* 67 (1955-56), 104-6; Attridge, *Hebrews*, 105 각주 5에서 재인용.

3   Attridge, *Hebrews*, 105.

4   레인, 『히브리서 1-8』, 332.

5   레인, 『히브리서 1-8』, 332.

6   '너희 중의 누가'로 번역 가능한 헬라어 표현 '티니 휘몬(τινι ὑμῶν)'은 3:13절 외에도 4:1, 11절, 6:12절과 12:15절에 나온다. 저자의 회중 전체를 향한 공동체적인 권면이 잘 드러나는 표현이다. 레인, 『히브리서 1-8』, 350을 보라.

7   피츠너, 『히브리서』, 71.

8   Attridge, *Hebrews*, 107. 이렇게 광의의 의미로 사도라는 단어를 예수님에게 사용하는 것은 저자가 1:1절에서 하나님의 계시를 전하는 구약의 많은 인물들을 '선지자'라고 불렀던 것과도 비슷한 경향이라 할 수 있다.

9   피츠너, 『히브리서』, 69-70.

10 Attridge, *Hebrews*, 105.

11 Attridge, "God in Hebrews," in *The Epistle to the Hebrews and Christian Theology*, edited by Richard Bauckham, Daniel R. Driver, Trevor A. Hart and Nathan MacDonald (Grand Rapids; Cambridge, UK: Eerdmans, 2009), 100. 바울은 갈라디아서 4:7절에서 율법과 복음 아래 있을 때의 하나님 백성의 지위를 대조한다: "그러므로 네가 이 후로는 종

이 아니요 아들이니 아들이면 하나님으로 말미암아 유업을 받을 자니라." 요한복음 8:34-36절에서 예수님은 자신을 통해 자유롭게 되어질 것을 종과 아들의 차이를 분명하게 말씀하신다: "예수께서 대답하시되 진실로 진실로 너희에게 이르노니 죄를 범하는 자마다 죄의 종이라 종은 영원히 집에 거하지 못하되 아들은 영원히 거하나니 그러므로 아들이 너희를 자유롭게 하면 너희가 참으로 자유로우리라."

12 Isaacs, *Sacred Space*, 135.

13 Attridge, *Hebrews*, 111, 특히 각주 90을 보라.

8 불순종의 본을 따르지 말라(3:7-19)

1   레인,『히브리서 1-8』, 346.

2   레인,『히브리서 1-8』, 346.

3   레인,『히브리서 1-8』, 345.

4   Attridge, *Hebrews*, 115.

5   Attridge, *Hebrews*, 115.

6   Attridge, *Hebrews*, 115.

7   deSilva, *Despising Shame*, 248-50.

8   레인,『히브리서 1-8』, 348.

9   악한 마음은 악한 삶의 뿌리다. deSilva, *Despising Shame*, 258.

10 피츠너,『히브리서』, 80-81.

11 레인,『히브리서 1-8』, 351; 피츠너,『히브리서』, 80.

12   레인, 『히브리서 1-8』, 353.

13   레인, 『히브리서 1-8』, 353.

14   레인, 『히브리서 1-8』, 350.

15   레인, 『히브리서 1-8』, 354-55.

9 안식으로의 초대(4:1-13)

1   레인, 『히브리서 1-8』, 364-65.

2   레인, 『히브리서 1-8』, 365-66.

3   레인, 『히브리서 1-8』, 368.

4   레인, 『히브리서 1-8』, 369.

5   Attridge, *Hebrews*, 126.

6   deSilva, "Entering God's Rest: Eschatology and the Socio-Rhetorical Strategy of Hebrews," *Trinity Journal* 21/1 (2000), 32.

7   레인, 『히브리서 1-8』, 370.

8   Attridge, *Hebrews*, 128-29. 4:1-11절을 4:16, 10:22절과 12:18절의 문맥에서 이해할 때 이와 같은 안식의 성격은 분명해진다. deSilva, "Entering God's Rest," 39 각주 45 참고.

9   레인, 『히브리서 1-8』, 378.

10   레인, 『히브리서 1-8』, 370-71.

11   레인, 『히브리서 1-8』, 372.

12 Attridge, *Hebrews*, 130.

13 Attridge, *Hebrews*, 130.

14 Attridge, *Hebrews*, 131-32.

15 Gene R. Smillie, "'HO LOGOS TOU THEOU' in Hebrews 4:12-13," *Novum Testamentum* 46/4 (2004), 346-47.

16 Gene R. Smillie, "'HO LOGOS TOU THEOU' in Hebrews 4:12-13," 349.

17 Gene R. Smillie, "'HO LOGOS TOU THEOU' in Hebrews 4:12-13," 350.

18 Smillie, "'HO LOGOS TOU THEOU' in Hebrews 4:12-13," 343.

19 Smillie, "'HO LOGOS TOU THEOU' in Hebrews 4:12-13," 352.

20 Smillie, "'HO LOGOS TOU THEOU' in Hebrews 4:12-13," 351.

21 Gene R. Smillie, "The Other Logos at the End of Heb 4:13," *Novum Testamentum* 47/1 (2005), 19-25.

22 Smillie, "The Other Logos," 23-24.

10 은혜의 보좌 앞으로 담대히(4:14-16)

1 Attridge, *Hebrews*, 140.

2 Attridge, *Hebrews*, 143-44.

3 Attridge, *Hebrews*, 141 각주 51.

4   Ellingworth, *Hebrews*, 266; Attridge, *Hebrews*, 139.

5   Attridge, *Hebrews*, 139.

6   Attridge, *Hebrews*, 139.

7   Harold S. Songer, "A Superior Priesthood: Hebrews 4:14-7:28," *Review and Expositor* 82 (1982), 345-46. 대제사장의 역할은 여러 가지가 있으나 가장 중요한 것은 하나님께 나아가는 것이고, 민족, 도시, 나라의 안전을 기원하는 것도 중요했다.

8   Attridge, *Hebrews*, 140.

9   Attridge, *Hebrews*, 140. 10:34절과 관련해서는 각주 38을 보라.

10 히브리서에 '죄'는 23번 사용되었다. 그 중 7번만 단수로 사용되었다(4:15; 9:28; 10:6, 8; 12:1, 4; 13:11). 이 중 3번은 제사전문 용어로 사용되었다. 그 외에는 복수 형태로 사용된다. 죄는 사람을 두려움으로 이끄는 속성이 있다. 그래서 죄의 문제가 해결되지 않으면 하나님께 담대히 나아갈 수 없다. Patrick Gray의 *Godly Fear*, 118을 보라. 각주 30도 참고하라.

11 Attridge, *Hebrews*, 141.

12 Brenda B. Colijn, "'Let Us Approach': Soteriology in the Epistle to the Hebrews," *Journal of the Evangelical Theological Society* 39/4 (1996), 576.

13 Attridge, *Hebrews*, 142.

11 큰 대제사장(5:1-10)

1   Attridge, *Hebrews*, 144-45. 각주 108도 참고하라.

2   레인, 『히브리서 1-8』, 386-87.

3   레인, 『히브리서 1-8』, 390.

4   Peterson, *Hebrews and Perfection: An Examination of the Concept of Perfection in the 'Epistle to the Hebrews,'* (Cambridge: Cambridge University Press, 1982), 86.

5   레인, 『히브리서 1-8』, 399.

6   Vasile Babota, *The Institution of the Hasmonean High Priesthood* (Leiden; Boston: Brill, 2014), 53-66.

7   Attridge, *Hebrews*, 145.

8   Christian Eberhart, "Characteristics of Sacrificial Metaphors in Hebrews," in *Hebrews: Contemporary Methods - New Insights*, edited by Gabriella Gelardini (Leiden; Boston: Brill, 2005), 55-63.

9   Songer, "A Superior Priesthood: Hebrews 4:14-7:28," 348.

10 F. F. Bruce, *Hebrews*, 102.

11 Attridge, "Heard Because of His Reverence (Heb 5:7)," *Journal of Biblical Literature* 98 (1979), 90-93.

12 Attridge, "The New Covenant Christology in an Early Christian Homily," *Quarterly Review* 8 (1998), 105.

12 어린아이 vs 장성한 자(5:11-6:3)

1   레인, 『히브리서 1-8』, 419.

2   레인, 『히브리서 1-8』, 421.

3   Attridge, *Hebrews*, 156.

4   Attridge, *Hebrews*, 156.

5   Attridge, *Hebrews*, 156 참고.

6   폴리갑의 『빌립보 교회에 보내는 편지』, 8:1-9:1. 레인, 『히브리서 1-8』, 430에서 재인용.

7   레인, 『히브리서 1-8』, 431.

8   Ellingworth, *Hebrews*, 313. 엘링워스는 그의 주석에서 이런 내적, 외적, 그리고 미래적 요소라는 세 방식으로 묶고 있는 세계성서공회연합회(United Bible Societies)에서 발행하는 헬라어 성경에서의 구분에 지지하지 않는다. 그 이유는 내적, 외적, 그리고 시간에 대한 강조가 히브리서 본문에 등장하기 않기 때문이라고 설명한다. 그러나 필자는 USB 성경의 내적, 외적, 미래적이라는 관점으로 둘씩 묶어서 이해하는 것은 충분히 고려할 만하다고 본다.

9   레인, 『히브리서 1-8』, 433.

13 두 번째 회개가 가능한가?(6:4-12)

1   J. K. Elliott, "Is post-baptismal sin forgivable?" *The Bible Translator* 28/3 (1997), 331.

2   Bruce, *Hebrews*, 124.

3   Ellingworth, *Hebrews*, 323-24.

4   Barnabas Lindars, *The Theology of the Letter to the Hebrews*, 68-71.

이 단락에 대한 해설은 린다스 교수의 수사학적인 이해에 의존한다. 이 단락의 설명은 일일이 각주를 달지 않지만 린다스 교수의 글로부터 가져온 것이 많다는 것을 밝힌다.

5   Attridge, *Hebrews*, 169.

6   Attridge, *Hebrews*, 170.

7   피츠너, 『히브리서』, 123.

8   David A. deSilva, "Hebrews 6:4-8: A Socio-Rhetorical Investigation (Part 1)," *Tyndale Bulletin* 50/1 (1999), 33-57. 특히 42 페이지를 보라.

9   Attridge, *Hebrews*, 174.

10 Lindars, *The Theology of the Letter to the Hebrews*, 70.

14 변하지 않는 두 가지 사실, 약속과 맹세(6:13-20)

1   Attridge, *Hebrews*, 185.

2   저자는 긍정적인 모델로 아브라함을 든다. 그러나 히브리서에 성도들이 따르지 말아야 할 본으로 제시되는 자들도 있다. 하나님께 제사를 드렸으나 의롭다는 증거는 받지 못한 가인(11:4), 홍해에서 하나님을 시험하다 죽은 애굽인들(11:29), 순종하지 아니한 가나안 사람들(11:31), 그리고 장자의 명분을 팥죽 한 그릇에 판 에서(12:16) 등을 들 수 있다. Still, "Christos as Pistos," 753을 보라.

3   Attridge, *Hebrews*, 178.

4   Attridge, *Hebrews*, 178-79.

5   Attridge, *Hebrews*, 181.

6   Attridge, *Hebrews*, 181-82; 레인, 『히브리서 1-8』, 451.

7   레인, 『히브리서 1-8』, 453.

8   레인, 『히브리서 1-8』, 454.

9   Attridge, *Hebrews*, 185.

15 수수께끼 같은 인물, 멜기세덱(7:1-10)

1   레인, 『히브리서 1-8』, 461.

2   Dale Leschert, *Hermeneutical Foundations of Hebrews: A Study in the Validity of the Epistle's Interpretation of Some Core Citations from the Psalms* (New York: Edwin Mellen Press, 1994), 199.

3   레인, 『히브리서 1-8』, 462.

4   히브리서 7장에 대한 더 상세한 설명을 원하면 필자의 논문을 참고하라. 이풍인, "히브리서 7장에 나타난 레위의 반차를 좇는 대제사장직의 폐지: 멜기세덱의 반차를 좇는 그리스도의 위대한 대제사장직," 「개혁신학」 17 (2005), 87-108.

5   레인, 『히브리서 1-8』, 463.

6   시편 110:4절은 히브리서 전체에서는 10번 정도 직접 혹은 간접적으로 인용한다. 위 본문에서 언급한 세 구절 외에 7:3, 8, 11, 15-17, 21, 24, 24-5, 28에서 언급되고 있다.

7   Attridge, *Hebrews*, 187.

8   레인, 『히브리서 1-8』, 469.

9   M. De Jonge and A. S. Van der Woude, "11Q Melchizedek and the New Testament," *New Testament Studies* 12 (1965-66), 319-23.

10 F. L. Horton, Jr., *The Melchizedek Tradition: A Critical Examination the Sources to the Fifth Century AD and in the Epistle to the Hebrews*, SNTSMS 30 (Cambridge: Cambridge University Press, 1976), 155-56.

11 히브리서 저자는 멜기세덱을 사해 사본에 등장하는 종말론적이고 천상적인 존재가 아니라 구약성경 창세기 14장에 나오는 신비한 인물로 그리며 논증을 펼치고 있다. Deborah W. Rooke, "Jesus as Royal Priest: Reflections on the Interpretation of the Melchizedek Tradition in Heb 7," *Biblica* 81 (2000), 84.

12 레인, 『히브리서 1-8』, 475.

13 Attridge, *Hebrews*, 196.

14 Attridge, *Hebrews*, 196.

15 Attridge, *Hebrews*, 197.

16 예수님, 멜기세덱과 같은 별다른 제사장(7:11-19)

1   레인, 『히브리서 1-8』, 484.

2   Attridge, *Hebrews*, 199.

3   Attridge, *Hebrews*, 199.

4   Delling, "τελείωσις", *TDNT*, 8 (1972), pp. 84-86.

5   이 주제에 관해서는 David Peterson, *Hebrews and Perfection: An*

Examination of the Concept of Perfection in the 'Epistle to the Hebrews,' SNTSMS 47 (Cambridge: Cambridge University, 1982)를 보라. 페터슨은 이 책에서 히브리서에 등장하는 단어 '온전함'에 대해 다룬다. 히 2:5-18, 4:14-5:10, 그리고 7장에 대한 분석을 통해 그리스도의 온전함에 대해 먼저 살핀다. 그리스도의 온전함은 그의 하나님의 아들로서의 성육신 경험과 이 땅에서의 삶에서 순종을 통해 대제사장으로의 부르심에 합당하게 되었다는 것이다. 또한 그리스도의 온전함은 성도들의 온전함과 연결이 되어 그리스도의 단번의 영원한 제사를 통해 양심이 깨끗해짐으로 더 나은 소망을 가지고 하나님께 나아가는 더 나은 예배자가 되는 것으로 연결시킨다.

6 율법과 제사장직의 상호의존성이 잘 드러난다. 둘의 관계를 보면 율법이 제사장직보다 열등한 것으로 간주되고 있다. 홀버리(W. Horbury)는 대제사장직에 대해 굉장한 중요성을 부여하는 것은 고대 유대인들의 사상체계를 반영하는 것이라고 본다. 그는 7:11-12절에서 모세오경의 신정사상의 영향을 발견할 수 있다고 지적했다. W. Horbury, "The Aaronic Priesthood in the Epistle to the Hebrews," Journal for the Study of the New Testament 19 (1983), 59.

7 Attridge, Hebrews, 201.

8 Zimmermann, Das Bekenntnis der Hoffnung, 103-107.

9 F. F. Bruce, Hebrews, 167, 124, n.29. 쿰란 공동체가 이상적인 제사장으로 아론적인 제사장을 소망했던 것과 달리 히브리서 저자는 예수님을 현존하는 제사 시스템 내의 이상적인 제사장이 아니라 완전히 다른 제사장임을 피력하고 있다. 이 내용에 대해서는 Isaacs, Sacred Space, 161을 보라.

10 J. Fitzmyer, "'Now this Melchizedek ⋯.'(Heb. 7.1)," CBQ, 25 (1963), 308-9; Walter Edward Brooks, "The Perpetuity of Christ's Sacrifice in the Epistle to the Hebrews," Journal of Biblical Literature, 89 (1970), 205; Paul Ellingworth, Hebrews, 285를 보라.

11 John Dunnill, *Covenant and Sacrifice in the Letter to the Hebrews.* SNTSMS 75 (Cambridge: Cambridge University Press, 2005), 167.

12 Horton, *The Melchizedek Tradition*, 158-59. 152-164 페이지도 보라.

13 deSilva, *Perseverance in Gratitude*, 265.

14 Marie E. Isaacs, "Hebrews," in *Early Christian Thought in Its Jewish Context*, ed. John Barclay and John Sweet (Cambridge: Cambridge University Press, 1996), 153; Robert J. Daly, S.J., *Christian Sacrifice: The Judaeo-Christian Background before Origen* (The Catholic University of America Studies in Christian Antiquity 18; Washington, DC: Catholic University, 1978), 264-7.

15 Attridge, *Hebrews*, 203.

16 Robert Barnhouse, *Let Me Illustrate* (Grand Rapids: Flemming H. Revell Co., 1967), 15-16.

17 예수는 더 좋은 언약의 보증(7:20-28)

1 Attridge, *Hebrews*, 191.

2 레인,『히브리서 1-8』, 505-506.

3 Ellingworth, *Hebrews*, 385.

4 데이비드 헤이(David Hay)는 그의 책 *Glory at the Right Hand of God: Psalm 110 in Early Christianity* (Nashville: Abingdon, 1973)에서 하늘에서의 그리스도의 중보사역은 지상에서의 그리스도의 단번의 제사의 절대적인 효과와 잘 어울리지 않고, 10:12절 이하에서 영원한 제사를 드리고 하나님 보좌 우편에 앉아 원수들이 그의 발등상이 될 때까지 기다리시는 수동적인 모습과 잘 어울리지 않는다고 지적한다. 그래서 7:25절의 중보의 모

습은 생소한 내용이라고 결론을 내린다(105페이지). 그러나 이러한 주장은 적절하지 않다. 페터슨(Peterson)은 그리스도의 하늘에서의 중보사역은 결코 생소한 것이 아니며, 히브리서의 중심사상이 잘 드러난 4:14-16절과 10:19-25절과 잘 어울린다고 설명하고 있다. 그의 책, *Hebrews and Perfection*. 114-15를 보라.

5   레인, 『히브리서 1-8』, 511.

6   레인, 『히브리서 1-8』, 511.

7   레인, 『히브리서 1-8』, 512.

8   자기를 드리신 그리스도의 제사에 대한 첫 번째 언급이 이 구절에 등장한다. 부사 '단번에'는 히브리서에서 그리스도의 제사를 설명하는 중요한 단어다.

9   그리스도가 동사의 주어와 목적어가 된다. 영어로는 "He offered up himself"다.

10 7장에서 하나님의 아들이심의 모티프는 초반부와 마지막에 중요한 위치를 차지하고 있다. 7장 3절에서 멜기세덱을 설명할 때와 28절에서 그리스도의 대제사장직을 규명할 때이다. Albert Vanhoye, *Old Testament Priests and the New Priest According to the New Testament* trans by J. Bernard Orchard (St. Bede's Publications, 1986), 155-58를 보라.

18 더 좋은 언약(8:1-13)

1   레인, 『히브리서 1-8』, 526.

2   Harold Attridge, "The Uses of Antithesis in Hebrews 8-10," *Harvard Theological Review* 79 (1986), 1-9.

3   Attridge, *Hebrews*, 217; Attridge, "The Uses of Antithesis in Hebrews 8-10," 4-5. 이것은 3:7-11절에서 시편 95:7-11절을 길게 인용

하기 위해 3:1-6절이 도입 역할을 하는 것과 유사하다.

4   피츠너, 『히브리서』, 155.

5   Ellingworth, Hebrews, 417-18.

6   Attridge, "The Use of Antithesis in Hebrews 8-10," 5.

7   레인, 『히브리서 1-8』, 531.

8   피츠너, 『히브리서』, 156.

9   히브리서를 연구하는 학자들의 경우에 20세기 중반까지는 히브리서의 종말론의 배경으로 플라톤 사상이나 필로 사상이 중대한 영향을 끼쳤다고 보는 경우가 많았다. 그러나 1956년에 발표된 배럿(C. K. Barrett)의 논문과 1970년도에 출판된 윌리암슨(Ronald Williamson)의 책은 유대 종말사상의 영향이 더 크다는 것을 입증했다. 1990년도에 출판된 헐스트의 책도 수평적인 유대 종말사상의 영향에 대해 잘 다루었다. 헐스트는 ὑπόδειγμα를 'copy'로 번역하기보다는 sketch, plan, 혹은 outline으로 번역할 것을 제안한다. 왜냐하면 이 단어가 헬라어에서 'copy'의 의미로 사용된 적은 거의 없기 때문이라고 한다. 히브리서가 플라톤 사상이나 필로의 영향을 받았다고 생각을 해서 이 헬라어 단어에 플라톤 혹은 필로적인 색채를 입힌 것이라고 주장한다. Hurst, The Epistle to the Hebrews: Its Background of Thought (SNTSMS 65; Cambridge: Cambridge University Press, 1990), 13-16과 그의 논문, "How 'Platonic' Are Heb. viii.5 and ix.23f?", Journal of Theological Studies 34 (1983), 156-68을 참고하라. 우리말 개역개정도 '모형'으로 번역하고 있는데, 스케치가 더 나을 것 같다. 더 자세한 내용은 필자의 논문인, 이풍인, "히브리서의 종말론: 수직적 관점과 수평적 관점의 융합," 「신약연구」 12/2 (2013), 341페이지 각주 29를 참고하라.

10 이어지는 내용은 각주 183에서 언급한 필자의 논문 341페이지의 각주 30으로부터 가져온 것이다. 이 헬라어 단어는 히 8:5와 10:1절에 나오는데, 대

부분의 영어성경들은 shadow로 번역한다. 개역개정 한글성경도 '그림자'로 번역한다. 헐스트는 이 단어는 두 구절 모두에서 미래적인 전망을 견지하는 수평적인 관점으로 보아야 한다고 주장한다. Hurst, *The Epistle to the Hebrews*, 16-17를 참고하라.

11 David deSilva, *Perseverance in Gratitude*, 287. 이 구절은 역사적인 것이어서 여전히 예루살렘 성전이 서 있다고 보는 것은 무리가 있고, 히브리서 저자의 주해적인 결론으로 보는 것이 좋다(Attridge, *Hebrews*, 228).

12 Peterson, *Hebrews and Perfection*, 132; Westcott, *Hebrews*, 221.

19 옛 제사 제도의 한계: Members Only(9:1-10)

1 레인,『히브리서 9-13』, 74.

2 Attridge, *Hebrews*, 231.

3 레인,『히브리서 9-13』, 82.

4 레인,『히브리서 9-13』, 83.

5 레인,『히브리서 9-13』, 84.

6 레인,『히브리서 9-13』, 85.

7 히브리서 9-10장에서 피는 제사와 관련하여 매우 중요하게 다루어진다(9:12, 13, 14, 18, 20, 21, 22; 10:4, 19, 29). 9:18절과 22절에서는 '피가 없이는'이라는 의미 있는 문구를 반복하는데, 이것은 피가 하나님께 나아가기 위한 매개가 된다는 것을 의미하고, 이런 맥락에서 그리스도의 피는 중요하게 다루어진다.

8 Ina Willi-Plein, "Some Remarks on Hebrews from the Viewpoint of Old Testament Exegesis," in *Hebrews: Contemporary Methods -*

New Insights, 33.

9   Marie Isaacs, "Priesthood and the Epistle to the Hebrews," *Heythrop Journal* 38 (1997), 53-54.

10   Bruce J. Malina, *The New Testament World: Insights from Cultural Anthropology* (3rd edtion; Louisville: Westminster John Knox Press, 2001), 174.

11   David deSilva, *Perseverance in Gratitude*, 298-99.

12   Jacob Milgrom, *Leviticus I-XVI*, 45; deSilva, *Perseverance in Gratitude*, 299 각주 13도 참고할 것.

13   A. Cody, *Heavenly Sanctuary*, 145; Héring, *Hebrews*, 74; Michel, *Hebrews*, 307; Graham Hughes, *Hebrews and Hermeneutics*, 322; Bruce, *Hebrews*, 208; Peterson, *Hebrews and Perfection*, 133; Paul Ellingworth, *Hebrews*, 419, 438. 레인, 『히브리서 9-13』, 87.

14   Westcott, *Hebrews*, 254; Attridge, *Hebrews*, 240; Norman Young, "The Gospel according to Hebrews 9," *New Testament Studies* 27 (1981), 198-210.

15   레인, 『히브리서 9-13』, 87.

16   스탠리(Stanley)는 '현재까지의 비유'에서 '비유'는 과거의 어떤 것을 이해함으로써 새로운 것에 대해 배우게 된다는 의미를 담고 있다. Steve Stanley, "Hebrews 9:6-10: The 'parable' of the Tabernacle," *Novum Testamentum* 37/4 (1995), 389, 391.

17   롱(Thomas Long)은 이 구절을 현대 독자의 입장에서 다음과 같이 설명한다. 이 구절은 기독교 안의 두 가지 형태의 교회에 대해 말하고 있다. 그것은 시내 산 교회와 시온 산 교회다. 시내 산 교회는 외적인 것에 치중하고 내적인 회심을 경험하지 못한 교회다. 롱은 시내 산 교회에서 시온 산 교회로

의 예배의 변화가 있어야 한다고 적고 있다. Thomas Long, "Bold in the Presence of God," *Interpretation* 52/1 (2001), 67.

18   Richard W. Johnson, *Going Outside the Camp: The Sociological Function of the Levitical Critique in the Epistle to the Hebrews* (Sheffield: Sheffield Academic Press, 2001), 107-108.

20 새 언약의 제사(9:11-22)

1   레인, 『히브리서 9-13』, 108-9.

2   Attridge, *Hebrews*. 248.

3   David deSilva, *Perseverance in Gratitude*, 306.

4   하나님을 섬기는 주제는 이후에 10:22-25절과 12:28절에 다시 등장한다. Backhaus, "How to Entertain Angels," 157; Markus Bockmuehl, "The Church in Hebrews," in *A Vision for the Church: Studies in Early Christian Ecclesiology in honor of J. P. M. Sweet*, edited by Markus Bockmuehl and Michael B. Thompson (Edinburgh: T&T Clark, 1997), 140-43.

5   웨스트콧(Westcott), 빈디쉬(Windish), 휴즈(P. E. Hughes), 엘링월스, 레인을 비롯한 많은 학자들이 이 견해를 지지한다. Ellingworth, *Hebrews*, 457와 레인, 『히브리서 9-13』, 114를 보라.

6   모펫(Moffatt), 필립스(Phillips), 브라운(Braun), 에트리지와 같은 학자들이 이 견해를 지지한다. Attridge, *Hebrews*, 251를 보라.

7   게할더스 보스(Gerhardus Vos), 부케넌(George Buchanan), 롱(Thomas Long), 에트리지, 엘링월스, 피츠너, 퀘스터(Craig Koester) 등이 이 입장을 지지한다. Scott W. Hahn, "Covenant, Cult, and the Curse-

of-Death: Διαθήκη in Heb 9:15-22," *Hebrews*, 69-70 각주 13을 보라.

8   웨스트콧(Westcott), 밀리건(Milligan), 브라운(John Brown), 휴즈(Hughes), 레인, 데렐 펄시풀(Darell Pursiful) 등은 이 입장을 견지한다. 각주 209에서 언급한 Scott Hahn의 글 75페이지 각주 33을 보라.

9   Scott W. Hahn, "Covenant, Cult, and the Curse-of-Death," 81-85.

10   레인, 『히브리서 9-13』, 119.

11   레인, 『히브리서 9-13』, 119-20.

12   Attridge, *Hebrews*, 254; 레인, 『히브리서 9-13』, 121-23; David deSilva, *Perseverance in Gratitude*, 311; Ellingworth, *Hebrews*, 473; Craig Koester, *Hebrews*, 427; Moffatt, *Hebrews*, 131; Buchanan, *To the Hebrews*, 153.

13   deSilva, *Perseverance in Gratitude*, 311

21 새 언약의 천상의 제사(9:23-28)

1   Hurst, *The Epistle to the Hebrews*, 17-19. 헐스트는 copy로 번역하는 것은 여러 가능성들 중의 하나라고 지적하며, 히브리서에서 이 단어는 플라톤적인 사상체계보다는 베드로전서에서처럼 과거와 현재의 체계 속에서 사용되고 있다고 주장한다.

2   레인, 『히브리서 9-13』, 123.

3   레인, 『히브리서 9-13』, 124. 스피끄(Spicq), 리젠바흐(Riggenbach), 엘링월스, 레인, 크레이그 쾌스터와 같은 학자들이 이 입장을 견지한다.

4   F. F. Bruce, *Hebrews*, 228-29.

5   Attridge, *Hebrews*, 262.

6   Steve Finamore가 The British New Testament Society Conference 2010에서 읽은 페이퍼, "Not Made with Hands: The Heavenly Sanctuary in Hebrews and Revelation"에서도 이 내용을 잘 다루고 있다.

7   레인, 『히브리서 9-13』, 125-26.

8   레인, 『히브리서 9-13』, 125-26.

9   Attridge, *Hebrews*, 265.

10 Attridge, *Hebrews*, 266.

11 레인, 『히브리서 9-13』, 128.

12 레인, 『히브리서 9-13』, 128.

22 그리스도의 순종의 제사(10:1-10)

1   레인, 『히브리서 9-13』, 141.

2   레인, 『히브리서 9-13』, 142-43.

3   레인, 『히브리서 9-13』, 143.

4   레인, 『히브리서 9-13』, 145.

5   Robert Daly, *Christian Sacrifice*, 270.

6   Harold Attridge, "New Covenant Christology in an Early Christian Homily," *Quarterly Review* 8 (1998), 91.

7   구약성경 여러 구절에서 동물제사에 대해 비판할 때 순종의 주제를 다루고 있다. 삼상 15:22; 시 40:6; 50:8-10; 51:16-17; 사 1:1-13; 66:2-4; 렘 7:21-24; 호 6:6; 암 5:21-27절을 참고하라. 레인, 『히브리서 9-13』, 147-48을 보라.

8   G. B. Caird, "Son By Appointment," 78.

9   Attridge, "The Use of Antithesis in Hebrews 8-10," 9.

10 Attridge, *Hebrews*, 276; Christian A. Eberhart, "Characteristics of Sacrificial Metaphors in Hebrews," in *Hebrews: Contemporary Methods*, 60-61; Susan Haber, "From Priestly Torah to Christ Cultus: The Re-Vision of Covenant and Cult in Hebrews," *Journal for the Study of the New Testament* 28/1 (2005), 121; A. N. Chester, "Hebrews: The Final Sacrifice," 68.

11 Ellingworth, *Hebrews*, 505; Gray, *Godly Fear*, 200.

12 Colin Gunton, "Christ the Sacrifice: Aspects of the Language and Imagery of the Bible," in *The Glory of Christ*, 238.

13 C. K. Barrett, "the Christology of Hebrews," in *Who Do You Say that I Am*, 124.

14 고린지(Timothy Gorringe)도 히브리서에서 그리스도의 피는 순종을 의미한다고 본다. 그의 책, *God's Just Vengeance: Crime, Violence and the Rhetoric of Salvation* (Cambridge: Cambridge University Press, 1996), 77-78를 보라. 그리스도의 십자가에서의 죽음은 몸의 제사라는 외적인 차원과 순종이라는 내적인 차원이 동시에 있다. 이 주제를 위해서는 Christian A. Eberhart, "Characteristics of Sacrificial Metaphors in Hebrews," 61-62를 보라.

15 John Albert Bengel, *Gnomon of the New Testament*, trans. By Andrew R. Fausset (5 vols.; Edinburgh, 1858), IV, 474.

16 각주 307에서 언급한 벵겔의 책 476 페이지를 참고하라. 벵겔의 문자적인 이해에 대해서는 Philip E. Hughes, "The Blood of Jesus and His Heavenly Priesthood in Hebrews: part I: The significance of the Blood of Jesus," *Bibliotheca Sacra* 130 (1973), 99-102를 참고하라.

23 그리스도의 제사의 결과(10:11-18)

1   레인,『히브리서 9-13』, 152-54 참고.

2   레인,『히브리서 9-13』, 152.

3   레인,『히브리서 9-13』, 152-53.

4   예수님의 죽음이 죽음에 대한 공포를 완전히 물리친다. 그것은 죄를 깨끗이 하고 양심을 정결케 함으로 가능했다. Gray, *Godly Fear*, 123을 보라.

5   레인,『히브리서 9-13』, 153-54.

6   Attridge, *Hebrews*, 280.

7   Attridge, *Hebrews*, 280-81.

8   레인,『히브리서 9-13』, 154.

9   레인,『히브리서 9-13』, 155.

10 Attridge, *Hebrews*, 281.

11 Attridge, *Hebrews*, 281.

12 레인,『히브리서 9-13』, 155.

24 하나님께 나아가자(10:19-25)

1. Attridge, *Hebrews*, 284 참고.

2. 레인, 『히브리서 9-13』, 177.

3. Daniel M. Gurtner, "LXX Syntax and the Identity of the NT Veil," *Novum Testamentum*, 47.4 (2005), 344-53. 거트너는 히브리서 6:19; 9:3; 10:20절을 포함하여 신약성경 전반에 걸쳐서 카타페타스마(καταπέτασμα)는 지성소 바로 앞에 놓여 있는 휘장을 의미하는 것으로 이해하는 것이 적절하다고 밝힌다.

4. 레인, 『히브리서 9-13』, 179.

5. Attridge, *Hebrews*, 285.

6. L. Floor, "The General Priesthood of Believers in the Epistle to the Hebrews," *Neotestamentica* 5 (1971), 72-82.

7. Dan O. Via, 'The Letter to the Hebrews: Word of God and Hermeneutics', *Perspectives in Religious Studies*, 26 (1999), 231을 보라.

8. Marie Isaacs, "Priesthood and the Epistle to the Hebrews," 60.

9. 출 40:32 (칠십인경 38:27); 레 9:7-8; 10:9; 21:23; 22:3; 민 4:19절을 예로 들 수 있다. John M. Scholer의 *Proleptic Priests: Priesthood in the Epistle to the Hebrews* (Sheffield: Sheffield Academic Press, 1991), 9, 100 페이지를 참고하라.

10. *Proleptic Priests*, 108-28; Susanne Lehne, *The New Covenant in Hebrews*. JSNTSS 44 (Sheffield: JSOT Press, 1990), 110-11.

11. Patrick Gray, *Godly Fear*, 209.

12 Johnson, *Going Outside the Camp*, 118.

13 Backhaus, "How to Entertain Angels," 161.

14 James Swetnam, "Form and Content in Hebrews 7-13," *Biblica*, 55 (1974), 333-48.

15 Hans-Josef Klauck, "Sacrifice and Sacrificial Offerings (NT)," in *Anchor Bible Dictionary*, vol. 5, edited by D. N. Freedman (New York; London: Doubleday, 1992), 890.

16 Attridge, "Paraenesis in a Homily," 222.

17 Attridge, "Paraenesis in a Homily," 222-23.

18 Backhaus, "How to entertain Angels," 157.

19 Dunning, "The Intersection of Alien Status and Cultic Discourse in the Epistle to the Hebrews," in *Hebrews*, 193.

20 Backhaus, "How to Entertain Angels," 161-66; Dunning, "The Intersection of Alien Status," 196-97.

21 Richard Johnson, *Going Outside the Camp*, 118.

22 Attridge, "Paraenesis in a Homily(λόγος παρακλήσεως): The Possible Location of, and Socialization In, the 'Epistle to the Hebrews,'" *Semeia* 50 (1990), 222.

25 경고와 소망(10:26-39)

1 레인, 『히브리서 9-13』, 174-75.

2   레인, 『히브리서 9-13』, 191.

3   Ellingworth, Hebrews, 531. 히브리서에서 말하는 죄는 내적인 문제, 즉 의지의 문제임을 잘 설명하고 있다. 히브리서 3장에 등장하는 반역(3:8, 15, 16), 시험(3:8), 불평(3:12, 19), 그리고 불순종(3:18, 4:6, 11)을 통해 죄의 자리는 마음이라는 것을 알 수 있다(3:8, 15; 4:12). 그러므로 범죄는 외적인 기준을 깨뜨리는 것이 아니라 마음이 악해지고 굳어지는 것이다. 이 주제와 관련해서는 Johnson, Going Outside the Camp, 103-4를 참고하라.

4   레인, 『히브리서 9-13』, 190.

5   Attridge, Hebrews, 293.

6   레인, 『히브리서 9-13』, 192.

7   James Moffatt, Hebrews, 151.

8   레인, 『히브리서 9-13』, 193-94.

9   레인, 『히브리서 9-13』, 194.

10 Ellingworth, Hebrews, 542.

11 Attridge, Hebrews, 296.

12 레인, 『히브리서 9-13』, 199-200.

13 Attridge, Hebrews, 298.

14 Barnabas Lindars, The Theology of the Letter to the Hebrews, 109; Lindars, "The Rhetorical Structure of Hebrews," 396-97.

15 레인, 『히브리서 9-13』, 203.

16 Graham Hughes, Hebrews and Hermeneutics, 83.

17   피츠너, 『히브리서』, 208.

18   Attridge, *Hebrews*, 303-4.

19   피츠너, 『히브리서』, 210.

26 믿음이란?(11:1-7)

1   레인, 『히브리서 9-13』, 237.

2   Attridge, *Hebrews*, 305-6. Eisenbaum은 11:1절과 40절이 수미상관 구조를 이루고 있다고 지적하면서 12:1-2절과의 연관성보다 하나의 독립된 단락(distinct unit)으로 보는 것이 좋다고 주장한다. Pamela Michelle Eisenbaum, *The Jewish Heroes of Christian History: Hebrews 11 in Literary Context* (Atlanta: Scholars Press, 1997), 135를 보라.

3   레인, 『히브리서 9-13』, 240; B. F. Westcott, *Hebrews*, 349; Eisenbaum, *The Jewish Heroes of Christian History*, 143; Dennis Hamm, "Faith in the Epistle to the Hebrews: The Jesus Factor," *Catholic Biblical Quarterly* 52 (1990), 279.

4   Hamm, "Faith in the Epistle to the Hebrews," 279.

5   Attridge, *Hebrews*, 311. Robert L. Brawley는 믿음이 '보이지 않는 것을 바라는 것'임을 2:8절과 연관시켜 만물이 그리스도께 복종하는 것이라고 본다. Robert L. Brawley, "Discoursive Structure and the Unseen in Hebrews 2:8 and 11:1: A Neglected Aspect of the Context," *Catholic Biblical Quarterly* 55 (1993), 81-98, 특히 96-97을 보라.

6   레인, 『히브리서 9-13』, 244.

7   Hamm, "Faith in the Epistle to the Hebrews," 276-77.

8   Eisenbaum, *The Jewish Heroes of Christian History*, 147.

9   Attridge, *Hebrews*, 316, 각주 131.

10   피츠너, 『히브리서』, 213-14.

11   *Fragmentary Targum* 창세기 4:8. 레인, 『히브리서 9-13』, 248-49에서 재인용.

12   *Targum Neofiti* 창세기 4:8. 레인, 『히브리서 9-13』, 249에서 재인용.

13   레인, 『히브리서 9-13』, 250.

14   R. Walter Moberly, "Exemplars of Faith in Hebrews 11: Abel," in *The Epistle to the Hebrews and Christian Theology*, 360-61.

15   Attridge, *Hebrews*, 317.

16   Eisenbaum, *The Jewish Heroes of Christian History*, 149.

17   유대인들의 글인 『지혜서』 4:10-16절에 보면 하나님은 에녹을 이 세상의 삶에서 보호하기 위해 그를 데리고 가셨다고 적고 있다. 악이 에녹의 생각을 오염시키지 않도록, 사악한 것이 그의 영혼을 더럽히지 못하도록, 악의 유혹이 그의 마음을 어지럽혀서 무엇이 선인지 모호하게 하지 못하도록, 그릇된 욕망이 순수한 그의 마음을 거짓으로 물들지 않도록 하기 위해 에녹을 데리고 가신 것으로 설명한다. Eisenbaum, *The Jewish Heroes of Christian History*, 150-51 참고.

18   Attridge, *Hebrews*, 319.

19   Hamm, "Faith in the Epistle to the Hebrews," 277.

20   Eisenbaum, *The Jewish Heroes of Christian History*, 153.

21   Attridge, *Hebrews*, 319.

22　Eisenbaum, *The Jewish Heroes of Christian History*, 155.

23　Eisenbaum, *The Jewish Heroes of Christian History*, 150-51.

24　Benjamin Dunning, "The Intersection of Alien Status and Cultic Discourse in the Epistle to the Hebrews," 183.

27 아브라함과 족장들의 믿음(11:8-22)

1　Attridge, *Hebrews*, 322.

2　레인, 『히브리서 9-13』, 275.

3　Eisenbaum, *The Jewish Heroes*, 157.

4　deSilva, *Despising Shame*, 183.

5　Attridge, *Hebrews*, 324.

6　레인, 『히브리서 9-13』, 279.

7　Attridge, *Hebrews*, 325.

8　레인, 『히브리서 9-13』, 264-65.

9　Attridge, *Hebrews*, 329.

10　Dunning은 이것은 'alien rhetoric'이라고 부른다. 그의 글, "The Intersection of Alien Status," 179을 보라.

11　Attridge, *Hebrews*, 329-30.

12　Eisenbaum, *The Jewish Heroes*, 161; deSilva, *Despising Shame*, 185.

13 Dunning, "The Intersection of Alien Status," 189; deSilva, *Despising Shame*, 187.

14 우리는 여기서 증거하시는 하나님의 모습을 본다. deSilva, *Despising Shame*, 190 각주 101을 보라.

15 Attridge, *Hebrews*, 330.

16 Attridge, *Hebrews*, 333.

17 Attridge, *Hebrews*, 334.

18 Attridge, *Hebrews*, 334-35.

19 Attridge, *Hebrews*, 335.

20 Markus Bockmuehl, "Abraham's Faith in Hebrews 11," in *The Epistle to the Hebrews and Christian Theology*, 371-73.

21 Attridge, *Hebrews*, 335-36.

22 Eisenbaum, *The Jewish Heroes*, 164.

23 Eisenbaum, *The Jewish Heroes*, 166.

24 Attridge, *Hebrews*, 336.

25 Attridge, *Hebrews*, 336-37.

28 모세 시대의 믿음(11:23-31)

1 레인, 『히브리서 9-13』, 301.

2 Attridge, *Hebrews*, 339. 특히 각주 14를 참고하라.

3   Attridge, *Hebrews*, 339.

4   Attridge, *Hebrews*, 339-40.

5   Mary D'Angelo, *Moses in the Letter to the Hebrews* (Missoula: Scholars, 1979), 27.

6   Attridge, *Hebrews*, 341 각주 41; 『마카비 4서』, 15.2, 8, 23 참고.

7   Ellingworth, *Hebrews*, 612.

8   Attridge, *Hebrews*, 298.

9   Mary D'Angelo, *Moses in the Letter to the Hebrews*, 95-149.

10 Moffatt, *Hebrews*, 181; Gray, *Godly Fear*, 169 각주 133.

11 deSilva, *Despising Shame*, 193-94.

12 Attridge, *Hebrews*, 343; Ellingworth, *Hebrews*, 617-18.

13 Gray, *Godly Fear*, 156.

14 Attridge, *Hebrews*, 343.

15 Eisenbaum, *The Jewish Heroes*, 170-71.

16 Attridge, *Hebrews*, 343.

17 Eisenbaum, *The Jewish Heroes*, 173.

29 고난 중의 믿음(11:32-38)

1   Attridge, *Hebrews*, 347 참고.

2   Loveday Alexander, "Prophets and Martyrs as Exemplars of Faith," in *The Epistle to the Hebrews and Christian Theology*, 408.

3   레인, 『히브리서 9-13』, 323.

4   그 예로 70인경 사무엘상 12:11절을 들 수 있다. 맛소라 본문에는 여룹바알, 즉 기드온. 베단, 입다, 사무엘로 나온다. 70인경에서는 베단 대신 바락이 등장하여, 여룹바알, 바락, 입다, 사무엘 순이다. 타르굼 자료인 Targum Pseudo-Jonathan 신명기 34:1절에서는 입다, 삼손, 바락, 기드온 순으로 나온다. 레인, 『히브리서 9-13』, 323을 참고하라.

5   레인, 『히브리서 9-13』, 323.

6   Alexander, "Prophets and Martyrs as Exemplars of Faith," 408; Attridge, *Hebrews*, 348.

7   Alexander, "Prophets and Martyrs as Exemplars of Faith," 411.

8   Attridge, *Hebrews*, 348.

9   Attridge, *Hebrews*, 348.

10 Attridge, *Hebrews*, 349.

11 deSilva, *Despising Shame*, 196; Attridge, *Hebrews*, 349; Alexander, "Prophets and Martyrs as Exemplars of Faith," 413. 구약성경 시대와 마카비 시대에 믿음을 지키기 위해 순교했던 신앙의 모습은 위기에 직면한 히브리서 독자들에게 좋은 귀감이 되고 자극이 된다.

12 레인, 『히브리서 9-13』, 334.

13 *Lives of the Prophets*, 1.1; *Ascension of Isaiah*, 5:11-14. Alexander, "Prophets and Martyrs as Exemplars of Faith," 411-13을 보라.

14 Attridge, *Hebrews*, 350-51.

15 Ellingworth, *Hebrews*, 632.

16 Cockerill, *Hebrews*, 595.

17 Richard Bauckham, *The Fate of the Dead: Studies on the Jewish and Christian Apocalypse* (Leiden: Brill, 1998), 380. Alexander, "Prophets and Martyrs as Exemplars of Faith," 415에서 재인용.

30 새 언약 성도의 특권과 그리스도(11:39-12:3)

1 Attridge, *Hebrews*, 352 페이지 각주 101과 102를 보라.

2 Westcott, *Hebrews*, 382.

3 F. F. Bruce, *Hebrews*, 333.

4 Stephen Finamore, *God, Order, and Chaos: René Girard and the Apocalypse* (Milton Keynes: Paternoster, 2009), 169-70.

5 N. Clayton Croy, *Endurance in Suffering: Hebrews 12:1-13 in Its Rhetorical, Religious, and Philosophical Context* (Cambridge: Cambridge University Press, 1998), 175.

6 Croy, *Endurance in Suffering*, 174.

7 Attridge, *Hebrews*, 356.

8 Peterson, *Hebrews and Perfection*, 172.

31 징계로서의 고난(12:4-17)

1 deSilva, *Perseverance in Gratitude*, 447. Croy도 그의 책, *Endurance in*

Suffering에서 이것을 전체적으로 잘 설명하고 있다.

2   Attridge, *Hebrews*, 359.

3   Ellingworth, 레인, Attridge 등 대부분의 주석가들이 이렇게 생각한다. 참고로 Ellingworth, *Hebrews*, 646.

4   Attridge, *Hebrews*, 360.

5   칠십인경에서 이 단어는 『마카비 4서』 17:14절에 단 한 번 사용되었는데, 순교와 관련되어 나타난다. Attridge, *Hebrews*, 360 각주 13 참고.

6   레인, 『히브리서 9-13』, 377.

7   레인, 『히브리서 9-13』, 359-60.

8   Cockerill, *Hebrews*, 619.

9   Attridge, *Hebrews*, 360.

10 Attridge, *Hebrews*, 361.

11 Attridge, *Hebrews*, 361 각주 38과 39를 보라.

12 deSilva, *Despising Shame*, 269.

13 Attridge, *Hebrews*, 364.

14 Attridge, *Hebrews*, 364.

15 deSilva, *Perseverance in Gratitude*, 455; Attridge, *Hebrews*, 364-65.

16 deSilva, *Perseverance in Gratitude*, 455.

17 Attridge, *Hebrews*, 365.

18 Cockerill, *Hebrews*, 629.

19 Cockerill, *Hebrews*, 633.

20 레인, 『히브리서 9-13』, 427; Attridge, *Hebrews*, 367.

21 레인, 『히브리서 9-13』, 428.

22 Attridge, *Hebrews*, 368.

23 Attridge, *Hebrews*, 369.

24 레인, 『히브리서 9-13』, 432.

25 레인, 『히브리서 9-13』, 433.

26 deSilva, *Despising Shame*, 254-55.

27 deSilva, *Despising Shame*, 269.

28 deSilva, *Despising Shame*, 270-71.

32 경고와 새 언약 백성의 자세(12:18-29)

1 Attridge, *Hebrews*, 375.

2 개역개정성경에서는 원문에는 12:18절에 있는 '나아가다'는 동사를 12:19절에서 번역하고 있는데 '이른 것이 아니라'고 되어 있다.

3 Attridge, *Hebrews*, 373.

4 Attridge, *Hebrews*, 373-74.

5 Attridge, *Hebrews*, 375. 천상에서 하나님을 예배하는 백성과 12:28절에

서 이 땅에서 예배하는 성도 사이의 유사성이 존재한다. Scholer, *Proleptic Priests*, 107을 보라.

6   레인, 『히브리서 9-13』, 450-53.

7   레인, 『히브리서 9-13』, 454-56.

8   크리소스톰, 모팻, 몽테피오레, 반 호예 같은 사람들이 여기에 해당된다. Attridge, *Hebrews*, 379 각주 23을 보라.

9   Gene Smillie, "'The One Who is Speaking' in Hebrews 12:25," *Tyndale Bulletin* 55/2 (2004), 275-294. 특히 289-93을 보라. Attridge, *Hebrews*, 379.

10 Attridge, *Hebrews*, 379-80.

11 피츠너, 『히브리서』, 265-66.

12 Attridge, *Hebrews*, 381.

13 Attridge, *Hebrews*, 383. 이 표현이 하나님과 함께 사용될 때(딤전 1:12; 딤후 1:3)는 감사의 의미로 사용된다.

14 deSilva, *Despising Shame*, 271.

15 Craig R. Koester, "Hebrews, Rhetoric, and the Future of Humanity," *Catholic Biblical Quarterly* 64 (2002), 120-21.

33 화평과 거룩의 삶(13:1-6)

1   레인, 『히브리서 9-13』, 508-509.

2   레인, 『히브리서 9-13』, 509.

3   George A. Simcox, Wilhelm Wrede, Edmund Jones, Theissen, Buchanan와 같은 학자들이 이런 주장을 폈다. Attridge, *Hebrews*, 384 각주 5를 보라.

4   Charles Cutler Torrey는 13:1-7, 16-18, 그리고 22-25절이 후대에 첨가되었다고 주장한다. Attridge, *Hebrews*, 384 각주 6을 보라.

5   Franz Overbeck, Wrede, Torrey, Buchanan과 같은 학자들이 여기에 해당한다. Attridge, *Hebrews*, 384 각주 7을 참고하라.

6   Simcox와 Jones가 이와 같은 주장을 펼쳤다. Attridge, *Hebrews*, 384 각주 7을 보라.

7   R. V. G. Tasker, C. Spicq, Floyd Filson, Attridge, 레인과 같은 학자들이 이러한 입장을 견지한다.

8   레인, 『히브리서 9-13』, 493.

9   Attridge, *Hebrews*, 385. 각주 18도 참고하라.

10 Cockerill, *Hebrews*, 679.

11 Cockerill, *Hebrews*, 679.

12 Attridge, *Hebrews*, 387.

13 Cockerill, *Hebrews*, 680; Attridge, *Hebrews*, 386.

14 Attridge, *Hebrews*, 386.

15 Attridge, *Hebrews*, 387. 특히 각주 48을 참고하라.

34 진정한 예배(13:7-17)

1. 레인, 『히브리서 9-13』, 529-30.

2. 레인, 『히브리서 9-13』, 533.

3. Attridge, *Hebrews*, 392.

4. deSilva, *Perseverance in Gratitude*, 494.

5. Ellingworth, *Hebrews*, 704.

6. Attridge, *Hebrews*, 392.

7. Attridge, *Hebrews*, 392.

8. Attridge, *Hebrews*, 392.

9. deSilva, *Despising Shame*, 274-75.

10. deSilva, *Perspective in Gratitude*, 497-98.

11. Moffatt, *Hebrews*, 235.

12. Bruce, *Hebrews*, 403; Floys Filson, *'Yesterday': A Study of Hebrews in the Light of Chapter 13* (Naperville: Alec R. Allenson, 1967), 60-65.

13. Helmut Koester, "Outside the Camp," *Harvard Theological Review* 55 (1962), 302.

14. Benjamin Dunning, "The Intersection of Alien Status," 196-97; Backhaus, "How to Entertain Angels," 161-66; James W. Thompson, *The Beginnings of Christian Philosophy: The Epistle to the Hebrews* (Washington: The Catholic Biblical Association of America, 1982), 148-49.

15 Dunning, "The Intersection of Alien Status," 191.

16 저자는 제사와 관련해서 그릇된 목적을 위한 제사나 이데올로기의 정당성을 확보하기 위한 제사와 같은 부정적인 면에 대해서는 언급하지 않고 긍정적인 면을 다룬다. Neil Ormerod, *Creation, Grace and Redemption* (NY: Orbis Books, 2007), 104.

17 Johnson, *Going Outside the Camp*, 118.

35 축복과 인사(13:18-25)

1 레인, 『히브리서 9-13』, 536.

2 레인, 『히브리서 9-13』, 593.

3 Attridge, *Hebrews*, 405.

4 Attridge, *Hebrews*, 405. 각주 14도 보라.

5 Attridge, *Hebrews*, 406; deSilva, *Perseverance in Gratitude*, 511.

6 deSilva, *Perseverance in Gratitude*, 511.7

7 Attridge, *Hebrews*, 407.

8 Cockerill, *Hebrews*, 721.

9 Attridge, *Hebrews*, 409.

10 E. F. Scott, "The Epistle to the Hebrews and Roman Christianity," *HTR* 13/3 (1920), 205-19.

11 Cockerill, *Hebrews*, 722; Attridge, *Hebrews*, 410.

참고문헌

Alexander, Loveday. "Prophets and Martyrs as Exemplars of Faith," in *The Epistle to the Hebrews and Christian Theology*, edited by Richard Bauckham, Daniel R. Driver, Trevor A. Hart and Nathan MacDonald (Grand Rapids; Cambridge, UK: Eerdmans, 2009), 405-21.

Attridge, Harold. "God in Hebrews," in *The Epistle to the Hebrews and Christian Theology*, edited by Richard Bauckham, Daniel R. Driver, Trevor A. Hart and Nathan MacDonald (Grand Rapids; Cambridge, UK: Eerdmans, 2009), 95-110.

Attridge, Harold. "Heard Because of His Reverence (Heb 5:7)," *Journal of Biblical Literature* 98 (1979), 90-93.

Attridge, Harold. "New Covenant Christology in an Early Christian Homily," *Quarterly Review* 8 (1998), 89-108.

Attridge, Harold. "Paraenesis in a Homily(λόγος παρακλήσεως): The Possible Location of, and Socialization In, the 'Epistle to the Hebrews,'" *Semeia* 50 (1990), 211-26.

Attridge, Harold. "The Uses of Antithesis in Hebrews 8-10," *Harvard Theological Review* 79 (1986), 1-9.

Attridge, Harold. *Hebrews* (Philadelphia: Fortress, 1989).

Aulén, G. *Christus Victor: An Historical Study of the Three Main Types of the Idea of the Atonement*, trans by A. G. Herbert (London: SPCK, 1931).

Aune, David. *The New Testament in Its Literary Environment* (Philadelphia: Westminster, 1987).

Babota, Vasile. *The Institution of the Hasmonean High Priesthood* (Leiden; Boston: Brill, 2014).

Backhaus, "How to Entertain Angels: Ethics in the Epistle to the Hebrews," in *Hebrews: Contemporary Methods - New Insights*, edited by Gabriella Gelardini (Leiden; Boston: Brill, 2005), 149-76.

Barnhouse, Robert. *Let Me Illustrate* (Grand Rapids: Flemming H. Revell Co., 1967).

Barrett, C. K. "The Christology of Hebrews," in *Who Do You Say that I Am*, edited by Mark Allen Powell and David R. Bayer (Lousiville: Westminster John Knox, 1999), 110-27.

Bauckham, Richard. "The Throne of God and the Worship of Jesus," in *Jewish Roots of Christological Monotheism*, edited by Carey C. Newman, James Davila and Glady S. Lewis (Leiden: Brill, 1999), 43-69.

Bauckham, Richard. *The Fate of the Dead: Studies on the Jewish and Christian Apocalypse* (Leiden: Brill, 1998).

Bengel, John Albert. *Gnomon of the New Testament*, trans. By Andrew R. Fausset (5 vols.; Edinburgh, 1858).

Berger, J. "Der Brief an die Hebräer, eine Homilie," *Göttingen theologisher Bibliotek* 3 (1797), 449-59.

Black II, C. C. "The Rhetorical Form of the Hellenistic Jewish and Early Christian Sermon: A Response to Lawrence Wills," *Harvard Theological Review* 81 (1988), 1-18.

Bockmuehl, Markus. "The Church in Hebrews," in *A Vision for the Church: Studies in Early Christian Ecclesiology in honor of J. P. M. Sweet*, edited by Markus Bockmuehl and Michael B. Thompson (Edinburgh: T & T Clark, 1997), 133-51.

Brawley, Robert L. "Discoursive Structure and the Unseen in Hebrews 2:8 and 11:1: A Neglected Aspect of the Context," *Catholic Biblical Quarterly* 55 (1993), 81-98.

Brooks, Walter Edward. "The Perpetuity of Christ's Sacrifice in the

Epistle to the Hebrews," *Journal of Biblical Literature* 89 (1970), 205-14.

Brown, Raymond. 『히브리서 강해』, 김현회 역 (서울: 한국기독학생회출판부, 2000).

Bruce, F. F. *The Epistle to the Hebrews* (Grand Rapids: Eerdmans, revised in 1990).

Buchanan, G. W. *To The Hebrews: Translation, Comment and Conclusions* (New York: Doubleday & Company, Inc., 1972).

Caird, G. B. "Son By Appointment," in *The New Testament Age: Essays in Honor of Bo Reicke*, edited by William C. Weinrich (Macon, GA: Mercer UP, 1984), 73-81.

Caird, G. B. "The Exegetical Method of the Epistle to the Hebrews," *Canadian Journal of Theology* 5(1959), 47-49.

Charles, J. Daryl. "The Angels, Sonship and Birthright in the Letter to the Hebrews," *Journal of the Evangelical Theological Society* 33/2 (1990), 171-78.

Chester, Andrew. "Hebrews: The Final Sacrifice," in *Sacrifice and Redemption: Durham Essays in Theology*, edited by Stephan Sykes (Cambridge: Cambridge University Press, 1991), 61-76.

Childs, Brevard S. "Psalm 8 in the Context of Christian Canon," *Interpretation* 23 (1969), 20-31.

Cockerill, Gareth Lee. *The Epistle to the Hebrews* (NICNT; Grand Rapids; Cambridge: Eerdmans, 2012).

Cody, Aelred. *Heavenly Sanctuary and Liturgy in the Epistle to the Hebrews: The Achievement of Salvation in the Epistle's Perspectives* (St. Meinrad, IN: Grail, 1960).

Colijn, Brenda B. "'Let Us Approach': Soteriology in the Epistle to the Hebrews," *Journal of the Evangelical Theological Society* 39/4

(1996), 571-86.

Croy, Clayton. *Endurance in Suffering: Hebrews 12:1-13 in Its Rhetorical, Religious, and Philosophical Context* (Cambridge: Cambridge University Press, 1998).

D'Angelo, Mary. *Moses in the Letter to the Hebrews* (Missoula: Scholars, 1979).

Daly, Robert. J. *Christian Sacrifice: The Judaeo-Christian Background before Origen* (The Catholic University of America Studies in Christian Antiquity 18; Washington, DC: Catholic University, 1978).

De Jonge, M & Van der Woude, A. S. "11Q Melchizedek and the *New Testament*," New Testament Studies 12 (1965-66), 301-26.

deSilva, David. "Entering God's Rest: Eschatology and Socio-Rhetorical Strategy of Hebrews," *Trinity Journal* 21 (2000), 25-43.

deSilva, David A. "Hebrews 6:4-8: A Socio-Rhetorical Investigation (Part 1)," *Tyndale Bulletin* 50/1 (1999), 33-57.

deSilva, David. *Perseverance in Gratitude: A Socio-Rhetorical Commentary in the Epistle "to the Hebrews"* (Grand Rapids: Eerdmans, 2000).

deSilva, David. *Despising Shame: Honor Discourse and Community Maintenance in the Epistle to the Hebrews* (Atlanta: Scholars, 1995)

Dunn, James. 『신약성서의 통일성과 다양성』, 김득중 & 이광훈 공역 (서울: 솔로몬, 1988).

Dunnill, John. *Covenant and Sacrifice in the Letter to the Hebrews.* SNTSMS 75 (Cambridge: Cambridge University Press, 2005).

Dunning, Benjamin. "The Intersection of Alien Status and Cultic Discourse in the Epistle to the Hebrews," in *Hebrews: Contemporary Methods,*

178-98.

Duvall, J. Scott & Hays, J. Daniel. 『성경해석』, 류호영 옮김 (서울: 성서유니온선교회, 2009).

Eberhart, Christian. "Characteristics of Sacrificial Metaphors in Hebrews," in *Hebrews: Contemporary Methods - New Insights*, edited by Gabriella Gelardini (Leiden; Boston: Brill, 2005), 37-64.

Eisenbaum, Pamela Michelle. *The Jewish Heroes of Christian History: Hebrews 11 in Literary Context* (Atlanta: Scholars Press, 1997).

Ellingworth, Paul. *The Epistle to the Hebrews* (Grand Rapids: Eerdmans, 1993).

Elliott, J. K. "Is post-baptismal sin forgivable?" *The Bible Translator* 28/3 (1997), 330-32.

Filson, Floyd. *'Yesterday': A Study of Hebrews in the Light of Chapter 13* (Naperville: Alec R. Allenson, 1967).

Finamore, Stephen. *God, Order, and Chaos: René Girard and the Apocalypse* (Milton Keynes: Paternoster, 2009).

Fitzmyer, J. "'Now this Melchizedek ⋯.'(Heb. 7.1)," *CBQ*, 25 (1963), 305-21.

Fletcher-Louis, Crispin. *All the Glory of Adam: Liturgical Anthropology in the Dead Sea Scrolls* (Leiden; Boston; Köln: Brill, 2002).

Floor, L. "The General Priesthood of Believers in the Epistle to the Hebrews," *Neotestamentica* 5 (1971), 72-82.

Girard, René. *I See Satan Fall like Lightning*, trans by James G. Williams (New York: Maryknoll, 2001).

Gorringe, Timothy. *God's Just Vengeance: Crime, Violence and the Rhetoric of Salvation* (Cambridge: Cambridge University Press, 1996).

Gray, Patrick. "Brotherly Love and the High Priest Christology of Hebrews," *Journal of Biblical Literature* 122/2 (2003), 335-51.

Gray, Patrick. *Godly Fear: The Epistle to the Hebrews and Greco-Roman Critiques of Superstition* (Atlanta: Society of Biblical Literature, 2003).

Gunton, Colin. "Christ the Sacrifice: Aspects of the Language and Imagery of the Bible," in *The Glory of Christ in the New Testament: Studies in Christology*, edited by L. D. Hurst and N. T. Wright (Oxford: Oxford University Press, 1987), 229-38.

Haber, Susan. "From Priestly Torah to Christ Cultus: The Re-Vision of Covenant and Cult in Hebrews," *Journal for the Study of the New Testament* 28/1 (2005), 105-24.

Hahn, Scott W. "Covenant, Cult, and the Curse-of-Death: Διαθήκη in Heb 9:15-22," *Catholic Biblical Quarterly* 66 (2004), 416-36.

Hamm, Dennis. "Faith in the Epistle to the Hebrews: The Jesus Factor," *Catholic Biblical Quarterly* 52 (1990), 270-91.

Hay, David. *Glory at the Right Hand of God: Psalm 110 in Early Christianity* (Nashville: Abingdon, 1973).

Horbury, W. "The Aaronic Priesthood in the Epistle to the Hebrews," *Journal for the Study of the New Testament* 19 (1983), 43-71.

Horton, F. L. *The Melchizedek Tradition: A Critical Examination the Sources to the Fifth Century AD and in the Epistle to the Hebrews*, SNTSMS 30 (Cambridge: Cambridge University Press, 1976).

Hughes, Graham. *Hebrews and Hermeneutics: The Epistle to the Hebrews as an New Testament Example of Biblical Interpretation* (Cambridge: Cambridge University Press, 1979).

Hughes, P. E. *A Commentary on the Epistle to the Hebrews* (Grand Rapids: Eerdmans, 1977).

Hughes, Philip E. "The Blood of Jesus and His Heavenly Priesthood in Hebrews: part I: The significance of the Blood of Jesus," *Bibliotheca Sacra* 130 (1973), 99-109.

Hurst, L. D. "How 'Platonic' Are Heb. viii.5 and ix.23f?", *Journal of Theological Studies* 34 (1983), 156-68.

Hurst, L. D. "The Christology of Hebrews 1 and 2," in *The Glory of Christ in the New Testament: Studies in Christology*, edited by L. D. Hurst and N. T. Wright (Oxford: Clarendon, 1987), 151-64.

Hurst, L. D. *The Epistle to the Hebrews: Its Background of Thought* (SNTSMS 65; Cambridge: Cambridge University Press, 1990).

Isaacs, Marie E. "Hebrews," in *Early Christian Thought in Its Jewish Context*, edited by John Barclay and John Sweet (Cambridge: Cambridge University Press, 1996).

Isaacs, Marie. *Sacred Space: An Approach to the Theology of the Epistle to the Hebrews* (Sheffield: Sheffield University Press, 1992).

Johnson, M. D. "Life of Adam and Eve," in *Old Testament Pseudepigrapha*, edited by Charlesworth, vol. 2 (London: Darton Longman & Todd Ltd., 1985).

Johnson, Richard W. *Going Outside the Camp: The Sociological Function of the Levitical Critique in the Epistle to the Hebrews* (Sheffield: Sheffield Academic Press, 2001).

Kim, S. *The Origin of Paul's Gospel* (Grand Rapids: Eerdmans, 1982).

Klauck, Hans-Josef. "Sacrifice and Sacrificial Offerings (NT)," in *Anchor Bible Dictionary*, vol. 5, edited by D. N. Freedman (New York; London: Doubleday, 1992), 886-91.

Koester, Craig R. "Hebrews, Rhetoric, and the Future of Humanity," *Catholic Biblical Quarterly* 64 (2002), 103-23.

Koester, Helmut. "Outside the Camp," *Harvard Theological Review* 55 (1962), 299-315.

Kosmala, Hans. *Hebräer, Essener, Christen: Studien zur Vorgeschichte der frühchristlichen Verkündigung* (Leiden: Brill, 1959).

Lane, William. 『히브리서 1-8』, 채천석 역 (서울: 솔로몬, 2006).

Lane, William. 『히브리서 1-8』, 채천석 역 (서울: 솔로몬, 2007).

Lehne, Susanne. *The New Covenant in Hebrews*. JSNTMS 44 (Sheffield: JSOT Press, 1990).

Lindars, Barnabas. "The Rhetorical Structure of Hebrews," *New Testament Studies* 35 (1989), 382-406.

Lindars, Barnabas. *The Theology of the Letter to the Hebrews* (Cambridge: Cambridge University Press, 1991).

Long, Thomas. "Bold in the Presence of God," *Interpretation* 52/1 (2001), 53-69.

Mackie, Scott D. "Confession of the Son of God in Hebrews," *New Testament Studies* 53 (2007), 114-22.

Malina, Bruce J. *The New Testament World: Insights from Cultural Anthropology* (3rd edtion; Louisville: Westminster John Knox Press, 2001).

Miller, James. "Paul and Hebrews: A Comparison of Narrative World," in *Hebrews: Contemporary Methods - New Insights*, edited by Gabriella Gelardini (Leiden: Brill, 2005), 245-64.

Moberly, R. Walter. "Exemplars of Faith in Hebrews 11: Abel," in *The Epistle to the Hebrews and Christian Theology*, 353-63.

Montefiore, H. W. *A Commentary on the Epistle to the Hebrews* (London: Adam & Charles Black, 1964).

Ormerod, Neil. *Creation, Grace and Redemption* (NY: Orbis Books,

2007).

Peterson, David. *Hebrews and Perfection: An Examination of the Concept of Perfection in the 'Epistle to the Hebrews,'* SNTSMS 47 (Cambridge: Cambridge University, 1982).

Pfitzner, V. C. 『히브리서』, 이기문 역 (서울: 컨콜디아사, 1990).

Porter, Stanley E. "The Date of the Composition of Hebrews and Use of the Present Tense Form," in *Crossing the Boundaries: Essays in Biblical Interpretation in Honour of Michael Goulder*, edited by Stanley E. Porter, Paul Joyce and David E. Orton (Leiden; New York; Köln: E. J. Brill, 1994), 295-314.

Robinson, J. A. T. *Redating the New Testament* (Philadelphia: Westminster, 1976).

Roeth, E. M. *Epistolam vulgo "ad Hebraeos" inscriptam non ad Hebreos, id est christianos genere judaeos sed ad Christianos genere gentiles et quidem ad Ephesios datam esse demonstrare conatur* (Frankfurt: Schmerberi, 1836).

Rooke, Deborah W. "Jesus as Royal Priest: Reflections on the Interpretation of the Melchizedek Tradition in Heb 7," *Biblica* 81 (2000), 81-94.

Schenck, Kenneth. "Keeping His Appointment: Creation and Enthronement in Hebrews," *Journal for the Studies of the New Testament* 66 (1997), 91-117.

Scholer, John M. *Proleptic Priests: Priesthood in the Epistle to the Hebrews* (Sheffield: Sheffield Academic Press, 1991).

Schultz, Joseph P. "Angelic Opposition to the Ascension of Moses and the Revelation of the Law," *The Jewish Quarterly Review* 61 (1971), 282-307.

Silva, M. "Old Testament in Paul," in *Dictionary of Paul and His Letters*, edited by Gerald F. Hawthorne, Ralph P. Martin, and Daniel Reid (Downers Grove, IL: IVP, 1993), 630-42.

Smillie, Gene R. "'HO LOGOS TOU THEOU' in Hebrews 4:12-13," *Novum Testamentum* 46/4 (2004), 338-59.

Smillie, Gene R. "Contrast or Continuity in Hebrews 1.1-2?" *New Testament Studies* 51 (2005), 543-60.

Smillie, Gene R. "The Other Logos at the End of Heb 4:13," *Novum Testamentum* 47/1 (2005), 19-25.

Smillie, Gene. "'The One Who is Speaking' in Hebrews 12:25," *Tyndale Bulletin* 55/2 (2004), 275-294.

Songer, Harold S. "A Superior Priesthood: Hebrews 4:14-7:28," *Review and Expositor* 82 (1982), 345-59.

Spicq, C. *L'Épître aux Hébreux*, vol.2 (Paris: Gabalda, 1952-53).

Stanley, Steve. "Hebrews 9:6-10: The 'parable' of the Tabernacle," *Novum Testamentum* 37/4 (1995), 385-99.

Still, Todd D. "Christos as Pistos: The Faith(fulness) of Jesus in the Epistle to the Hebrews," *Catholic Biblical Quarterly* 69/4 (2007), 746-55.

Swetnam, James. "Form and Content in Hebrews 7-13," *Biblica*, 55 (1974), 333-48.

Swetnam, James. "On the Literary Genre of the 'Epistle' to the Hebrews," *Novum Testamentum* 11(1969), 261-69.

Thompson, James W. *The Beginnings of Christian Philosophy: The Epistle to the Hebrews* (Washington: The Catholic Biblical Association of America, 1982).

Twelftree, G. H. "Demon, Devil, Satan," in *Dictionary of Jesus and His Gospels*, edited by Joel B. Green, Scott McKnight, I. Howard Marshall (Downers Grove; Leicester: IVP, 1992), 163-72.

Vanhoye, Albert. *Old Testament Priests and the New Priest According to the New Testament*, trans by J. Bernard Orchard (St. Bede's Publications, 1986).

Via, Dan O. 'The Letter to the Hebrews: Word of God and Hermeneutics', *Perspectives in Religious Studies*, 26 (1999), 221-34.

Westcott, B. F. *The Epistle to the Hebrews* (Grand Rapids: Eerdmans, reprinted in 1970).

Willi-Plein, Ina. "Some Remarks on Hebrews from the Viewpoint of Old Testament Exegesis," in *Hebrews: Contemporary Methods - New Insights*, 25-35.

Wills, Lawrence. "The Form of the Sermon in Hellenistic Judaism and Early Christianity," *Harvard Theological Review* 77 (1984), 277-99.

Wink, Walter. *Engaging the Powers: Discernment and Resistance in a World of Domination* (Minneapolis: Augsburg Fortress, 1992).

Young, Norman. "The Gospel according to Hebrews 9," *New Testament Studies* 27 (1981), 198-210.

Zimmermann, Heinrich. *Das Bekenntnis der Hoffnung: Tradition und Redaktion im Hebräerbrief* (Köln: Peter Hanstein Verlag, 1977).

이풍인, "히브리서 7장에 나타난 레위의 반차를 좇는 대제사장직의 폐지: 멜기세덱의 반차를 좇는 그리스도의 위대한 대제사장직," 「개혁신학」 17 (2005), 87-108.

이풍인, "우리 구원의 리더이신 예수님: 히브리서를 중심으로," 김광건 편, 『하나님 나라와 리더십』 (서울: 웨스트민스터출판부, 2006), 200-204.

이풍인, "히브리서의 종말론: 수직적 관점과 수평적 관점의 융합," 「신약연구」 12/2 (2013), 334-55.

이풍인, "히브리서의 설교자, 청중, 연대와 장르," 「개혁신학」 18 (2005), 27-52.